図解

世界最古の縄文文明

文字より前にかたちがあった　大谷 幸市

東京図書出版

はじめに　　　　　　　　　　　　　　〈石浦薫氏からの便り〉
　今から９年前、『人類最古の縄文文明 図解 縄文大爆発』(2015 年)の出版に際し、石浦薫氏は、つぎのように小論を評価してくれました。

　　このたび古代史研究家の大谷幸市さんが図解『縄文大爆発』と題して 482 頁に及ぶ大著を発表されました。
　　私たちの生きる自然界の動植物に現われている幾何学文様やカタチこそ、生命誕生と宇宙創世の謎を解くキーワードです。縄文土器や土偶のカタチや文様から縄文人の思想を読み取る一方、『古事記・日本書紀』に隠されているカタチを導きだすという、これまでに誰も使ったことのない手法でわが国の歴史の新たなる地平を拓いた一書。それが『図解 縄文大爆発』です。
　　この縄文研究の成果は古代史研究のみならず、数学界、物理学界にも波紋を呼ぶ刺激的な内容となっています。

　　今年(2025 年)に 10 年前の『縄文大爆発』(2015 年)に繋がる本書、図解『世界最古の縄文文明』の出版にあたり、事前に小論をお読みいただいた石浦薫氏から、つぎのような一文を戴きました。

　　私は大谷幸市氏の本とは二度会っている。
　　はじめは「図解 縄文大爆発」の発刊のときだ。今から 10 年程前、2015 年 1 月 9 日だった。
　　このときは、よくぞ縄文土器群、縄文遺跡群を収集して、分類して、その特徴を後世の人々に参考になるものとしてまとめあげたものだった。その時、私はこの本を理解するためのひとつの手だてとして、大谷さんを中心に縄文セミナーなるものを開いた。やがて関心のある者たちが集まってきた。
　　次に出会ったのは、意外なところであった。私がここ数年、後藤新平に関しての文献を読んでいるときであった。それは後藤新平が 19 歳から 25 歳の 6 年間、名古屋の医学校の頃に書かれた日記だった。

「一部と全部の関係」というテーマで、彼が日記の中に記述されている文脈にはっとさせられた。……生命は生死を超えてつながっている、支え合っているという認識だった。

「一部と全部の関係」という後藤新平の文章によって、私は霧の晴れる思いがした。神仏習合の妥当性がここにある。

明治政府によって発令された「神仏分離令」明治維新より分断されてきた神仏分離の暗雲が晴れ上がる思いだった。そして、その認識を支えてくれた縄文の思想を表現する七宝文。その結実が、この書だと思う。大谷さんが丹念に手をかけ水をやり育ててくれたことに感謝する。

後藤新平研究者　石浦　薫

（『後藤新平 衛生の道』藤原書店 2023.3.31 より）

江戸時代の伊能忠敬につながる日本列島のレイライン

小川光三氏は、その著作『大和の原像』(1973 年 大和書房)の中で、北緯34 度 32 分の一直線上に社寺や遺跡・山などが並んでいることを指摘しました。その後、この東西のライン、北緯 34 度 32 分の一直線は、NHKの水谷慶一氏によって取り上げられ、1980 年代に一世を風靡しました。これが、いわゆる「**太陽の道**」説です(水谷慶一『知られざる古代 謎の北緯 34 度 32 分をゆく』日本放送出版協会 1980 年)。

私は**太陽の道**の虜になっていました。さらに、小川光三氏は、三輪山－神武天皇陵－鏡作神社による正三角形(レイライン)を同時に指摘されています(図ｂ～図ｃ参照)。これに倣って、私は日本列島上にいくつもの巨大な二等辺三角形が存在していることに気づきました。それを纏め『古代史を解く三角形』と題して出版しました(中日出版 1982 年)。

これを機会にわが国の古代史に興味を覚えました。小川氏の指摘する三輪山－神武天皇陵－鏡作神社によるレイライン(空間構成)は、図ｂ・図ｃに見るとおり、①正三角形と②30 度、60 度、90 度の内角度をもつ直角三角形をもっています。

他方、弥生時代の銅鐸の眼形と古墳時代の前方後円墳の前方部に確認される正多角形に特徴的な角度(67.5度・75度・82.5度など)の意味は、不明のままでした。

　六角堂・八角堂を造営していたわが国の古代人は、正六角形と正八角形は、合体して正二十四角形を形づくっていることに気づいていました。ところで、筆者は縄文時代前期(7000～5500年前)の京都市北白川遺跡出土浅鉢と福井県鳥浜貝塚出土浅鉢に描かれる文様(第4章)が正六角形と正八角形を内包していることに気づくまでには、少々時間を要しました。

　正六角形と正八角形の合体による正二十四角形の形成は「同質でありながら、異形の二者」に該当し、「合体して新しいかたち」を生みだしています。換言すれば、**正二十四角形は、同質でありながら、異形の二者の合体によって新しい生命が生れるという生命誕生の原理**を内包していることになります。なお、6と8の関係は、三平方の定理 $3^2+4^2=5^2$ → $6^2+8^2=10^2$ に現われています。『日本書紀』神武天皇即位前紀は、つぎのように書いています。

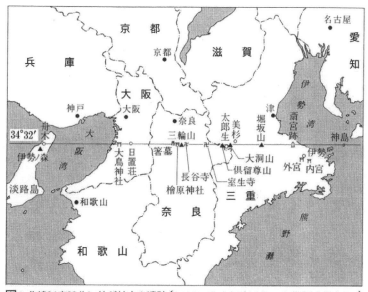

図a 北緯34度32分に並ぶ社寺や遺跡 (水谷慶一『知られざる古代』日本放送出版協会1981)

六合を兼ねて都を開き、八紘を掩ひて宇にせんこと、亦可からずや。観れば、夫の畝傍山の東南の橿原の地は、蓋し国の墺区か。治るべし。

畝傍山を頂点とする耳成山と天香久山を結ぶ大和三山は、正八角形に特徴的な二等辺三角形を形づくっています(図e参照)、さらに、三輪山を頂点とする神武天皇陵と鏡作神社(石見)を結ぶ空間構成は、正六角形に特徴的な正三角形を呈しています(図b参照)。

以上の構図は、縄文時代前期の浅鉢に描かれる ()() 形と ※ 形から導かれる図式に示されています。この図式を導いていたのは、日本列島の縄文人です(「第4章」参照)。

柿の蔕形 ∞ ─┌ ∞ → X → 【 ∞ → ∞ → ∞ 】正六角形
              └ ∞ → □ → 【 ※ → ※ → ∞ 】正八角形

縄文人は「同質でありながら、異形の二者」を結ぶ媒介者(シャーマン)の役割を担っている「X形と□形」を同時に内包する柿の蔕形 ∞ に気づいていました。この柿の蔕形 ∞ は、七宝文 ∞ の産みの親です。すなわち、∞ 形と ∞ 形は、一つかたちの中に二つの意味をもっています。∞ 形と ∞ 形なくして縄文の歴史を解明することはできないでしょう。

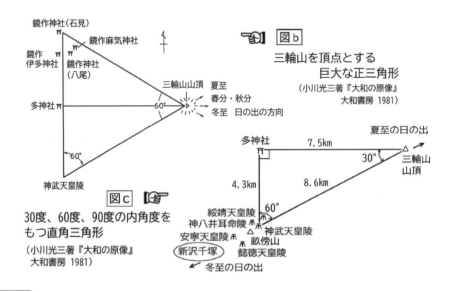

図b 三輪山を頂点とする巨大な正三角形
(小川光三著『大和の原像』大和書房 1981)

図c 30度、60度、90度の内角度をもつ直角三角形
(小川光三著『大和の原像』大和書房 1981)

図d

図e 正多角形に特徴的な角度をもつ三輪山と大和三山のレイライン

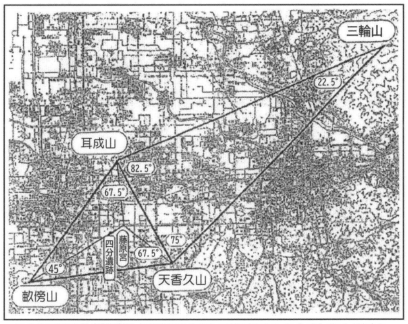

縄文人は、図fに示す円形の連鎖から生じる３種類の眼形の連鎖に気づいておりました。このような幾何学図形は、人類の歴史において初めて登場します。そのシンボルは、円形の連鎖から生じる柿の蔕形❀に置かれ、この柿の蔕形❀の最大の特徴は、✗形と ⌑ 形を介して、壺形・正六角形・七宝文 が生じるところに発見されます(図f参照)。

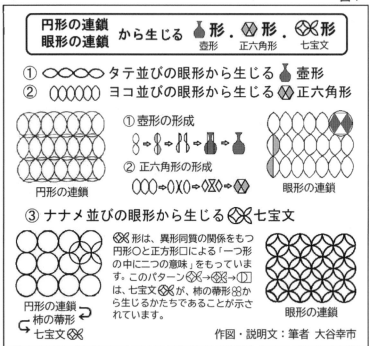

図 f

文字より前にかたちがあった〈パート１〉

　わが国の歴史は、今からおよそ１万2500年前に作られた豆粒文土器から始まっています。この土器に対して、考古学者は、つぎのように指摘されています。

① 文様をもつ世界最古の土器であり、
② ラグビーボールの尖った両端を切断したかたちをもっている。

図g 豆粒文土器と隆起線文土器

　このような指摘ができれば、以下に示す縄文時代草創期の三種類の土器に描かれる文様の相互関係に気づくことができると思います。

　ⓐ豆粒文土器　　◊形（眼形）
　ⓑ隆起線文土器　〜〜形・——（らせん形と直線）
　ⓒ爪形文土器　　））））形（かたちの素粒子）形）

　上記の◊形と〜〜形は、「）」形の180度の反転によって形づくられています。「）」形は、一つ形の上に凹凸のかたちを同時に持っています。これを両性具有と言います。つまり「）」形は、180度反転する「（」形と合体して、✕形・◊形を生みだし、さらに、180度の反転を繰り返して、〜〜形→∞∞形、〜〜形→〰〰形を形づくっています。つまり、∞∞→※※※※※（しめ縄）は「**同質でありながら、異形の二者の合体によって新しいかたちが生れる**」というものの**誕生原理**をもっている、このように理解することができます。以上は、幾何学図形に基づく解釈であり、筆者の恣意性はまったくありません。

　爪形文土器に描かれる））））形は、まさに**かたちの素粒子）形**そのものです。縄文時代草創期の縄文人は、この「かたちの素粒子）形」が豆粒文土器・隆起線文土器を生みだす要素であることに気づいておりました。だから、最初に◊形をもつ豆粒文土器を製作していたわけです。

　縄文人は「**文字の前にかたちがあった**」という見識に立って土器製作を行なっていたと考えられます。縄文人は文字をもっていなかったから未開民族であったとする先入観は的を射ておりません。このような考え

図h  図i

かたちの素粒子)形とらせん形の三形態 ① ∧∧ ② ∽∽ ③ ○○○○○ を描く縄文中期の長野県赤穂丸山遺跡出土の深鉢

寸銅(寸胴)〇形とソギ〇形の竹と正五角形の梅の花・直線が連想される松の葉による角松

方は、現在では改められつつあります。縄文人にとって**かたち**が文字であったわけです。私たちは、文字より前に存在していたかたちの視点から縄文時代に始まるわが国の歴史を見直すことが求められます。

　縄文人が創出したと考えられるわが国のシンボルである「**しめ縄**」や「**門松**」(上図iはインターネットより)は、〇形をもっています。このようにかたちの視点から縄文思想を考察すると、現代の幾何学を凌駕するところ大なるものがあります。今からおよそ1万2500年前の縄文人は、双曲図形 ()() と楕円図形 (〇) に「同質でありながら、異形の二者の合体によって新しい生命が生れる」という**生命誕生の原理**を読み取っていました。そればかりではありません。六角形のハニカム構造の巣を造る蜂や正多角形を形づくる花を咲かせる植物は、私たち人類と同じか、それ以上の能力をもっている、このように縄文人は認識していたと考えられます。そして、わが国の古代人は、いつの時代にか六角形の巣を造る虫をハチと呼んでいました。

　縄文人が気づいていたかどうかはわかりませんが、日本列島につながる奄美大島の海に棲息するアマミホシゾラフグは、正多角形に特徴的なパターンを象る精巧な産卵床を形づくっています(図j参照)。

図 j

奄美大島近海に棲息する **アマミホシゾラフグ** が作る
驚異のミステリー・サークル
直径約2mの幾何学模様は、アマミホシゾラフグ(魚類)によって形づくられていることが確認されました(2012年)。しかし、なぜ、魚類がこのような正多角形に特徴的な文様を造ることができるのかについては、議論されておりません。

写真・インターネットより　　　タイトル・説明文：筆者 大谷幸市

　このような正多角形に基づくかたちは、アマミホシゾラフグだけではなく、蜂の巣や植物の花にも見られ、六角形の巣と正多角形の花から新しい生命が生みだされています。メスのアマミホシゾラフグは、オスが作った巣の中央部分に卵を産み落としています。
　現代の天文学者は、太陽系の惑星の一つである土星に直線図形である六角形 ⬡ が現われていることを発見しています。このように正六角形 ⬢ と正八角形 ✳ に象徴される正多角形は、魚・昆虫・植物・人類・天体……森羅万象を結ぶ絆ではないでしょうか。このような現象の上に宇宙創成・生命誕生と正多角形との関わりが顕著に発見されます。
　『日本書紀』神武天皇即位前紀は、「六合を兼ねて都を開き、八紘を掩ひて宇にせんこと、亦可からずや。観れば、夫の畝傍山の東南の橿原の地は、

蓋し国の塊区か。治るべし」と書き綴っています。他方、現代に至って、森羅万象誕生の背景に正多角形という幾何学図形が存在していることを指摘する考古学者・歴史学者・数学者・物理学者・天文学者・生物学者…は、誰一人としていませんでした。

　極めてシンプルなかたちの上に深淵な天地・陰陽の概念を有すしめ縄と七宝文に始まる縄文人の培った文化遺産は、私たちが日本列島に生まれたことの誇りを大いに感じさせてくれます。

　縄文人の作った土器や土偶、それらに造形される文様・絵画・幾何学図形、さらに、その後に創出された銅鐸や前方後円墳をかたちの上から見直し、多くの学習と経験を基に築き上げられた先人の歴史を考えてみたいと思います。

図解 **世界最古の縄文文明**〈もくじ〉

はじめに…………………………………………………〈石浦薫氏からの便り〉1
江戸時代の伊能忠敬につながる日本列島のレイライン 2
文字より前にかたちがあった〈パート１〉6

第1章　わが国の基層文化は縄文にあった………………………………… 19
日本文明について 21
花にイメージされる正多角形 22
花のかたち［〇形から ✳ （正多角形)へ］ 22

第2章　豆粒文土器から始まる縄文文明………………………………31
豆粒文土器・隆起線文土器・爪形文土器 33
時空を飛び越える縄文の歴史 36
円形の連鎖から眼形の連鎖へ 40
ら 形の意味 45
らせん形の三形態を知っていた縄文人 47
三位一体の電話線 47

第3章　斜格子文の幾何学………………………………………………53
はじめに 55
眼形は曲線と直線をつなぐ媒介者 55
波状口縁をもつ土器 59
縄文時代草創期の斜格子文土器 59
　◯◯◯◯ 二重らせん構造から ◯◯◯◯◯ ヨコ並びの眼形へ 59
ヨコ並びの眼形 ◯◯◯◯◯ の意味 62
文字より前にかたちがあった〈パート２〉 64
斜格子文は何を表現しているのか 64
正六角形の意味 68
縄文人は正六角形を知っていた 69

神話に書かれる鏡像現象 70

かたちの素粒子「)」形から読み取れる両性具有 70

目からウロコが落ちる 71

しめ縄の特徴は◯形と✕形にあった 72

図式［◊✕◊→◊✕◊→⬢］を知っていた縄文人 72

斜格子文の生みの親は二重らせん構造 73

◉◉ 形と✕ 形を描く虎塚古墳壁画の謎 74

第4章　縄文前期の浅鉢に描かれる文様の意味･･････････････････････77
　　第1節　縄文人の叡智 79

◊✕◊ 形を受け継ぐ◊✕◊ 形 79

浅鉢に描かれた文様 80

✕形と◇ 形は媒介者 80

双曲・楕円図形による正八角形 85

大自然の中の正多角形 85

2個の眼形を結ぶかたちの意味とは 86

タテ並びの眼形とヨコ並びの眼形 87

眼形から生まれる最初の直線図形 87

斜格子文土器と波状口縁をもつ土器に集約される縄文思想 88

　　第2節　円形と正方形の関係 98

円形丸底土器と方形平底土器 98

円形と正方形の関係 100

縄文人は、なぜ円錐形の竪穴式住居を造っていたのか 103

第5章　眼形の幾何学･･･････････････････････････････････････105
　　第1節　円形から生まれる眼形 107

眼形に興味をもっていた縄文人 107

　　第2節　ヨコ並びの眼形から生じる正六角形 113

✕形と◯形の特別な関係 113

ヨコ並びの眼形から生じる正六角形のパターン　113

無視できない正六角形と正八角形の関係　116

縄文人の幾何学の始まり　116

曲線と直線の融合　117

マクロの世界とミクロの世界を結ぶ正六角形　117

土星の渦巻く六角形　118

　　第3節　茅の輪くぐりと縁結びの神　125

茅の輪くぐり　125

八ヶ岳山麓の富士見町にある井戸尻考古館　127

縄文人の偉大な発見　129

眼形の連鎖の産みの親は二重らせん構造　130

異形同質の関係を明らかにする✕形と◇形　131

円を結ぶ柿の蔕形　131

円結びの茅の輪くぐり　133

正六角形と正八角形を反映する出雲大社の神紋　134

第6章　しめ縄の幾何学……………………………………………135
　　第1節　しめ縄の意味　138

これまで言及されることがなかったしめ縄の意味　138

門松の由来　140

‿形の鏡像現象　141

二重らせん構造に載るDNA　143

再考！ヨコ並びの眼形 〇〇〇〇〇 の意味　144

〇✕〇 形から ◇✕〇 形へ　144

カーボンマイクロコイル（CMC）とは　146

DNAの二重らせん構造としめ縄の関係　148

二重らせん構造・ヨコ並びの眼形と正六角形のつながり　152

第7章　ひょうたん形の幾何学…………………………………153
　　第1節　かたちの素粒子 ）形から生じるひょうたん形　155

ひょうたんからコマがでる　155

ひょうたん形の重要性　157

　第2節　伏羲・女媧伝説　158

〰〰〰 形と ◯◯◯◯ 形の関係　158

伏羲・女媧伝承と伏羲・女媧図　161

人類とひょうたん形の関係　162

ひょうたんの種子が発掘された縄文時代草創期の鳥浜貝塚　163

✕形と ◇ 形は媒介者　164

新しいカタチを生みだす✕形と ◇ 形　166

二つの円形を結ぶ✕形・◇ 形と縁結びの神様　166

柿の蔕形　166

縄文文化と世界の文化圏とのつながり ⬡⬡⬡ ・ ⧗ ・ ✳ ・ ◈ 　167

正六角形 ⬣ を形づくる ◊ 形と ✕ 形　171

円結びの神から生まれる出雲大社の神紋 ✳ 　174

木葉文 ✳ に隠れている意味とは　175

第8章　縄文人の最高傑作　双眼 ◉ の造形……………………………179

双眼の謎　182

⌣ 形と ── 形の相違点　182

双眼に隠れているひょうたん形と連続円文　184

異形同質の関係を結ぶ ◉ 形と ∞ 形　185

縄文人の特異な図形能力　186

⧖ 形の意味　186

◯◯◯◯ 形・ ◯◯◯◯ 形と ◇◇◇ 形・ ◇◇◇◇ 形の意味　191

✕ 形を介して結ばれる ⬡ 形と ✤ 形　191

双眼 ◉ から導かれるかたち　192

双眼の二つ穴の意味　195

わが国の基層に流れていた縄文文化　195

正逆S字トンボに生命誕生の原理を読み解いていた縄文人　196

双眼 ◉ の意味　197

アマミホシゾラフグが造る驚異のミステリー・サークル　198

正多角形の意味を知っていた縄文人　201

円形の連鎖・眼形の連鎖と正六角形・正八角形の関係　203

再考！二重らせん構造の意味　203

種子を宿す果実のかたち　204

縄文人の優れた発想力　207

双眼の特別な性質　207

縄文人の最高傑作、それは双眼 ❶ の造形です　208

正六角形と正八角形の融合　212

第9章　180度反転の意味……………………………………………213

大森貝塚出土の土器に描かれる円環は？メビウスの帯　216

メビウスの帯と双曲図形（X）と楕円図形（0）の関係　221

大森貝塚の土器と寺改戸遺跡の注口土器の意味　221

縄文人のクラインの壺　232

第10章　七宝文の幾何学…………………………………………235

柿の蔕形 ❀ から生まれる七宝文 ❀❀　237

X形と ◆ 形の特別な性質　240

出雲大社の神紋　240

七宝文の形成　241

縄文人の幾何学の原点　247

縄文人のかたちの素粒子）形とインドのウパニシャッドとの関係　247

わが国独自の文様〈七宝文 ❀❀ の意味　その１〉　249

明治政府の指導者は、縄文人の末裔とはとても考えられません　251

わが国独自の文様〈七宝文 ❀❀ の意味　その２〉　252

第11章　縄文人の発想法…………………………………………255

　第1節　挫折していた縄文研究　257

異次元に踏み入る有効な方法論はあるのでしょうか　257

縄文思想の出発点 259
　第2節　超難問！縄文の歴史考察 262
未開民族について 262
超難問の出現 264
縄文人は格差のない情報交換を行っていた 264

第12章　縄文時代から弥生時代へ…………………………………………277
　第1節　銅鐸に描かれる文様と絵画 279
銅鐸に描かれる渦巻文 283
眼形の意味 285
　第2節　銅鐸と水の関係 288
太陽の象徴化 288
水の象徴化 289
銅鐸と雷雨 289
銅鐸に造形された眼形 291
銅鐸の二面性 292
　第3節　銅鐸の眼形の意味 292
二重らせん構造　∞∞∞　について 293
銅鐸の眼形 294
銅鐸の眼形作図法 301

第13章　吉備と出雲を結ぶ特殊器台・特殊壺……………………………303
出雲へ持ち込まれた吉備の立坂型特殊器台・特殊壺 305
双方中円墳 🐢 と四隅突出型墳丘墓 🦀 の意味 305
「ウィキペディア」の特殊器台・特殊壺、四隅突出型墳丘墓 306
文字より前にかたちがあった〈パート3〉 312
柿の蔕形 88 に隠れている ∞ 形と ∞ 形 312
🪢 形と ∞ 形の関係 315

第14章　記紀神話に隠されているかたち……………………………317

第1節　天地開闢(てんちかいびゃく)　319

天地・陰陽のかたち　319

造化三神、天之御中主神・高御産巣日神・神産巣日神　321

造化三神の役割　322

オノゴロ島の聖婚　325

天の御柱の意味　328

大日靈尊(おおひるめのみこと)とは　331

大自然の摂理　333

水蛭子(ひるこ)・葦船(あしふね)・淡島(あわしま)　338

オタマジャクシはカエルの子　338

『古事記』と『日本書紀』の天地開闢　338

宇摩志阿斯訶備比古遅神と国常立尊の誕生　341

なぜ、葦なのか　342

三種の神器の意味　346

柿の蔕形 ✸ は生命誕生の原理をもっている　347

眼形の連鎖から生まれる壺形 ⬮ と正六角形 ⬡ と七宝文 ⧳　348

図形の三種の神器　348

勾玉のS字形の意味　350

八尺(やさか)の勾玉(まがたま)の五百津(いほつ)のみすまるの珠とは　350

五百津(いほつ)のみすまるの珠　351

◇形と◇形を結ぶ ⧓ 形→ ⬡ 正六角形の形成　351

▱ 形から ◇ 形へ　352

第2節　三貴子誕生　355

『古事記』の「オノゴロ島の聖婚」と「三貴子誕生」　355

第15章　橘という字は不思議な字である……………………………361

第1節　時じくの香の木の実　363

橘という字は不思議な字である　363

矛(ほこ)と冏(きょう)の関係　363

『古事記』垂仁(すいにん)天皇条　365

竹から生まれた「かぐや姫」の幾何学　371

かぐや姫と天香久山のつながり　372

正多角形が重要なかたちであることを知っていた縄文人　373

　第2節　ランドスケープを形成する三輪山と大和三山　375

無双の考え方　375

天香久山の土　384

天香久山に結ばれる橘　386

双曲・楕円図形の特別な性質　387

双曲・楕円図形から生じる正多角形　388

大和三山のもう一つの意味　389

七宝文に表現される天地・陰陽　389

　第3節　三内丸山遺跡の巨大木柱遺構の謎　390

青森県三内丸山遺跡の巨大木柱遺構　390

【420という数の意味】　397

第16章　前方後円墳の創出……………………………………………401

いろいろな前方後円墳起源説　403

前方後円墳の創出　408

前方後円墳、前方部の角度の意味　417

縄文が世界を救う………………………………………………… 419

自然との共生　419

死者に手向けられる花の意味　423

参考文献………………………………………………………… 425

第 1 章

わが国の基層文化は縄文にあった

日本文明について

　サミュエル・ハンチントン氏は、その著『文明の衝突』(集英社、鈴木主税訳、1998)、「日本語版への序文」において、日本に関して、つぎのように書いています。

　　文明の衝突というテーゼは、日本にとって重要な二つの意味がある。第一に、それが日本は独自の文明をもつかどうかという疑問をかきたてたことである。オズワルド・シュペングラーを含む少数の文明史家が主張するところによれば、日本が独自の文明をもつようになったのは紀元前五世紀ごろだったという。私がその立場をとるのは、日本の文明が基本的な側面で中国の文明と異なるからである。それに加えて、日本が明らかに前世紀に近代化をとげた一方で、日本の文明と文化は西欧のそれと異なったままである。日本は近代化されたが西欧にならなかったのだ。

　　第二に、世界のすべての主要な文明には、二ヵ国ないしそれ以上の国々が含まれている。日本がユニークなのは、日本国と日本文明が合致しているからである。そのことによって日本は孤立しており、世界のいかなる他国とも文化的に密接なつながりをもたない。

　ハンチントン氏の発言で、次の四点が注目されます。

ⓐ　日本が独自の文明をもつようになったのは紀元前五世紀ごろだった。
ⓑ　日本の文明が基本的な側面で中国の文明と異なるからである。
ⓒ　日本の文明と文化は西欧のそれと異なったままである。
ⓓ　日本国と日本文明が合致しているからである。

　ハンチントン氏は「日本が独自の文明をもつようになったのは紀元前五世紀ごろ」と考えられているようです。しかし、実際の縄文文明の始まりはそれよりもおよそ1万2000年ほど遡っています。これは「文字より前にかたちがあった」の視点に立脚した歴史考察から読み解いた縄

文時代草創期の豆粒文土器によって裏づけられています（後掲図8参照）。したがって、上記の⒝、⒞、⒟の三点は理解できますが、⒜については、同意できません。

花にイメージされる正多角形

　縄文人は、自然界の草木の花が花びらの数によって正多角形を作っていることに世界で最初に気づいていました（これは、縄文時代草創期の波状口縁をもつ土器によって証明されます）。草木の花は蜜をもち多くの昆虫や鳥たちを集めています。この花は新しい生命の種子をもつ果実を生みだしています。すなわち、植物の花はDNAが二重らせん構造に載っているように「**生命誕生の意味**」をそのかたち（図1～図3）の上に表現しているわけです。

　DNAの二重らせん構造は「同質でありながら異形の二者の合体によって新しいかたちが生まれる」という双曲・楕円図形の相即不離の特別な性質をもっています。花のかたちから「◊ → ✳」の図式を読み解いていた縄文人の幾何学は、「**文明**」そのものと言えるでしょう。　縄文人は、植物の花と同じ双曲・楕円図形から、以下に示す二つの図式 ⒜ と ⒝ を導いています（第4章参照）。

　　⒜北白川遺跡出土浅鉢　◊❭❬◊ → ◊❭❬◊ → ◊◊◊ → ⬡　正六角形
　　⒝鳥浜貝塚出土浅鉢　　✳ → ✳ → ✳ → ✳　正八角形

花のかたち［◊ 形から ✳（正多角形）へ］

　草木の花びらのカタチは、図に見るさくらの ◊ 形（眼形の花びら）のほかに波状弁・丸弁・剣弁・半剣弁と呼ばれる多くのかたちがあります。たとえば、五花弁のさくらや桔梗の花は正五角形、六花弁のユリの花は正六角形というように、花びらの数によって正多角形が形づくられています。なお、バラやボタン、蓮の花は多くの花弁があり複雑に見えますが、全体的なかたちは正多角形に集約されると考えられます。

図１

花の かたち

←さくら

←キキョウの花の五角形　キキョウの蕾の五角形→

↑キキョウの蕾

←紫色の
　キキョウの花

花のイラストと写真は、インターネット「ウィキペディア」より転載
花のかたちに現われている正多角形の指摘は、筆者 大谷幸市

図2

「○ → ✵ 」形をもつ花のかたち
楕円図形　正多角形

センセーション

レッドベルサイユ

ラジアンス

フラッシング
ピンク

←ユリ

時計草→

花の写真は、インターネット「ウィキペディア」より転載

図3

形と形に基づく花のかたち
楕円図形　正多角形

みやこわすれ　　　　　　　　　　マーガレット

花びらに見る……眼形から形成される正多角形

花の写真の出典：インターネット「ウィキペディア」より
タイトル・イラスト・説明文：筆者　大谷幸市

　以上を図形的に解釈すれば、円形から眼形が生じ、この眼形から正多角形が生まれると考えることができます。このようなかたちの変遷の上に曲線と直線の組合せが発見されます(第3章「斜格子文の幾何学」参照)。
　この問題を家の近くの公園を散歩しながら考えていました。ベンチの近くに咲く桜の花を見ていると◯形の5枚の花弁が正五角形に見えてきました。
　なぜ、縄文人はヨコ並びの眼形◯◯◯◯◯を描いていたのでしょうか(後掲図52)。∞∞形(しめ縄状文様)と◯◯◯◯◯形(ヨコ並びの眼形)は、同じ◯形を持ち、χ形を介して、前者は垂直方向に、後者は水平方向につながっています。このような相違に気づいていたところに縄文人の叡智が発見さ

図4・図5

森の中で生活する縄文人

縄文時代草創期の福井県鳥浜貝塚の原風景（上図）と長野県矢出川遺跡の原風景（下図）

画像の出典：安田喜憲『世界史のなかの縄文文化』雄山閣出版 1987

れます。

　さっそく家に帰りパソコンでインターネットを閲覧し、花のかたちを観察しました。ヤマボウシの4花弁・桜、桔梗の5花弁・コスモスの8花弁など、ほとんどが眼形に近いかたちの花弁をもち、それらの花のかたちに正多角形をイメージすることができました。

　縄文人が居住した森には、草木、鳥、魚、小動物や昆虫などが棲息しており、双曲図形()()、楕円図形(()形を基本とするカタチがいっぱいあります。このような状況は、縄文人がそれらのかたちの上に幾何学を認識するに十分な存在であったと考えられます。

　ここにミクロの世界の生命誕生の原理とマクロの世界の宇宙創世の原理が、縄文人によって組み立てられたとしても不思議ではありません。続いて考古学者の松木武彦氏は「縄文社会の特異性」について、その著『進化考古学の大冒険』(新潮社 2009)の中で、つぎのように書いています。

　　日常の煮炊きに使う土器にまで、これほどの美が盛り込まれている文化は、縄文以外にはあまりない。その美の性質も、調和や安定の感覚を導く体制化の美より、強い情動や意味的処理を呼び起こす「美に反する美」や具象表現が勝っている。

　　縄文人は、世界の先史文化のなかでも、とくに濃密な美を人工物に盛り込むことを大きな特徴とする社会だったといえるだろう。縄文という社会が、そのような特徴をもつようになった理由は何だろうか。各地の先史文化のなかでもひときわ人目を引く美に満ちた縄文文化は、人類史のなかにどのように位置づけられるのだろうか。

　松木氏は、図6・図7に見る石ヤリの写真を載せ「単なる狩猟具とは思えない、原始日本の美をきわめた優品」との説明を与えております。この石ヤリの役割は狩猟具としての殺傷能力にあります。松木氏は、「1万 5000 年前のころには、細密な打ち欠きや押し剥ぎを重ねて、薄く長く、正確な左右対称に仕上げられたものが現れる。石材も、チャートなどの光沢のあるものが選ばれ、細密な剥離を並べたさざ波のような

図6

<small>このはなのさくやひめ</small>
木花開耶姫の姉　<small>いわながひめ</small>**磐長姫の正体**

それは石器のかたちに見る双曲図形( )( )と楕円図形(( ))です！

↑大阪府山賀遺跡
　出土

写真の出典：
　大阪府文化財調査
　研究センター

←
有茎尖頭器と石鏃
　縄文時代草創期
　神奈川県
　花見山遺跡出土

写真出典：泉拓良編纂
『歴史発掘2 縄文土器出現』
講談社 1996

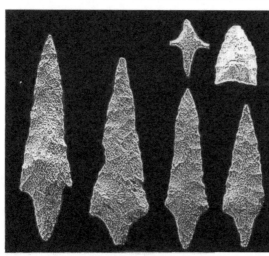

図版のタイトル・説明文：
筆者 大谷幸市

図7

| 神子柴型の石ヤリ |

松木武彦氏は、その著作の中で「単なる狩猟具とは思えない。原始日本の美をきわめた優品」と書いています。
約1万8000～1万5000年前　長野・神子柴遺跡　長さ25.2㎝
写真提供：上伊那考古学会　撮影：小川忠博

以上、松木武彦『進化考古学の大冒険』新潮社 2009 より

質感を実現している」とのべています。

　縄文人がそのかたちに美と機能に加えて自然の法則性をもっていることに気づいていたならば、私たちは認識を改めなければなりません。この石ヤリに「美」を感じるのは、そのかたちに見る曲線と細密な剥離を並べたさざ波のような質感にあるように思います。

　つまり、この石ヤリのもつ殺傷能力と松木氏のいう美的感覚は、石ヤリから導かれる双曲図形 ()() と楕円図形 (()) から生れているのです。このような解釈は蓋然性をもっていると思います。縄文人が意識的に曲線を土器や土偶に使っていたことは土器や土偶の造形、それらに施されている図形や文様が明確に物語っています。ところで、かたちの素粒子)形は、以下に示すパターンをもっています。

　　ⓐ　両性具有
　　ⓑ　180度の反転
　　ⓒ　永遠の継続性

第1章　わが国の基層文化は縄文にあった　　29

縄文人は、上記の性質をもつ**かたちの素粒子）形**を世界に先駆けて発見していました。これまでの考古学者・歴史学者は、なぜ、縄文土器や土偶に大きく描かれる「）」形を取り上げ、考察しなかったのでしょうか。かたちの素粒子）形は、双曲・楕円図形の基本となるかたちをもっています。

　小論は、このかたちの素粒子「）」形に基づいて展開して行きます。なお、かたちの素粒子）形は、① 形(壺形)と② 形(正六角形)と③ 形(七宝文)を生みだしています。

第2章

豆粒文土器から始まる縄文文明

豆粒文土器・隆起線文土器・爪形文土器

　今からおよそ１万2500年前の日本列島の九州、長崎県佐世保市泉福寺洞窟遺跡に居住していた縄文人は、一つの土器を作っていました。復元されたその豆粒文土器は、図８に見るように眼形◯が想定されます。この豆粒文土器の表面には柿のタネのカタチに酷似する◯形の粘土粒が貼りつけられています。この◯形から、その「豆粒文土器」という名称がつけられたといわれております。

　ところで、山や森には多くの樹木が生え、イノシシや鹿、小鳥、いろいろな小動物が棲息しています。池や川、海には魚たちが泳いでいます。私たち人類も動物たちと同じように弱肉強食という生存競争の中で生きて行かなければなりませんでした。

　大自然との共生思想といっても自然界の動植物を食べなければ生きて行くことはできません。縄文人が一番恐れたことは、取り過ぎて食料としての動植物がなくなることであったと考えられます。そのために必要なことは、自然界の法則性を知ることであったと思います。

　インターネット「ウィキペディア」は、「内陸部の縄文集落の遺跡調査が進むにつれて、縄文人の食生活の全体像が明らかになってきた」と前書きして、つぎのように書いています。

　　縄文時代は基本的に食物採集の文化であったといえる。縄文人たちは採集した食物を食べ、余ったものは穴や屋根裏に貯蔵していた食物の内訳は、クルミ、クリ、トチ、ドングリなどの堅果類が中心である。このことから、縄文人の主食はこれら堅果類であったと推測される。なかでもドングリ類の比重が高かったものと思われる。

　縄文人にとって、生きて行くためになくてはならない糧であった「クルミ・クリ・栃の実・ドングリ」に共通するカタチは宝珠形◯です。このかたち◯は、弁慶と義経が出会った「京の五条の橋の上」と詠われる太鼓橋の４個の欄干に見られます(図9)。橋の欄干の擬宝珠に表現された宝珠形◯は、縄文人にとって生命の糧であり、同時に生命誕生

第2章　豆粒文土器から始まる縄文文明　33

図8

豆粒文土器に隠れているカタチ
それは **眼形 ()** です

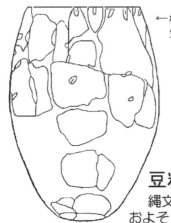

←柿の種()から
生れた粘土粒

豆粒文土器
縄文時代草創期
およそ1万2500年前
長崎県佐世保市泉福寺洞窟遺跡出土

土器の写真・イラストは、『歴史発掘2 縄文土器出現』
泉拓良 講談社 1996より

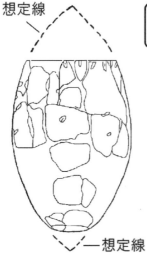

想定線

想定線

縄文の歴史は豆粒文土器→眼形()
から始まっている！

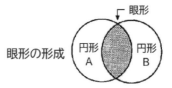

眼形の形成　円形A　円形B　眼形

眼形()は、同質でありながら、異形の二者
（または同質の二者）の合体によって新しい
生命が生れるに適う「**生命誕生の原理**」
を内包しています！

豆粒文土器を除く作図・タイトル・
説明文：筆者 大谷幸市

宝珠形と眼形の意味

宝珠形は木の実や燃える火に現われております。
橋の欄干にもみられます。

京都・五条大橋
の欄干の擬宝珠

火玉の宝珠形

栗とドングリの実の宝珠形

栗・クルミ・栃の実・ドングリは、縄文人の大切な食糧源でした。これらの木の実は宝珠形をもっています。

左記の五条大橋の擬宝珠、火玉の宝珠は、インターネット「ウィキペディア」より

両眼は、太陽や月の光を感じ、もののかたちを読み取ります。この両眼のかたちは ◯ 形（眼形）です。

『古事記』・『日本書紀』に桃の実が登場しているのは、桃のタネのかたちに見る眼形 ◯ と宝珠形 ◯ の一体化現象に、その根拠があるのではないでしょうか。これらのかたちは、生命誕生の原理に結ばれています。

（桃の種の写真・タイトル・説明文：筆者 大谷幸市）

桃のタネ　　　　　桃のタネ
真横から見る眼形　正面から見る宝珠形

ヒメクルミの宝珠形
（断面図）

写真の出典・説明文：
『歴史発掘2 縄文土器出現』
泉拓良編 講談社 1997

滋賀県粟津第三貝塚
縄文時代中期

秋田県池内遺跡出土
縄文時代前期

理論を学習するきっかけとなるかたちであったと考えられます。宝珠形◯は、⌒⌒→∞ 形に置き換えることができます(下図参照)。つまり、同質でありながら異形の二者である正逆S字トンボは、合体して新しいカタチである壺形🏺を形づくっております。

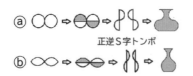

「壺形は、同質でありながら、異形の二者の合体によって新しい生命が生れる」という意味をもつ正逆S字トンボによって形づくられています。

縄文人は宝珠形◯から以上の意味を読み取り、同時に、この宝珠形◯から**生命誕生の原理**を導いていたと考えられます。

時空を飛び越える縄文の歴史

前述の豆粒文土器は、◯形をもっていました。この土器と同じ縄文草創期の土器である爪形文土器には、)))形の粘土粒が貼られています。この)形をかたちの素粒子と名づけました。 隆起線文土器にはらせん形〰〰と直線 ——— の粘土粒が貼られています。これら三種類の土器は、同じ粘土粒という様式が見られるところから草創期といってもそれらが製作された年代はかなり接近していたと考えられます。

わが国最古の文様をもつ豆粒文土器が、およそ 1 万 2500 年前に作られた土器であることは明らかになっています。大阪市在住の知人から「縄文人は最初にかたちの素粒子)形を土器に表現しなかったのか、◯形を選択した理由はどのようなところにあるのですか」という質問をいただきました。

かたちの素粒子)形は、縄文中期の長野県富士見町藤内遺跡出土土器、長野県赤穂丸山遺跡出土土器(縄文中期)に描かれています。豆粒文土器として◯形が採用されたわけは「異形同質の二者の合体によって新しいかたちが生まれる」という法則性を具体的なかたちで示すことが優先されていたと考えられます。「同質でありながら、異形の二者の合体によって新しい生命が生れる」という生命誕生の原理を表現するかたちは、た

図10

 形と ═══ 形を描く隆起線文土器

らせん形　　　　直線

深鉢

青森県六ケ所村表館遺跡出土
隆起線文土器　縄文時代草創期
高さ 30.0cm

土器の出典：
『歴史発掘２ 縄文土器出現』
講談社 1996

図11

隆起線文を描く土器

縄文時代草創期の隆起線文土器の口縁部には右巻きらせん形と左巻きらせん形の粘土粒が貼りつけられています:

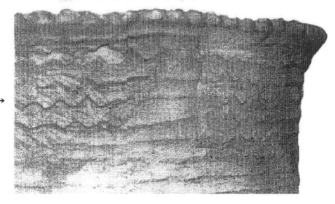

ⓐ 青森県六ケ所村
　　表館(おもてだて)遺跡出土　隆起線文土器

↖ 土器口縁部拡大図・
　タイトル・説明文：
　筆者　大谷幸市

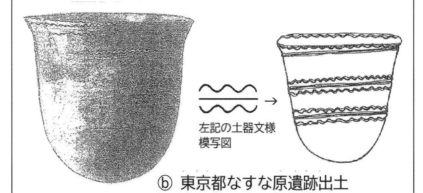

左記の土器文様
模写図

ⓑ 東京都なすな原遺跡出土
　　隆起線文土器　縄文時代草創期

ⓐ・ⓑの土器出典：『歴史発掘2 縄文土器出現』
　泉拓良編　講談社　1996

図 12

隆起線文土器に描かれる らせん形／直線 の関係

考古学者 故 **山内清男** の 指摘

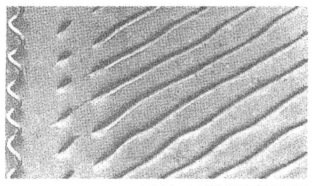

「らせん形の施文具」↑
の回転から生じる「直線」

写真出典：山内清男『日本原始美術 縄文式土器』
講談社 1964
タイトル：筆者 大谷幸市

いろいろな爪形文

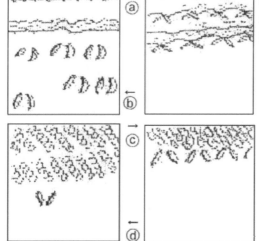

ⓐ・ⓑ 神奈川県花見山
ⓒ 山形県日向
ⓓ 長野県石小屋

以上、縄文時代の
各遺跡

) ･ () ･ ⁀⁀
形の爪形文

白石浩之・芹沢長介・
鈴木義昌各氏による爪
形文)))) の研究があり
ます。

第2章 豆粒文土器から始まる縄文文明　39

とえば「(」形と「)」形が合体した◊形（眼形）に現われております。

　縄文中期において、縄文人は土器に大きな「)」形を描いていました（図13～図14）。今からおよそ5000年から4000年前にダイレクトに「)」形を描く民族が縄文人のほかに存在していたかどうかは寡聞にして知りません。この「)」形が、どのような意味をもっているのか、これを知ることが重要です。

　縄文草創期の隆起線文土器には、〰〰　形と　───　形の粘土帯が貼られています（図10）。このらせん形と直線の組合せの意味は、図12に見る故山内清男が指摘する「らせん形の回転による曲線から直線が生じる」という図形現象に如実に現われています。

　縄文時代草創期の土器に表現されるかたちと文様である◊形（豆粒文土器）と　〰〰　形（隆起線文土器）、)))) 形（爪形文土器）は、それぞれがかたちの素粒子「)」形から生まれるかたちです。

　ⓐ　豆粒文土器───　◊形（眼形）
　ⓑ　隆起線文土器─　〰〰　（らせん形）

　かたちの素粒子「)」形の意味を明らかにしておかないと、縄文人が、なぜ眼形に関心をもち三種類の土器（豆粒文・隆起線文・爪形文）を作っていたのか、さらに同じ縄文草創期に属す斜格子文土器や波状口縁をもつ土器の解読が難しくなってしまいます。これらの土器のかたちや文様は、かたちの素粒子)形の4種類のパターンに基づき作られています（図16）。

円形の連鎖から眼形の連鎖へ

　円形の連鎖と眼形の連鎖の関係は、後掲図 17 に示されています。「縄文の歴史は、この円形の連鎖と眼形の連鎖から始まっていた」と言えば、「それを描く縄文土器は存在していますか」という質問が即座に飛んでくることでしょう。

　それを描く土器は、この後に述べる福井県鳥浜貝塚出土の斜格子文土器です。土器に描かれる斜格子文は直線図形ですが、その原形は眼形の連鎖です（第3章、図28～図31）。　この眼形の連鎖は、円形の連鎖を描くと

図 13

>)形をダイレクトに描く土器は、縄文時代の日本列島にしか存在しません❢

長野県富士見町の藤内遺跡出土の深鉢には、ⓐとⓑの2種類のかたちが描かれています。

タイトル・説明文：
筆者 大谷幸市

ⓐに対し、これまでの研究者は、天体の三日月であるとする解釈を与えておりますが、ⓑのかたちの意味に関しては、何も触れておりません。

ⓐとⓑは、同じ土器にとなり合せに描かれていることを考慮すれば、〰形に対して、かたちの素粒子)形の180の反転から生じる〰形が連想されます。

ⓐ 深鉢
縄文中期

長野県藤内遺跡出土
高さ57.8㎝

図13と図14を見比べると、〰形がらせん形のパターンの一つであることがよく理解されます。つまり、かたちの素粒子)形は、〰形・〰形・(〰〰)形の基本形ということになります。

これらのかたちは、「同質でありながら、異形の二者の合体によって新しいかたちが生れる」という生命誕生の原理につながっています。

図14

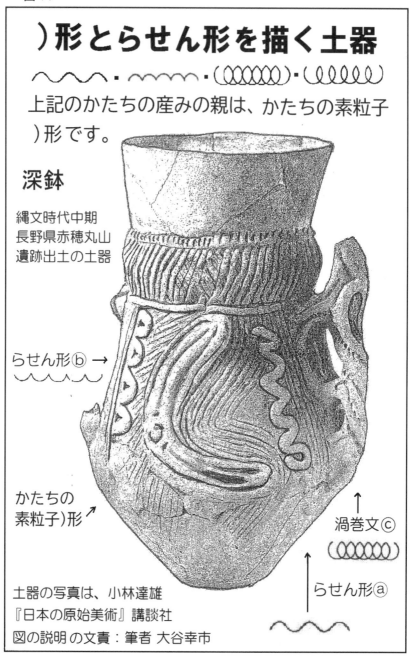

図 15

しめ縄  の意味

)形は一つかたちで
二つの性質（凹・凸）
をもっています。

両性具有は曲線でない
と表現できません。

 双曲図形 ←) → 楕円図形

　上に示すかたちの素粒子)形は、180度反転して、
()形と)(形を生みだし、∞∞∞形と∽∽∽形を
形づくっています。∽∽∽形から〰〰〰形を
導くことができます。

① 〰〰〰形は同質でありながら異形の
　二者（左巻きらせん形／右巻きらせん形）の合体から生まれています。

② 〰〰〰は、永遠の継続性をもってい
　ます。

　この段階において、『記・紀』神話にイザナギノミコトと
イザナミノミコトが登場します。両者は異形同質の関係を
結び、聖婚して

生命誕生の原理を生みだします❣

　以上から、わが国のシンボルである「しめ縄〰〰〰」の
意味が明らかになりました。

作図・説明文：筆者 大谷幸市

図16

かたちの素粒子）形から生じる ∞∞∞ しめ縄状文様 形の意味

∞∞∞ 形は、図に見るとおり、いろいろなかたちに変化しています。これは「同質でありながら、異形の二者の合体によって新しいかたちが生まれる」というかたちの素粒子）形のもつ性質に基づく図形現象です。

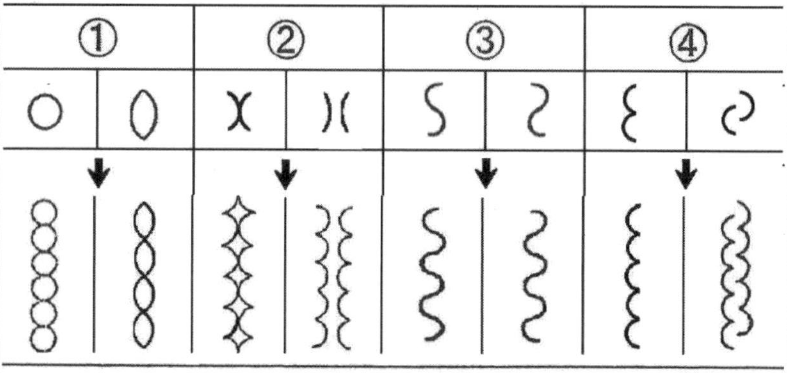

①		②		③		④	

【かたちの素粒子）形の特別な性質】

① （形と）形は、「同質でありながら異形の二者」、換言すれば「異形同質の関係」で結ばれています。

② かたちの素粒子）形は、180度の反転によって、新しいパターンを生みだしています（上図 ∞∞∞・〰〰〰他参照）。

③ 上記、②のパターンは、永遠の継続性を生みだしています（この永遠の継続性は、同じ幾何図形である正多角形にも現われています）。

以上の３つのことがらは、**宇宙創成の原理・生命誕生の原理**になくてはならない必須の条件です。

作図・説明文：筆者 大谷幸市

図17

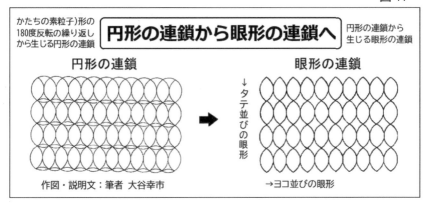

必然的に生じるかたちです。斜格子文については、第3章で詳述します。

ら形の意味

　2018年に約300人の聴衆が参加したある著名な天文学者の名古屋での講演会に参加しました。質問タイムで、講演中にスライドに映しだされた渦巻星雲の中心部に見られるら形(図18)に関して「左巻き渦巻と右巻き渦巻の合体形と考えることはできないでしょうか」と質問しました。講演者から「世界で渦巻を研究している天文学者はいません。くだらない質問はしないでください」という回答をいただきました。

　ら形は、NASAが撮影した渦巻銀河や渦巻星雲の写真、および表現はインターネットで見られます。渦巻と言えば、台風・ハリケーン、および竜巻などが思いだされます。カタツムリや巻貝などは渦巻の殻皮をもっています。縄文人は土器に渦巻文を描き、頭部に三角形や五角形を表現し、胴体に渦巻文をもつ土偶を作っていました。左撚りらせん形と右撚りらせん形は、合体して∞∞∞∞(二重らせん構造)を生みだしています。二重らせん構造のもつ「同質でありながら異形の二者の合体によって新しいかたちが生まれる」は、森羅万象に適用される「誕生原理」であると考えられます。

　渦巻銀河(図18)のら形には、いったいどのような意味があるのでし

第2章　豆粒文土器から始まる縄文文明　　45

図 18

宇宙に渦巻銀河が確認されています。
♪形にご注目ください！

渦巻銀河

ⓐ ハッブル宇宙望遠鏡が撮影した
渦巻銀河 NGC 4414

ⓑ ハッブル宇宙望遠鏡が撮影した渦巻銀河
M51の中心部。渦状腕に沿ってHⅡ領域
やダーク・レーンが存在している。

ⓐとⓑの写真とその説明文は、
インターネット「ウィキペディア」より転載したものです。

以下の説明文：筆者 大谷幸市

　宇宙において、渦巻星雲や渦巻銀河が発見されています。他方、二つの星雲の衝突したところに、新星が生じているという最新の天文学の報告があります。上図ⓑのハッブル宇宙望遠鏡で撮影された写真を見ると衝突というより合体しているように見えます。
　宇宙は、二重らせん構造のもつ強力なパワーと永遠の継続性から生まれたと考えるところに蓋然性が発見されるのではないでしょうか。二重らせん構造は「同質でありながら異形の二者の合体によって新しいカタチが生まれる」という法則性をもっています。このように宇宙の星雲や銀河においても、地球における二重らせん構造のもつ原理が適用されたとしても、矛盾を招くものは何もありません。

ょうか。ところで、「今からおよそ7000年から1万1000年前の日本列島の縄文人は、形を土器に描いていました」と言えば、どれだけの人が関心を示してくれるでしょうか。かつて「**渦巻はフィクションだ**」**と発言した考古学者がおりましたが、渦巻はフィクションではありません。安定した渦巻は、天文学において重要な自然現象の一つです。**

ところで、らせん形の三形態を図示したのは、縄文人が世界で最初です。土器にそれを描いていたのは、長野県赤穂丸山遺跡に居住していた縄文中期の縄文人です(前掲図14)。

らせん形の三形態を知っていた縄文人

この土器には、ⓐ「)」形とともに、ⓑ 形・ⓒ 形、ⓓ 形が描かれています(図14参照)。これを筆者は「**らせん形の三形態**」と名づけました。この土器には、現代の数学者・物理学者をもってしても気づくことがなかった「**らせん形の三形態**」が如実に造形されています。縄文人が未開人でなかったことは、これを描いているところに示されています。縄文人は「**文字より前にかたちがあった**」という伝達方法を持っていたのです(図13〜図16参照)。

三位一体の電話線

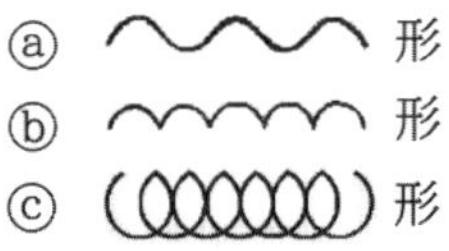

私たちの家の前にある電話線のらせん形を見ると、上に示すらせん形の3種類のパターンが確認されます。このパターンは縄文人が赤穂丸山遺跡出土土器に描いていた三種類のらせん形に一致しております(是非、あなたの家の前の電話線をご覧ください)。

縄文人は、「**らせん形の三形態**」が異形同質の関係で結ばれていることを知っていたことになります。この「**らせん形の三形態**」の一つである渦巻きは、私たち人類が生きる地球において台風・ハリケーン・竜巻

図19

⟋ 形は何を表わしているのか？

かたちの素粒子）形は、両性具有をもち、180度反転して ⓐ 〇形・ⓑ ）（形・ⓒ 〜〜〜 形・ⓓ 〰〰〰 形などを生みだしています。なお、ⓒとⓓは、さらに180度反転して **永遠の継続性をもつ** ∞∞∞ 形と 〰〰〰 形を形づくっています。

　この永遠の継続性は、宇宙創成と大自然の植物・動物の生命誕生になくてはならない必須の条件です。

縄文時代の土器・漆塗りの櫛・漆塗りの容器に描かれる

 形
　　　　　　　　形

その意味は？
永遠の継続性

縄文人が発見していた ⟋ 形

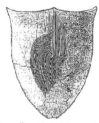

ⓐ ⟋ 形を描く土器

中野式　尖底深鉢
縄文時代早期
市立函館博物館

図版ⓐの出典：
『日本の原始美術1
縄文時代』
小林達雄 講談社 1979

ⓑ 漆塗りの櫛 →

千葉県
高谷川遺跡出土
縄文時代後期

↑ ⓒ 漆塗り樹皮容器

青森県八戸市是川中居遺跡
復元品　縄文時代晩期
八戸市教育委員会所蔵

図版の出典は『古代史復元3』講談社 1988より。図のタイトル・説明文の文責は筆者大谷幸市　図の一部修正あり。

図 20

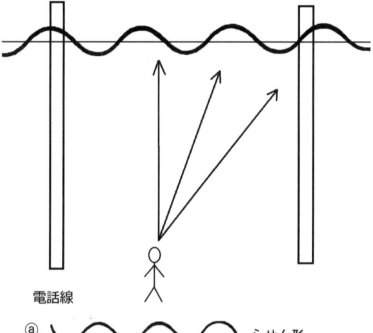

第 2 章　豆粒文土器から始まる縄文文明

図 21

らせん形の三形態

らせん形 ⓐ 〜〜〜

らせん形 ⓑ 〜〜〜

渦巻文　ⓒ 〇〇〇〇〇〇・〇〇〇〇〇

家の前の電話線で確認できるように、上記のらせん形ⓐ・らせん形ⓑ・渦巻文ⓒは、異形同質の関係を維持しております。

三種類のらせん形の特別な性質

上図のⓐとⓑのらせん形は、右図のタテ並びの眼形に、ⓒの渦巻文は、ヨコ並びの眼形に、それぞれ現われています。

タテ並びの眼形からは正逆S字トンボによる壺形が生じ、ヨコ並びの眼形からは正六角形が生じています。

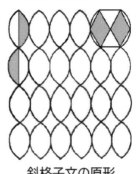

斜格子文の原形

★  タテ並びの眼形 → 壺形

★  ヨコ並びの眼形 → 正六角形

以上の図形現象は、縄文時代草創期の日本列島に居住していた縄文人が土器に描いていた斜格子文に現われています（図28〜図30、p65〜p66参照）。 斜格子文の産みの親は、柿の蔕形 ❀ です（図68・図69）。

作図・説明文：筆者　大谷幸市

などに現われております。さらに天体の渦巻星雲・渦巻銀河があります。このような天体と自然界の渦巻現象と幾何学における180度の反転現象を表わす♪形は、なくてはならないかたちであると考えられます。

太陽系の太陽をはじめとする惑星は自転を繰り返しながら公転しています。この自転と公転は、安定した渦巻現象ではないでしょうか。このような考え方をもてば、安定した渦巻のパターンをもつカーボンマイクロコイル(CMC)の〈〈〈〈〈〉形が思いだされます。三次元の渦巻である〈〈〈〈〈〉形は、二次元の〈〈〈〈〈〉形(ヨコ並びの眼形)への置換が可能です。

ところで、台風や竜巻は危険な渦巻きに分類されます。危険な渦巻きだけではなく安定した渦巻きの存在に気づけば、渦巻星雲や渦巻銀河が宇宙に存在する理由が容易に解けてくるのではないでしょうか。後掲図59に見る土星の六角形は、安定した渦巻現象から生じるかたちではないでしょうか。それは幾何学の図式 [⦿⦿⦿-⦿⦿⦿-⬢]に則って、正六角形の発生要因を与えることが可能です。

天体(渦巻星雲や渦巻銀河)は、拡張する強力なパワーと何億年から何百億年という継続性が確認されています。このような想像を絶するパワーと継続性を生みだしているものこそ安定した渦巻現象ではないでしょうか。渦巻には、

① **安定する渦巻**

② **危険な渦巻**

が存在することを認識し、これに立脚する考え方をもつことが求められます。このような視点から今後の天文学の研究が行われることが期待されます。

)形が造形される土偶

これまで、この)形を追究する研究者は、誰もいませんでした。

土偶　埼玉県出土
　　　高さ17cm
　　　出土遺跡不明

第2章　豆粒文土器から始まる縄文文明　51

第 3 章

斜格子文の幾何学

はじめに

　囲碁の碁盤は連続正方形（18×18）、その碁盤へ円形の白と黒の石を置いて行き陣取り合戦をします。囲碁は陣地を取られないように目を作ることがポイントです。他方、将棋の盤はタテが少し長い長方形で、9×9のマス目からできております。その中へ五角形の将棋駒を置いて行き王将の獲得を目指します。

　話は変わって、わが国の国技である大相撲の土俵は、正方形の中にしめ縄でつくられた円形の土俵の上で、最初にひょうたん形の軍配をもった行事と三人の力士が△形に並び、その後に▽形に並びます。このような三役土俵入りの儀式に生じる2個の正三角形は合体して六芒星 ☆ を形づくっております。

　これをお読みになった方は、○（円形）・□（正方形）の囲碁と□（四角形）・⬠（五角形）の将棋の発祥の地は、日本列島ではないかという考えが脳裏をよぎったのではないでしょうか。

　ところで、斜格子文土器（図28）、らせん形と正多角形の組合せをもつ波状口縁をもつ土器（図25～図26）、円形丸底土器と方形平底土器（第4章、図48参照）を造形していたのは、日本列島の縄文人です。

眼形は曲線と直線をつなぐ媒介者

　図22は、円板によるかたちの変遷です。

ⓐ　平面形の厚めの紙を切り抜き、大き目の円形（○）を作ります。この円形の紙をどちらかの手にもち、目の前にくるように掲げます。つぎに左回り右回りのどちらでもかまいませんが、円形をゆっくりと水平を維持しながら回転させます。

ⓑ　この時、円形に見えたかたちは眼形（◊）に変化し、この◊形は回転によってそのかたちは徐々に小さくなって行きます。

ⓒ　回転角度が90度になった時、目に映るかたちは直線です。

　以上の図形現象において、眼形は円形と直線を繋ぐ媒介者の役割を果たしている、このように捉えることができます。

第3章　斜格子文の幾何学　　55

図 22

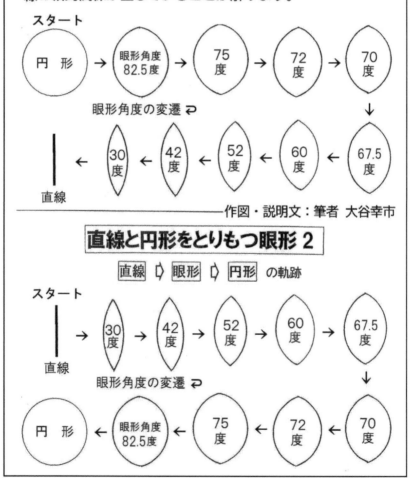

図 23

銅鐸に描かれる斜格子文

近畿式袈裟襷文銅鐸　岡山県・和気町出土

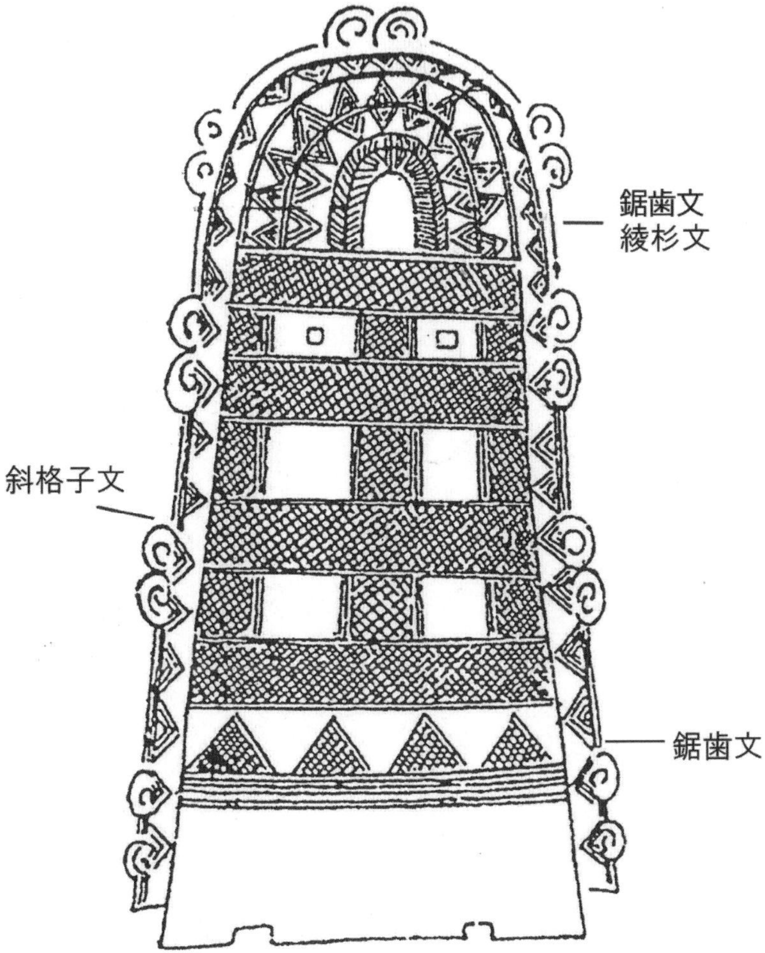

鋸歯文
綾杉文

斜格子文

鋸歯文

画像の出典：三木文雄『銅鐸』柏書房 1983

図 24

銅鐸に描かれる
いろいろな文様

・斜格子文・眼形
・綾杉文・渦巻文
・鋸歯文・重弧文

ⓐ 福田銅鐸
（広島県福田）

銅鐸に描かれる ◯ 形に注目！

眼形()は、縄文人にとって極めて重要なかたちであったと考えられます。かたちの素粒子)形の180度の反転から円形の連鎖・眼形の連鎖が生じ、さらに壺形 🏺・正六角形 ⬡・七宝文 が導かれます。
◯ 形はしめ縄状文様 ∞∞∞ に現われています！
文責：筆者 大谷幸市

ⓑ 横帯文銅鐸
兵庫県神種（こうのくさ）銅鐸

ⓒ 横帯文銅鐸
岡山県足守（あしもり）銅鐸

銅鐸画像の出典：『日本の原始美術⑦ 銅鐸』佐原眞
講談社 昭和54年

波状口縁をもつ土器

わが国の縄文人は、縄文草創期に波状口縁をもつ土器を作っていました(第3章、図25～図26)。この波状口縁をもつ土器は、口縁部にらせん形をもっています。この口縁部を真上から見ると、正多角形が隠れたかたちであることが認識されます。

以上から、波状口縁をもつ土器には、らせん形と正多角形の組合せによる造形が施されていることがわかります。つぎなる問題は、らせん形と正多角形の組合せが、どのような意味をもっているかを見極めることです。

縄文時代草創期の斜格子文土器

わが国の縄文人は、縄文草創期に斜格子文土器を作っていました(後掲図28)。この斜格子文には、どのような意味が隠されているのでしょうか。インターネット「ウィキペディア」は、熊本市城南町石之室古墳(5世紀末)壁画に対し、「斜めの線が複数引かれてできた斜めの格子ですが、その空間には多数の菱形が生まれています」と説明されています。しかし、多数の菱形がどのような意味をもっているのかについては何も説明されていません。

斜格子文は、①縄文時代草創期の土器、②弥生時代の銅鐸、③古墳時代の壁画に描かれています。③古墳時代の福岡県の王塚古墳壁画の斜格子文は、有力なヒントを私たちに与えてくれます。その王塚古墳の斜格子文を見ると、色分けされた正六角形 ◈ が目に飛び込んできます(後掲図31参照)。正六角形 ◈ は2個の菱形文 ◇ と1個の向かい三角文 ⧖ から形成されています。この正六角形が斜格子文の謎を解くキーワードです。

ところで、正六角形はいったいどのような意味をもっているのでしょうか。ここで ◈ と ◈ をつなぐ色分けされた ⧖ 形が気になります。

◯◯◯◯ 二重らせん構造から ◯◯◯◯◯ ヨコ並びの眼形へ

これまで私たちは、縄文時代草創期の豆粒文土器に ◯ 形を、隆起線文土器に ―― 形と 〜〜〜 形を、爪形文土器に)形を、波状口縁をもつ土

図 25

縄文人が創出していた 波状口縁をもつ土器 の特徴

波状口縁をもつ土器は、一つかたちの中に意味ある二つの
パターン→〈らせん形と正多角形〉を持っています！

a 尖底深鉢 →
北海道函館空港
中野A遺跡
縄文時代早期
(住吉町式) 高さ30.4cm

同質でありながら、
異形の二者の
合体による
⤴形の形成！

注目!!
左巻き渦巻き ◎ と右巻き渦巻き
◎ が描き分けられています。
両者は合体して、正逆S字渦文
◎◎ を形づくっています。

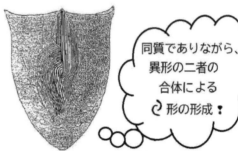

b 深鉢 →
山梨県花鳥山遺跡
縄文時代前期

← c 深鉢
岡山県里木貝塚
縄文時代中期
(船元Ⅰ式)
高さ35.6cm

d 深鉢 →
大阪府国府遺跡
縄文時代前期
高さ15.0cm
(北白川下層Ⅱ式)

土器と出土地の出典：
『日本の原始美術1 縄文土器Ⅰ』小林達雄 講談社 昭和54(1979)
『日本の原始美術2 縄文土器Ⅱ』佐原眞 講談社 昭和54(1979)
土器のイラストは『名宝日本の美術1 原始美術』小学館 昭和57年より
　　形の説明文は筆者 大谷幸市

図 26

正五角形の波状口縁をもつ土器

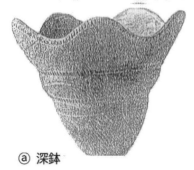

ⓐ 深鉢
宮城県宝ヶ峯遺跡　縄文後期
（宝ヶ峯式）　高さ12.9cm

ⓑ 波状口縁五山の深鉢
青森県十腰内猿沢遺跡　縄文後期
（十腰内4式）　高さ26.7cm

波状口縁をもつ土器の特徴

上記の土器を水平方向から見ると、
①らせん形 〜〜・〜〜 が、
垂直方向から見ると、②正五角形
⬠・⬠ が想定されます。

「らせん形＋正多角形」の意味

　縄文人が造っていた **波状口縁をもつ土器** は、「らせん形と正多角形」の組合せをもっています。この組合せは、わが国独自の文様と言われる「一つかたちの中に二つのパターンをもつ」**柿の蔕形** ❀ から生じる **七宝文** ❁ に発見されます。

土器の出典：『日本の原始美術1 縄文土器Ⅰ』小林達雄　講談社　昭和54(1979)
　　　　　　『日本の原始美術2 縄文土器Ⅱ』佐原眞　講談社　昭和54(1979)
　土器のイラストは『名宝日本の美術1 原始美術』小学館　昭和57年より
　タイトル・説明文：筆者　大谷幸市

器に 〜〜〜 形と ✺形（正多角形）というかたちを確認してきました。らせん形 〜〜〜 は〜形の180度反転の繰り返しから生まれるかたちです。〜〜〜 形の180度の反転形は 〜〜〜 形になります。同質でありながら異形の二者である前者と後者は、合体して、∞∞∞ 二重らせん構造を作っています。

　二本のらせん形から二重らせん構造 ∞∞∞ が生じる過程で注目されることは、◯形と◯形がつながれるところに✕形が生じていることです。◯形は豆粒文土器に、✕形は長野県高風呂遺跡出土の土器に描かれているヨコ並びの眼形 ∞∞∞∞ に見いだされます(第5章、図52参照)。

ヨコ並びの眼形 ∞∞∞∞ の意味

　縄文人は、なぜヨコ並びの眼形を土器や土版・岩版に描いていたのでしょうか。このような疑問から、コンパスと定規を使い図27を描いてみました。図に見るように3個の円形を描くとヨコ並びの眼形の基本となる ⦅◯⦆ 形が生じ、各交点を直線で結ぶと、2個の菱形文◇と1個の向かい三角文⧖による正六角形 ⬡ が現われていました。

　縄文草創期の土器に描かれる斜格子文と古墳時代の前方後円墳の装飾壁画は、正六角形 ⬡ で結ばれています。もちろん、弥生時代の銅鐸に描かれている斜格子文も加わっています。それらは、およそ1万数千年にわたって継承されています。加えて、銅鐸の眼形構造の謎も解けました。銅鐸の眼形には、**正多角形に特徴的な角度**が隠れていたのです。

　①　縄文時代草創期の土器に描かれる斜格子文(図28)
　②　弥生時代の銅鐸に描かれる斜格子文(図23、図24)
　③　古墳時代の前方後円墳壁画に描かれる正六角形(図31)

以上の三つの命題に対し、正六角形の果たす役割は大なるものがあります。その背景には正六角形を生みだす図式が存在しています。

　上の斜格子文、銅鐸、正六角形を生みだしているかたちは眼形、すな

図 27

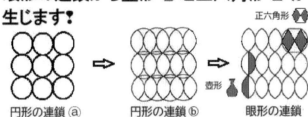

わち、ヨコ並びの眼形 ○○○○○ ということになります。

　ところで、正六角形は正多角形の一つであり、この正六角形に対峙するかたちは正八角形です。なぜ、このように言えるかといえば、正六角形は正三角形を基本形とし、30度・60度・90度の直角三角形2個による長方形を特徴的なかたちとしています。

第3章　斜格子文の幾何学　　63

一方、正八角形は 45 度・45 度・90 度の二等辺三角形２個(もしくは４個)による正方形を特徴的なかたちとしています。もちろん、正六角形と正八角形の合体から生まれる正二十四角形には、長方形と正方形が存在しています。

正二十四角形は、正六角形と正八角形の特徴を併せもち、正多角形の出発点と言うことは許されるでしょう(第 14 章、図 158〜図 159 参照)。

文字より前にかたちがあった〈パート２〉

わが国の考古学者が斜格子文と名づけた文様を、土器に世界で最初に描いていたのは、日本列島の縄文人です。斜格子文の眼形のパターンは、ヨコ並びの眼形 ⟨⟨⟨⟨⟨⟩⟩⟩⟩⟩ とタテ並びの眼形 ◇◇◇◇◇ の組合せになっています(第３章、図 29「斜格子文の原形」参照)。斜格子文は、水平軸と垂直軸を基本に斜めに引かれた二本の線に拠って形づくられています。

日本列島の人たちは１万有余年という長きにわたって、この斜格子文を土器や銅鐸・古墳に描き続けています。斜格子文から生じる正六角形 ◈ は、正八角形 ✠ を誘導し、円接正多角形 ✺ を生みだしています。この視点を持つことが重要です。

斜格子文は何を表現しているのか

わが国の考古学者が斜格子文と名づけた文様を描いていたのは、縄文人です。この斜格子文は、図 30 に見るように眼形の連鎖から生じる直線図形です。

斜格子文はどのような意味をもっているのでしょうか、このような謎解きは、まず福岡県王塚古墳に描かれる壁画が斜格子文から導かれていることを検証することから始まります。

この福岡県王塚古墳壁画は斜格子文が正六角形 ◈ を内包していることを即座に教えてくれました。この段階で**斜格子文は、縄文時代草創期の土器から弥生時代の銅鐸を経て、古墳時代の壁画へと受け継がれている**ことを知ることができます。つぎなる命題は正六角形の意味です。

図 28

縄文時代草創期　斜格子文土器

ⓐ 斜格子文土器
福井県鳥浜貝塚出土　内孔文系
縄文時代草創期　高さ 12.3cm

ⓑ 斜格子文土器
神奈川県月見野遺跡出土　隆起線文系
縄文時代草創期　高さ 22.5cm

ⓐ・ⓑの土器出典：『歴史発掘 2 縄文土器出現』
泉拓良編　講談社 1996

図 29

ⓐ 斜格子文 から **壺形** と **正六角形** を、
ⓑ 波状口縁をもつ土器から **らせん形** と **正多角形** を、
それぞれ導くことができます！

ⓐ 斜格子文の原形に見る眼形の連鎖	ⓑ 波状口縁をもつ土器
 斜格子文の原形	
①タテ並びの眼形 から壺形 が、 ②ヨコ並びの眼形 から 正六角形 が導かれます。 作図・説明文：筆者 大谷幸市	波状口縁をもつ土器を①水平方向から見るとらせん形が、②垂直方向から見ると**正多角形**が目に映ります。

第 3 章　斜格子文の幾何学

図 30

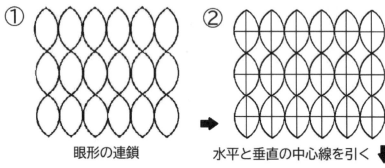

図3の左右に斜めの直線を引くと
斜格子文(図④)が生じます。

　上図の斜格子文の形成過程[曲線図形から直線図形]を見て連想されるかたちは、正三角形△・菱形文◇・向かい三角文⧖・正六角形⬢です。これに気づいた時、斜格子文を編みだした縄文時代草創期の縄文人の幾何学的能力の高さに畏敬の念を抱くばかりでした。

上図の斜格子文と七宝文  は、縄文人の幾何学において、極めて重要です。両者は、共に[円形の連鎖・眼形の連鎖→柿の蔕形]から生まれる**かたち**です。柿の蔕形 に関しては、第5章で詳述しています。ご参照ください。

作図・説明文：筆者 大谷幸市

図 31

縄文時代草創期(斜格子文土器)→弥生時代(銅鐸)→古墳時代(装飾古墳壁画)へと 1 万年以上受け継がれてきた

斜格子文の意味？ それは 正六角形の形成(集合体)に示されています❗

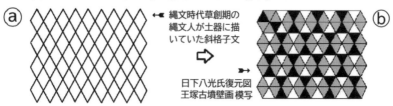

ⓐ ← 縄文時代草創期の縄文人が土器に描いていた斜格子文
⇨
ⓑ ← 日下八光氏復元図 王塚古墳壁画模写

縄文時代草創期の縄文人が、U字形土器に描いていた斜格子文と福岡県の王塚古墳壁画に描かれる文様は、正六角形⊗を介して結ばれています。

福岡県の王塚古墳壁画に描かれる**三角形文各種**と呼称されているかたちは、前掲図30に示す斜格子文と同じ描画法→眼形の連鎖によるものと考えられます。この三角形の連鎖に正六角形⊗を想定することができます。

作図・説明文：筆者 大谷幸市

福岡県王塚古墳壁画

王塚古墳 6世紀中頃　福岡県嘉穂郡桂川町
寿命376

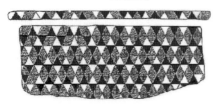

左下の壁画は、日下八光氏復元図を白黒印刷する場合、色分け具合を明確にするため、三角形を白・黒・斜線に置き換えたものと推定されます。
　なお、日下八光氏復元図は、柳沢一男著『装飾古墳 ガイドブック 九州の装飾古墳』新泉社 2022に掲載されております。

福岡県の王塚古墳壁画は、菱形文◆・向かい三角文✕(✗)が色分けされており、✕形による⊗形と✗形による◆形を 形づくっています。これは、相即不離の関係をもつ菱形文と向かい三角文に拠る正六角形⊗を表現するものと考えられます。

説明文：筆者 大谷幸市

第3章　斜格子文の幾何学　　67

正六角形の意味

　王塚古墳壁画の斜格子文は色分けされており、正六角形 ⬡ が２個の菱形文 ◇ と１個の向かい三角文 ⧖ によって形成されていることが一目瞭然にわかります。福岡県王塚古墳壁画は、左記の意味を理解する人によって描かれたものと考えられます。

　１万有余年という永きにわたって縄文人は、この眼形の連鎖から生まれる正六角形に端を発す新しいかたちを創出し続けています。その代表作は、縄文中期の長野県八ヶ岳西南麓に居住した縄文人が造形した双眼 👓 です。

　『日本書紀』神武天皇即位前紀は「**六合を兼ねて都を開き、八紘を掩ひて宇にせむこと、亦可からずや。観れば、夫の畝傍山の東南の橿原の地は、蓋し國の墺區か。治るべし**」と書き綴っています。その後、わが国において、六角堂や八角堂が建造されています。縄文人が前人未踏の「**六・八理論**」を構築していたことは、小論の重要課題の一つです。

　ところで、縄文人の文字であったかたちによる思想の表現は、現代の幾何学を凌駕するところ大なるものがあります。これに関しては彼らが残した大いなる遺産である考古学的遺物、および土器や土偶に描かれる文様が如実に物語っています。宮崎興二氏は『かたちのパノラマ』(丸善、2003 年)の中で、つぎのように書いています。

　　「初めに言葉ありき」(新約聖書)とか「宇宙のすべては数でできている」(ピタゴラス)などといわれるが、それよりもっと前に、この世のすべてのものは動物も植物も鉱物もかたちを持ち、われわれの身のまわりは、かたちで満たされている。そのかたちに人間の知恵が加わって生れたのが、言葉や数字であり、それらが総合されながらわれわれ人間の文化や科学は育まれ伝えられてきた。

　宮崎興二氏が指摘するかたちのほとんどは曲線です(1981 年に発見された土星の六角形は直線図形です)。縄文人が発見した「〇形(円形)から ◐ 形(眼形)

が生じ、この眼形 ◊ から ◊ (菱形文)、Ⅹ 形(向かい三角文)、⬡ 形(正六角形)が生じる図形現象」をもつ斜格子文に照合すれば、一つかたちで二つの意味をもつⓐ二重らせん構造(タテ並びの眼形)とⓑ安定した渦巻き(ヨコ並びの眼形)は、**眼形の連鎖**と呼び変えることができます(第3章、図30参照)。

縄文人は正六角形を知っていた

　斜格子文を描いていた縄文時代草創期の縄文人は、正六角形がヨコ並びの眼形〇〇〇〇〇から導かれる図式【◎➡◎◎◎➡◇◇◇➡◆】に現われていることに気づいていたと考えられます。正六角形 ◆ は2個の ◊ (菱形文)と1個の Ⅹ 形(向かい三角文)に分類されます。この向かい三角文と菱形文は、相即不離の関係に置かれています。

　ところで、今からおよそ1万2500年前の縄文人は斜格子文土器に先行して ◊ 形の土器を作っていました。それは長崎県佐世保市泉福寺洞窟遺跡から出土した豆粒文土器(縄文時代草創期)です。縄文人が造っていた豆粒文土器の ◊ 形は「)」形と「(」形との合体によって生まれるかたちです。「)」形と「(」形は同質でありながら凹凸という異形の二者の関係を維持しております。これら二者の合体から、新しいかたちである「◊」形が生まれるわけです。異形同質の二者が合体して初めて新しいかたちが生じるわけです。この「**かたち**」のところに「**生命**」の二文字を置き換えると**生命誕生の原理**が生じます。

　植物の花は正多角形を形づくっています。それは、アマミホシゾラフグの造るミステリー・サークル(第8章の図99参照)、六角形の蜂の巣(図41)と同じ疑問が先行しますが、前者「植物の花」は「種子」を作るためになくてはならないパターンであり、後者は、オスが造った正多角形に特徴的なかたちの中心部分にメスが卵を産み落としていることが確認されています。

　これらの事例は、共に生命誕生に関わっています。植物の花と魚のアマミホシゾラフグは、「**同質でありながら異形の二者の合体によって新しい生命が生まれる**」という**生命誕生の原理**を共に**正多角形**というかたちで表わしていることになります。

ここに「正多角形は何者」という疑問が生じます。正六角形 ⬡ を形成する◇形と⧓形は、異形同質の関係を維持しております。つまり、**正六角形は、異形同質の関係というDNAを双曲図形と楕円図形から受け継いでいる**、このように考えることができます。

[補注：正六角形と豆粒文土器の関係]
　縄文時代草創期の豆粒文土器に表現される〇形は、眼形◊ から導かれるかたちであることは、これまで述べてきました。この眼形◊ と正六角形 ⬡ は、共に生命誕生の原理を内包しています。

神話に書かれる鏡像現象
　『古事記』は「海幸山幸」の件で、泉の水面に映る桂の木に登っている火遠理命（ほおりのみこと）を見つけた豊玉毘売（とよたまひめ）の侍女はたいへん驚き、この後、火遠理命と豊玉毘売は結納を取りそろえ結婚したと書かれています。
　この記述は銅鏡と同様に鏡像現象をもつ水面をテーマとするものと考えられます。鏡像現象は「同質でありながら異形の二者の合体によって新しいかたちが生まれる」という**生命誕生の原理**を内包しています。

かたちの素粒子「）」形から読み取れる両性具有
　縄文人がかたちの素粒子「）」形に気づいていたことは、長野県富士見町藤内遺跡の土器と埼玉県出土土偶（第2章、図 13）、長野県赤穂丸山遺跡出土の土器に描かれる三種類のらせん形（第2章、図 14）、〇形の豆粒文土器（第2章、図8）、直線とらせん形を同時に描く隆起線文土器（図 10〜図 11）、）形を描く爪形文土器（第2章、図12）などから明らかです。
　「）」形は 180 度反転した「（」形と合体して 〰 形を作り、さらに 〰〰 形が生じます。この左巻きらせん形と右巻きらせん形が合体して、しめ縄状文様 ∞∞∞∞ を生みだしています。

∞∞ち 形はシンプルですが、その「**かたち**」の上に「**同質でありながら異形の二者の合体によって新しいかたちが生まれる**」という法則性を読み取ることができます。これは、二重らせん構造の上に載るDNAに現われております。

　ところで、ヨコ並びの眼形 ∞∞∞∞ から図式 ◊X◊→◊X◊→⬢ が導かれます。正六角形 ⬢ は、菱形文 ◊ 2個と向かい三角文 X 1個から形成されています。これは「**目からウロコが落ちる**」というわが国の「ことわざ」に端的に表われています(図32参照)。ここに正六角形 ⬢ の一つの意味が発見されます。

図32

目からウロコが落ちる

　縄文人が見つけたかたちの素粒子)形は万物のかたちの根源です。かたちの素粒子) 形は180度反転した (形と合体して、眼形 ◊ を生みだしています。これが豆粒文土器の原型です[ ) → ◊]。

　正六角形 ⬢ に特徴的なカタチは正三角形 △・菱形文 ◊・向かい三角文 X です。『記・紀』は「左の眼からアマテラスが生れ、右の眼からツクヨミが生れ、鼻からスサノヲが生れた」と書き記しています。弥生時代から古墳時代初頭の人面画を見ると、目のかたちに ◊ 形、鼻のカタチに)(形が使われ、表現されていることがわかります(第14章、図168参照)。

　かたちの素粒子)形は、◊ 形と)(形や 〰〰 形を生みだします。このほかに 〰〰 形と ↩ 形などを形づくっています。ところで、縄文人は、なぜヨコ並びの眼形を描いていたのでしょうか。

第3章　斜格子文の幾何学　　71

しめ縄の特徴は◊形とχ形にあった

　かたちの素粒子)形の180度の反転から、①ヨコ並びの眼形　ⲟⲟⲟⲟⲟ　と②タテ並びの眼形　ⲟⲟⲟⲟ⧖　が生じます。しめ縄(二重らせん構造)は、◊形とχ形の組合せによって形づくられております。

　このχ形と◊形の性質は、ⲟχⲟ　形とⲟⲭⲟ形に現われています。この性質は双曲・楕円図形のもつ特別な性質であり、ヨコ並びの眼形から生じる正六角形へと受け継がれています。ここに　ⲟχⲟ ⇨ ⲟⲭⲟ ⇨ ⬢　の図式が成立しています。この　ⲟχⲟ　形とⲟⲭⲟ形を「**となり合せの存在**」と名づけました。

　同形同質の二本の縄は、180度反転して異形同質の二者に変身し、それらは合体して永遠の継続性をもつかたちを生みだしています。これがしめ縄(　ⲟⲟⲟⲟ　二重らせん構造)です。二本撚りのしめ縄は「相手の存在があって初めて撚ることができる」という意味をもっています。ここに「生命誕生の原理」と「和の精神(異形同質の二者による合体)」を読み取ることができます。

図式［ⲟχⲟ-ⲟⲭⲟ-⬢］を知っていた縄文人

　縄文人は斜格子文に先行して◊形(平面形)をもつ土器(豆粒文土器)を作っていました。この豆粒文土器の◊形は、「(」形と「)」形の合体から生じるかたちです。かたちの素粒子)形は両性具有の性質をもっています。直線である｜形に両性具有を読み取ることは困難です。

　私たち人類は、異形同質の二者(男女)の合体によって新しい生命が生まれるという誕生原理をもっています。正六角形という図形の場合、2個の◊形と1個の⧖形が合体して⬢形が生じます。2個の◊形は同質ですが、一方が180度の反転をすれば、異形同質の関係になります。メスばかりの集団から繁殖期になると一匹だけオスに変わり受精行為をする魚が存在します。この逆のパターンもあります。2個の◊形は魚の事例と同様に一方が180度の反転形となり、⧖形を媒介に合体して正六角形⬢が生じている、このように理解することができます。

いずれにしても、◇形と✕形は、異形同質の関係という遺伝子を双曲図形・楕円図形から受け継ぎ、[◯◯◯→◯✕◯→◇✕◇→◈] という図式を生みだしているわけです。

　縄文人は、図 17 の眼形の連鎖から図式 [◯✕◯-◇✕◇-◈] を導いていたと考えられます。2個の ◇形を繋ぐ ✕形に気づいていたからこそ、そのDNAを受け継ぐわが国の古代人は菱形餅を作り、家紋や着物などに菱形文 ◇ をデザインしていたと考えられます。

　この菱形文 ◇ と向かい三角文 ✕ の関係は、福岡県の王塚古墳壁画に再現されています。正六角形 ◈ は 双曲、楕円図形の ◯✕◯ 形を受け継ぐ ◇✕◇ 形で表わすことができます。

斜格子文の生みの親は二重らせん構造

　眼形の連鎖は、ヨコ並びの眼形とタテ並びの眼形の集合体です。この集合体は均一の ◯形によるものです。ヨコ並びの眼形 ◯◯◯◯◯ とタテ並び

眼形の連鎖

の眼形 ∞∞∞ は、それぞれ ◇◇◇◇◇ 形と ◇◇◇◇ 形に置き換えることができます。正六角形 ◈ は、菱形文 ◇ と向かい三角文 ✕ の集合体、つまり、斜格子文の中に生じています。前掲図 27 に書いてきまし

たが、一本の二重らせん構造 ∞∞∞ だけでは、正六角形 ◈ を導くことができません。ここに、DNAの載る二重らせん構造の真の意味が隠れているように思います。再考を要します。

　以上から、正六角形の生みの親は、斜格子文の原形である眼形の連鎖（図 17）であることが解ります。直線図形に先行するのは曲線図形です。このように理解しないと先へ行ってラビリンスへ入り込んでしまいます。

　特に幾何学において、公理が重要であると思います。鏡像現象は異形同質の関係を私たちに教えてくれる重要な現象です（p142、図73参照）。縄文時代に鏡はなかったのでは？と頭を傾げられるかも知れませんが、池などの水面は水鏡と呼ばれ、鏡と同様に物を映し、鏡と同じ機能をもっています。これに関しては、『記・紀』の「海幸彦・山幸彦と豊玉姫」の件（くだり）に書かれています。

さて、図式 ［◯◯◯→◯◯◯→◯◯◯→◈］に ◈（正六角形）の特異さ、菱形文
◇と向かい三角文 ⊠の関係が発見されます。縄文人は、このような図形
現象に気づいていたと考えられます。繰り返しますが、気づいていたか
らこそ、そのDNAを受け継ぐわが国の古代人は菱形餅を作り、家紋や
着物などに菱形文をデザインしていたと考えられます。

　この菱形文◇と向かい三角文 ⊠の関係は、福岡県の王塚古墳壁画に再
現されています（図 31）。◈ 形は　双曲、楕円図形の ◯⋈◯ 形を受け継ぐ
◇⋈◇ 形で表わすことができます。

　正六角形 ◈ を生みだす ◯◯◯ 形の３個の円形は「茅の輪くぐり」に現
われております（第５章参照）。茅の輪くぐりは、茅で作った大きな輪、◯
（円形）を◯◯形（連続円文）を描きながらくぐり抜けるという神事です。この
茅の輪くぐりをインターネット「ウィキペディア」で検索すると、「心
身を清めて厄災を払い、無病息災を祈願する夏越の祓いを象徴する行事」
と解説されています。◯◯◯ 形の意味を読み解くことが重要です。

　そのくぐり抜ける経路の由来は、ヨコ並びの眼形に生じている◯◯◯形
に求めることができると思います。曲線図形の円形から生じる最初の直
線図形は正六角形です。◯⋈◯ 形から ◇⋈◇ 形が生じるパターン ◯◯◯ は、
森羅万象の誕生に関わっている、このように日本列島の縄文人は理解し
ていたと考えられます。「１は２を生じ、２は３を生じ、３は万物を生
じる」に従って ◯◯◯ 形を眺めると、縄文中期の縄文人が創出した双眼
が脳裏を過（よぎ）ります。◯◯◯◯ 形に繋がる ◈ 形と ◉ 形は異形同質の関
係を維持し、双曲・楕円図形のもつDNAを受け継ぐ⌀形と⊐形と密
接に結ばれています（第８章参照）。

◯◯ 形と⊠ 形を描く虎塚古墳壁画の謎

　茨城県ひたちなか市にある虎塚古墳（前方後円墳、７世紀前半頃）には、図
33 に見る壁画が描かれています。不思議なことは、◯◯ 形の中央のす
き間の上方に１個の向かい三角文 ⊠ 形が描かれていることです。

　『虎塚古墳』（同成社、2005）の著者である鴨志田篤二氏は、⊠ 形に対し、

図33

茨城県ひたちなか市 虎塚古墳奥壁壁画（7世紀）に描かれる 形の意味

虎塚古墳壁画の出典：『史跡虎塚古墳保存整備報告書』茨城県勝田市教育委員会　昭和60年、鴨志田篤二著『虎塚古墳』同成社 1948より。

タイトル・ⓐとⓑの作図・説明文：筆者 大谷幸市

福岡県の王塚古墳壁画に描かれる上記の幾何学文様は、「三角形文各種」と表記されています（『古代史発掘⑧ 装飾古墳と文様』講談社 1974参照）。これを小論では「正六角形」と表記しています。

Ⅹ形とⅩ形は、柿の蔕形 ❈ の連続円文 ∞ とひょうたん形 ○○ に現われているかたちです。すなわち、Ⅹ形・Ⅹ形は2個の円形○をつなぐ媒介者の役割を担っています。他方、正六角形に現われている向かい三角文Ⅹは、2個の菱形文◇をつないでいます。従って虎塚古墳のⅩ形は2個の◉形をつなぎ ◎◎ 形を形づくっていると考えることができます。

連続円文とひょうたん形のアナロジーの連鎖によるカタチの変遷

連続円文 → → → → 正六角形 ⓑ 正八角形 ← ← ← ひょうたん形

第3章　斜格子文の幾何学　75

「壁画構成上重要な区域に位置する文様であるものと考えられる」とのべています。しかし、Ｘ形が重要な文様というのであれば、それなりの理由を提示することが求められます。鴨志田篤二氏は、重要な意味に関しては何も言及されていません。

　虎塚古墳に描かれる「Ｘ形」をヒントに「〇〇形」を結ぶかたちにＸ形を想定すると、連想されるかたちは、〇Ｘ〇形です。これから図式［〇Ｘ〇→◇Ｘ◇→Ｘ］が導かれます。

　２個の円形はＸ形と◇形を媒介とする〇〇形と〇〇形を表現したものと考えられます。因みに媒介者の機能をもつＸ形と◇形の直線形はヨコ並びの眼形から生じる正六角形の形成過程に現われている「Ｘ」形です（〇Ｘ〇-◇Ｘ◇-Ｘ 参照）。

　このように縄文時代に遡って［Ｘ形・Ｘ形 ］の視点から文様を考察すれば、縄文時代・弥生時代・古墳時代に共通して見られる**斜格子文**（ヨコ並びの眼形・タテ並びの眼形の集合体）が、鋸歯文 ∧∧∧∧∧・綾杉文 《《《《《 や菱形文◇、向かい三角文Ｘ、正六角形Ｘ、正八角形Ｘ などのかたちを生みだしていることがよく理解されるのではないかと思います。縄文人がかたちの素粒子)形の 180 度の反転の繰り返しから生じる柿の蔕形 Ｘ に気づいていたことの重要性が、改めて認識されます。

第4章

縄文前期の浅鉢に描かれる文様の意味

第1節　縄文人の叡智

()()() 形を受け継ぐ ◇⊠◇ 形

　前章で指摘しましたが、王塚古墳壁画に描かれる文様は色分けされており、正六角形 ⬢ が2個の菱形文◇と1個の向かい三角文⊠から形成されていることが一目瞭然にわかりました。正六角形 ⬢ と正六角形 ⬢ の間に存在する ⊠形は、媒介者の役割を果たしております。

　このような色分けは、菱形文を構成する三角形である▲形にも施されております。これによって、◇形と⊠形は、異形同質の関係に置かれ、2個の ◇ 形は1個の⊠形を媒介として正六角形 ⬢ を形成していることがよく理解されます。つまり、王塚古墳壁画に描かれる斜格子文の色分けは、この壁画を描いた人たちが、双曲図形と楕円図形の性質を受け継ぐ ◇ 形と⊠形の意味を確実に理解していたことを物語っていることになります。

　ところで、この後にのべる縄文前期の京都市北白川遺跡出土の浅鉢と福井県鳥浜貝塚出土の浅鉢には、⊠・◇・⬢といった直線図形は描かれておりません。縄文前期の土器に描かれているのは、()()() 形と⊞形です。この ()()() 形と⊞形は、直線図形の産みの親であると考えられます。

　このような視点をもつことができたのは、王塚古墳壁画に描かれる色分けされた◇（菱形文）・⊠（向かい三角文）・⬢（正六角形）のお陰です。これによって、縄文時代前期の京都・北白川の縄文人が浅鉢に描いていた文様は、古墳時代の王塚古墳壁画に描かれる斜格子文に描かれる正六角形によって、解読の機会が与えられたということになります。

$$()()() \rightarrow ()()() \rightarrow ◇⊠◇ \rightarrow ⬢$$

　上の図式は、曲線図形から直線図形が生じることが示されています。縄文人は、豆粒文土器、隆起線文土器、爪形文土器に始まる「かたちの素粒子）形」に基づく新しいかたちを1万有余年という長きにわたって、情報交換を密に行い創出し続けていました。

縄文前期の京都市北白川遺跡出土浅鉢の文様と古墳時代の福岡県王塚古墳壁画を見比べると、両者は異形同質の関係に置かれ、双曲・楕円図形の幾何学的な特質が活かされたかたちであることが理解されます。

　𝕏形と◇形という媒介図形に重大な関心を抱いていた縄文人の幾何学的能力には敬服の至りです。なかでも注目されるのは、浅鉢に双曲・楕円図形に拠る〇𝕏〇形と𝕏形を描いていることです。

　筆者は、〇𝕏〇形に対し❀（正六角形）を、𝕏形に対し✳（正八角形）を想定し、縄文人は、この組合せに拠る正二十四角形、つまり、正多角形の図形概念に到達していることを指摘してきました（第4章参照）。これによって、縄文人は、独自の「**六・八理論**」の構築を果たしている、このように考えられます。これに関しては再述します。

浅鉢に描かれた文様

　私たちは、縄文時代草創期の縄文人が、双曲・楕円図形から正六角形と正八角形が生じることに気づいていたであろうことを知ることができました。縄文人が正六角形に興味をもった理由は、どのようなところにあったのでしょうか。図 34 は、王塚古墳壁画に描かれる正六角形がキーワードとなり文様の意味を解くことができた京都市北白川遺跡から出土した浅鉢に描かれる文様です。この 〇𝕏〇形において、1 個の 𝕏 形と 2 個の 〇 形の二つの文様の間隔は、なぜか空けられており、〇 形と 〇 形の間にある)(形の中央部分に橋状のかたちが見えています。この 𝕏 形には、いったいどのような意味が隠されているのでしょうか。

𝕏形と◇形は媒介者

　2 個の円形をつなぐかたちは、𝕏形と◇形の二種類があります。𝕏形は図式【◎•◍•◉•❖】に現われています。◍◍◍◍形において、〇 形と〇 形を繋ぐかたちが 𝕏 形です。　円形とか眼形の連続形は、𝕏 形と◇形はなくてはならないかたちです。𝕏形と◇形は媒介者です。

　𝕏 形と◇形は異形同質の関係で結ばれています。このような関係を

図 34

 → 文様の意味 ←

→京都市北白川遺跡
　出土浅鉢
　縄文時代前期

福井県鳥浜貝塚→
　出土土器
　縄文時代前期

ⓐ京都・北白川遺跡出土浅鉢の文様は、Ⅱ形の左右に( )形が描かれ、まさに双曲図形)(と楕円図形(〇) そのものですが、疑問に思うのは、Ⅱ形が川に架かる橋状になっていることです。縄文人は、この橋にどのような意味を与えていたのでしょうか。

ⓑ福井・鳥浜貝塚出土浅鉢の文様は、縦横のX形が重なり合っています。これから4花弁のヤマボウシの花が連想されます ✳ 。さらに柿の蔕形 ✿ が脳裏を駆け巡りました。

　これまでの考古学者は、京都市北白川遺跡出土浅鉢と福井県鳥浜貝塚出土の浅鉢に描かれる文様は、よく似ていると指摘されています。しかし、その類似性がどのようなところにあるかについては、何も説明されていません。

　北白川遺跡出土浅鉢と鳥浜貝塚出土の浅鉢に描かれる文様の共通点は、双曲・楕円図形の特性〈相即不離の関係〉をもっているところに求めることができます。この特別な性質から以下に示す図式が導かれます。

ⓐ ○✕○ → ○✕○ → ◇✕◇ → ⬡　正六角形
ⓑ ✳ → ✳ → ✳ → ✺　正八角形

　六と八という数の組合せは、神武天皇即位前紀に、次のように書かれています。

　六合を兼ねて都を開き、八紘を掩ひて宇にせんこと、亦可からずや。観れば、夫の畝傍山の東南の橿原の地は、蓋し国の墺区か。治るべし。

　これまで六合と八紘が、正六角形と正八角形を内包し、わが国の歴史に深く関わっていることを指摘する研究者はおりませんでした。

京都・北白川遺跡出土浅鉢と福井・鳥浜貝塚出土の浅鉢のイラスト画像は、森川昌和・橋本澄夫著『日本の古代遺跡を掘る1 鳥浜貝塚』読売新聞社 1994より転載。なお、説明文は筆者 大谷幸市

第4章　縄文前期の浅鉢に描かれる文様の意味　　81

図 35

京都・北白川遺跡出土浅鉢に描かれる ◯✕◯ 形は、いったい何を表現しているのでしょうか？

この文様は2個の◯形に挟まれるように✕形が描かれています。疑問に感じるところは、✕形の橋状の部分です。縄文人は、この橋にどのような意味を織り込んでいたのでしょうか？

京都・北白川遺跡出土浅鉢に描かれる文様解読のキーワードは✕形にあります。この✕形は、✕形よる ⬢ 形と)(形による ⬢ 形の形成を暗示していると考えられます。

京都・北白川遺跡の浅鉢に描かれる ◯✕◯ 形から ⬢ 正六角形が、福井・鳥浜貝塚の浅鉢に描かれる ✳ 形から ✸ 正八角形を導くことができます。それぞれの図式の ✕ 形と ✳ 形は、正六角形 ⬢ 形と正八角形 ✸ 形の形成になくてはならない形です。

ⓐ 北白川遺跡出土浅鉢の文様 ✕−[⬢]−✳ −[∞ → ✕ → ⬯⬯ → ⬯⬯ → ⬢] 正六角形
 [∞ → ✳ → ✳ → ✸] 正八角形

ⓑ 鳥浜貝塚出土浅鉢の文様 ─── ✳ → [✳ → ✳ → ✸] 正八角形

京都・北白川遺跡と福井・鳥浜貝塚の浅鉢に描かれる双曲図形 ()()、楕円図形 (()) による ◯✕◯ 形と ✳ 形は、世界の歴史を塗り替えるだけの意味をもっています。

京都市北白川遺跡出土浅鉢の画像は、森川昌和・橋本澄夫
『日本の古代遺跡を掘る1 鳥浜貝塚』読売新聞社 1994より。
タイトル・作図・説明文：筆者 大谷幸市

図 36

かたちの素粒子）形の180度の反転の繰り返しから生じる 8% 形（柿の蔕形）は、「同質でありながら異形の二者の合体によって、新しい形を生みだす」という〈ものの誕生原理〉を内包しています。

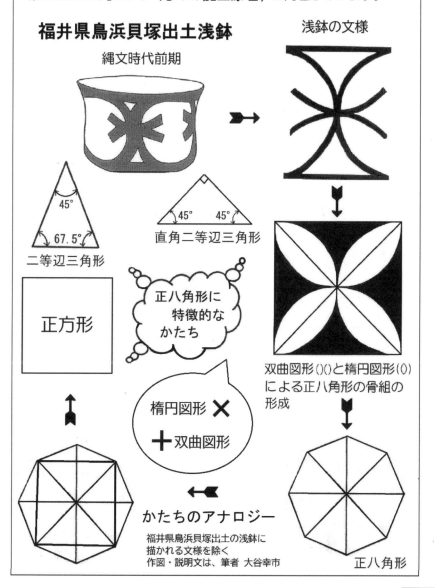

第4章　縄文前期の浅鉢に描かれる文様の意味

図 37

およそ7000年前に描かれた貴重な文様
双曲図形()()、楕円図形(()による思想表現

ⓐ 京都・北白川遺跡出土浅鉢
　　縄文時代前期

ⓑ 福井・鳥浜貝塚出土の浅鉢
　　縄文時代前期

上記の土器の出土地である北白川遺跡と鳥浜貝塚は、となり合せの京都府と福井県に位置しています。二つの浅鉢に描かれる文様はよく似ていると指摘されていますが、「それらがどのような性質をもっているのか」については何も説明されていません。双曲図形()()、楕円図形(())をもって考察すれば、即座にその答えが出てきます。

上記ⓐ・ⓑのイラスト画像は、森川昌和・橋本澄夫著『日本の古代を掘る1 鳥浜貝塚』読売新聞社 1994より。なお、説明文・筆者 大谷幸市

正六角形と正八角形を形づくる双曲図形()()、楕円図形(())

ⓐ京都・北白川遺跡出土浅鉢　　()()() ➡ ⬢ ➡ 正六角形の形成

ⓑ福井・鳥浜貝塚出土浅鉢の文様　✳ ➡ ⯁ ➡ 正八角形の形成

   ←

千葉県貝の原遺跡出土の土版に描かれる文様

縄文時代晩期

京都・北白川遺跡と福井・鳥浜貝塚出土の浅鉢の文様は、縄文時代前期に描かれたものです。他方、千葉・貝の原遺跡の土版の文様は、縄文時代晩期に描かれたものです。

京都市北白川遺跡出土浅鉢、福井県鳥浜貝塚出土浅鉢、千葉県貝の原遺跡出土土版を除く作図・説明文：筆者　大谷幸市

Ⅹ形で表現していたのではないでしょうか。つまり、Ⅹ形の中央に橋を架けることでⅩ形と◇形のもつ役割を表現したのではないかと考えられます。Ⅹ形は「一つ形で二つの意味をもっている」ことになります。

　このような推定が妥当であるかどうかは、京都市北白川遺跡出土浅鉢に描かれる文様と福井県鳥浜貝塚出土浅鉢に描かれる文様との間の繋がりをどのように説明できるかにかかっています。

双曲・楕円図形による正八角形

　さきに検証してきた福岡県の王塚古墳壁画において、正六角形 ⬣ がⅩ形を媒介として色分けされていることが気になっていました。今回、北白川遺跡の浅鉢においても、◖形と◗形をつなぐ位置に橋が架けられたⅩ形が描かれています。Ⅹ形とⅩ形は、ともに媒介のかたち同士であることが注目されます。

　この視点から鳥浜貝塚の浅鉢に描かれる文様 ⊠ を見ると、やはり、水平方向と垂直方向にⅩ形が重なっています。Ⅹ形は2個の◖形を結んでいるのではないかと考え、デザインしてみると、案の定、浅鉢の文様に該当するかたちが現われました。

　それは、図36に示す4枚の木の葉のかたち ⋇ をもった正八角形の骨組となるかたちです。このように捉えると、京都・北白川遺跡の浅鉢と福井・鳥浜貝塚の浅鉢の文様は、一義として正六角形 ⬣ と正八角形 ✳ を表わしていることになります。なお、正八角形は ✳ 形に見るようにⅩ形（向かい三角文）の集合体でもあります。

大自然の中の正多角形

　◇+Ⅹ+◇ ＝ ◇Ⅹ◇ ＝ ⬣ という図式に気づいた縄文人が大自然に存在する正六角形に気づかないはずがありません。蜂はハニカム構造（正六角形）の巣をどうしてつくることができるのでしょうか。『記・紀』に登場する蜘蛛は多角形の巣をつくっております。植物の花は、四花弁・五花弁・六花弁など正多角形に結ばれるかたちをもっています。

　正多角形というかたちが正六角形を出発点に置き、正六角形と正八角

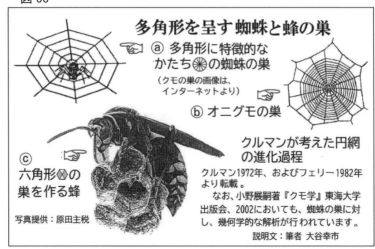

形は合体して正二十四角形を生みだし、そのかたちは永遠の継続性をもつ円接正多角形へと発展して行きます。正多角形という図形は「同質でありながら異形の二者の合体によって新しいかたちが生まれる」というメカニズムをもち、永遠の継続性をもっている、このように縄文人が考えていたとしても、何ら不思議ではありません。

　福井県鳥浜貝塚出土の浅鉢には、正六角形の相手である正八角形にアナロジーされる文様が描かれていました。

２個の眼形を結ぶかたちの意味とは

　北白川遺跡と鳥浜貝塚出土の浅鉢に描かれる文様は、今からおよそ7000年前、縄文時代前期の遺物です。この文様は、図式に見るように

　　ⓐ北白川遺跡の文様　OXO → OXO → ◇X◇ → ✦　正六角形
　　ⓑ鳥浜貝塚の文様　　※ → ※ → ※ → ✦　正八角形

　双曲図形 ()() と楕円図形 (()) を共有しています。つまり、タテ並びの眼形とヨコ並びの眼形は直線図形に変換すると、垂直と水平の相違はあ

りますが、◯形と◯形をつなぐかたちは、✕形(＝✕)、直線図形で表せば、✕(＝✕)となります。

　　ⓐ　タテ並びの眼形 ◯◯◯◯ の接点の形✕→ ◇◇◇◇ → ✕
　　ⓑ　ヨコ並びの眼形　◯◯◯◯◯　の接点の形✕→ ◯✕◯ →◇✕◇→ ✕

タテ並びの眼形とヨコ並びの眼形

　ここで、斜格子文形成過程の原点に位置する第3章、図30の眼形の連鎖の意味が解けてきます。つまり、タテ並びの眼形 ◯◯◯◯◯ とヨコ並びの眼形 ◯◯◯◯◯ は、異形同質の関係に置かれています。

　ⓐ　タテ並びの眼形 ◯◯◯◯ は、二重らせん構造(しめ縄)に結ばれます。◯◯ 形に中心線を引くと、◯◯ 形と◯◯ 形が生じます。この正逆S字トンボは2本のメビウスの帯に該当し、母胎の意味をもつ壺形 を形づくります。

　ⓑ　ヨコ並びの眼形◯◯◯◯◯は、図17に見るように円形の連鎖から導かれるかたちです。このヨコ並びの眼形は、正六角形 を形づくっています。

眼形から生まれる最初の直線図形

　ヨコ並びの円形から二つの眼形が生じ、その二つの眼形の中に正六角形が生じています。縄文人は、この正六角形 に注目しました。さきに、私は京都市北白川遺跡出土の浅鉢に描かれる ◯✕◯ 形と福井県鳥浜貝塚出土の浅鉢に描かれる ✕ 形から正六角形 と正八角形 が生じることを指摘してきました。

　斜格子文に現われている ◯◯◯◯◯ (タテ並びの眼形)と ◯◯◯◯◯ (ヨコ並びの眼形)において、✕形を介して◯(眼形)が結ばれていることを縄文人は見逃

すことなく確実に受け止めています。繰り返しますが、◈（正六角形）が双曲・楕円図形の〇〇〇形から生じていることは、◎・◎・◎・◈ に示されています。

　さらに、縄文草創期の土器に描かれる斜格子文は、眼形の連鎖（ヨコ並びの眼形とタテ並びの眼形の集合体）から生じるカタチであることを指摘してきました。この斜格子文は、縄文人が、次のような図式を認識していたことを教えてくれます。

　　京都市北白川遺跡出土浅鉢の文様の意味 ──────── 〇〇〇 ➡ ◈
　　福井県鳥浜貝塚出土の浅鉢に描かれる文様の意味── ✕ ➡ ◈

斜格子文土器と波状口縁をもつ土器に集約される縄文思想

　縄文人、その後の弥生人、古墳時代の人々にとって、斜格子文と波状口縁がいかに重要な図形であったのか、想像に難くありません。タテ並びの眼形 ∞∞∞ から正逆S字トンボによる母胎の意味をもつ壺形🝳が生じること、さらに、∞∞∞ ヨコ並びの眼形から生命誕生に繋がる正六角形◈が生みだされることは、図形的に密接に結ばれています。それは「縄文人の幾何学」というべき幾何学の新分野の夜明けを解り易く印象づけています。

　すなわち、「六合を兼ねて都を開き、八紘を掩ひて宇にせむこと、亦可からずや。観れば、夫の畝傍山の東南の橿原の地は、蓋し國の墺區か。治るべし」とする『日本書紀』の記述は、縄文人が正六角形と正八角形に基づく「六・八理論」を構築していたことを暗示しています。それは、わが国に建立される独自の六角堂・八角堂によって裏づけられています。

　縄文人の文字であったかたちによる思想の表現は、現代の幾何学を凌駕するものがあります。これに関しては、彼らが残した大いなる遺産である考古学的遺物である縄文草創期の斜格子文と波状口縁をもつ土器、および、第4章で述べてきた京都・北白川遺跡出土浅鉢と福井・鳥浜貝塚出土浅鉢に描かれる文様 〇〇〇・✕ 、この後で述べる円形丸底土器🝳と

図 39

自然界の多角形

六角形を形づくる
塩の結晶

沖縄・久米島東海岸の
六角形の岩畳

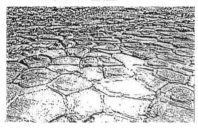

静岡県伊豆半島 下田市 爪木崎 俵磯の岩畳

　静岡県伊豆半島の先端近くにある下田市の爪木崎の俵磯の波打ち際の岩畳です。マグマや熔岩が冷え固まる時にできたと考えられています。

上記の地図・写真・説明文は、2018年8月28日付 中日新聞夕刊に掲載の記事です。中日新聞本社の転載許可を得ております。

第4章　縄文前期の浅鉢に描かれる文様の意味　　89

図40

『古事記』の久米歌に詠まれる栗・韮・山椒・細螺のかたち

栗　眼形→〇形

ニラの花　六花弁→正六角形

山椒→綾杉文

細螺(しただみ＝きさご)→らせん形

上図はインターネットより。説明文は筆者 大谷幸市

図 41

自然界に現われている正六角形→蜂の巣と雪の結晶

蜂はハニカム構造の巣を造り、アマミホシゾラフグは 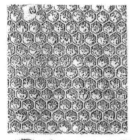 形の産卵床を造っています。一方、植物は  形にアナロジーされる花を咲かせています。これら三者の新しい生命体が生まれるところに正多角形に特徴的なパターンが現われていることが注目されます。

ミツバチの巣

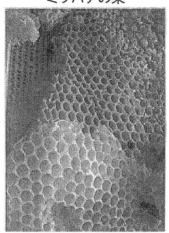

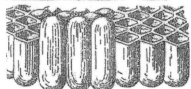

ダーシー・W・トムソン『生物のかたち』
東京大学出版会 1973 より

ミツバチの巣・雪の結晶の写真：インターネットより転載しました。

雪の結晶

顕微鏡を持たなかった縄文人は、雪の正六角形の結晶に気づくことはできませんでした。しかし、蜂の巣・麻の葉の六角形には気づいていたと考えられます。いずれにしても、縄文人がヨコ並びの眼形 ◎◎◎◎◎ から生じる 正六角形 ✿ に気づいていたことは、間違いないと思います。

タイトル・説明文：筆者 大谷幸市

第4章　縄文前期の浅鉢に描かれる文様の意味

図42

縄文時代の復元衣服

復元衣服に描かれている ✤形と ℘形 が注目されます！

ⓐ

ⓑ

左の衣服の胸部分に描かれる正中線で分けられる眼形と右の対数らせんは、それぞれ同形同質と異形同質の関係に置かれています。

タイトル・説明文：
筆者 大谷幸市

（写真ⓐとⓑ：尾関清子『縄文の衣』学生社1996より）

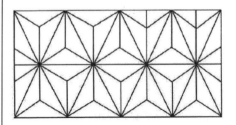

正六面体・正六角形・菱形文・向かい三角文・正三角形による麻の文様 （作図：筆者 大谷幸市）

縄文時代の衣服は、麻・カラムシのような植物繊維を撚ってひも(糸)を作り、縄や布を作っていたことが確認されています。簡単な木製織機で布を織ることも試みられています。

尾関清子『縄文の衣』学生社1996より

図 43

縄文人が発見していた 柿の蔕形 の意味

形は、かたちの素粒子）形の180度の反転の繰り返しから生じる形です。筆者は、これを**柿の蔕形**と名づけました。 幾何学図形の柿の蔕形 自然界の柿の蔕

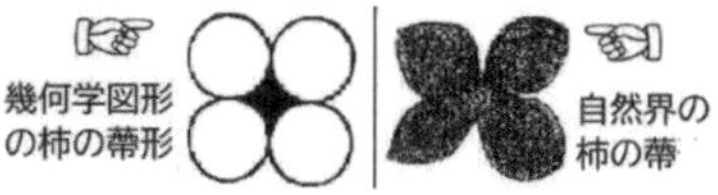

★ 柿の蔕形から導かれる図式

―① ∞ → χ → ○χ○ → ◇χ◇ → ❂ 正六角形
　　　② ⚭ → ¤ → ※ → ✳ → ❈ 正八角形

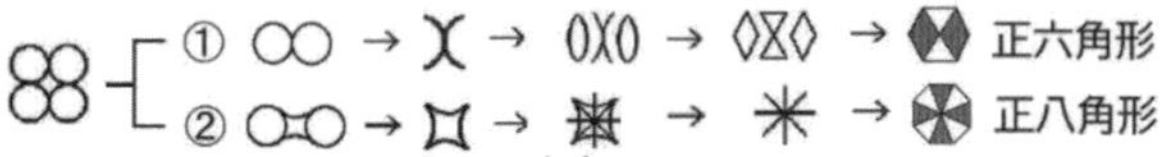

★ 柿の蔕形のもつ重要な意味

① 形は、一つかたちの中に二つのパターンをもっています。

② 形は、七宝文 ◇χ◇ の産みの親です（第10章参照）。

柿本人麻呂の謎

柿の蔕形のχ形と¤形は、ともに2個の円形を媒介して ⓐ 連続円文とⓑ ひょうたん形を形づくっています。京都・北白川遺跡出土浅鉢の文様と福井・鳥浜貝塚出土の浅鉢の文様から正六角形❂と正八角形❈を導くことができます。

　　ⓐ 北白川遺跡出土浅鉢の文様　　○χ○形→正六角形 ❂
　　ⓑ 鳥浜貝塚出土浅鉢の文様　　　※ 形→正八角形 ❈

縄文人にとって「双曲図形）（・楕円図形○」と「正六角形・正八角形」は、「なくてはならないカタチ」でした。上記の図式は、○形と)(形の特別な性質の上に構築されています。このような視点は、現代の幾何学を超えるものがあります。

幾何学の「柿の蔕形」と、自然界の「柿の蔕」は酷似しています。飛鳥時代に柿本人麻呂（660年頃～724年）という歌人が生存していました。ところで、『記・紀』に植物の葛とか藤をもつ氏族「葛城氏・藤原氏」が登場しています。「葛と藤」は、同じらせん形「〰」をもつ蔓科の植物です。

柿本人麻呂の「柿本」は、かたちの素粒子）形から導かれる幾何学の① 柿の蔕形と② 自然界の 柿の蔕 の二つの意味を同時に持つ氏名と考えられます。

写真・作図・説明文：筆者 大谷幸市

第4章　縄文前期の浅鉢に描かれる文様の意味

図44

縄文時代前期の遺跡を結ぶ六角形 ⬢

佐賀 **東名遺跡**(ひがしみょういせき)→　京都 **北白川遺跡**
　　　　　　　　　　　　　　福井 **鳥浜貝塚**

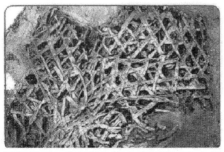

← 小型の編(あ)みかご
ムクロジを割りさいた材料で編(あ)んだ六つ目編み（透(すか)しが六角形）のかご。

図版提供：佐賀県在住の市川澄子さんから送って頂いた
　　　　　佐賀市教育委員会発行の「まるわかり東名遺跡」より

　図に見るとおり、木の幹やツルを割りさいた材料は①ヨコ並びと②左右ナナメ並びに置かれ編まれています。結果、編みかごは、**六角形の集合体** を呈しています。
　東名遺跡は今からおよそ8000年前の縄文時代の遺跡です。この年代は縄文時代前期の京都市北白川遺跡と福井県鳥浜貝塚に接近しています。
　ところで、京都市北白川遺跡出土浅鉢に描かれる文様①()()から⬢（正六角形）と福井県鳥浜貝塚出土浅鉢に描かれる文様②✖ から✳（正八角形）を導くことができました。今からおよそ8000年前の佐賀県東名遺跡の縄文人と今からおよそ7000年前の京都市北白川遺跡と福井県鳥浜貝塚の縄文人を繋ぐ架け橋は、生命誕生に関わる⬢（正六角形）と✳（正八角形）に象徴される正多角形です。

作図・説明文：筆者　大谷幸市

図 45

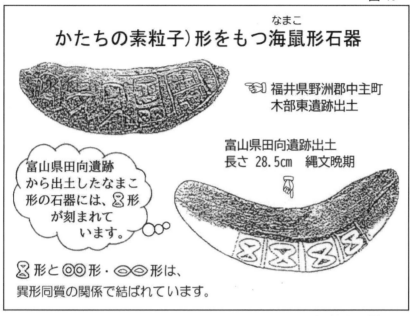

【志摩の海鼠】

『古事記』の天孫降臨の件に、つぎのような記述があります。
……多くの魚はみな「お仕えいたしましょう」と申したが、海鼠だけは、何もいわなかった。それをみた天宇受売命は「海鼠のこの口は、とうとう何も答えない口だ」といって、紐小刀でその口を裂いてしまった。これによって、今に至るまで海鼠の口は裂けているのだ。

ナマコは、縄文人が発見した**「かたちの素粒子）形」**を基本とし、多くの魚は()形をもっています。これを『古事記』編者は知っていたからこそ魚とナマコを対比的に結んでいたと考えられます。わが国には、「海鼠紋（七宝文）」と名づけられた家紋があります。この連続形は土蔵や塀にデザインされています（第10章、図129）。

第4章 縄文前期の浅鉢に描かれる文様の意味　95

図 46

法隆寺夢殿と天武・持統天皇合葬陵

夢殿正面図　　**八角堂**

（国宝建造物法隆寺夢殿及び東院回廊修理工事報告書）

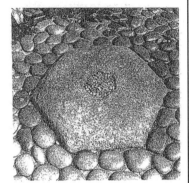

京都・六角堂の「へそ石」

京都の歴史を見つめてきた
六角形の「へそ石」

天武・持統天皇
合葬陵復元図　　**八角墳**

『東アジアの古代文化』第67号
猪熊兼勝「天武天皇陵」大和書房より

へそ石の画像は、
インターネット
「ウィキペディア」より

愛知県稲沢市六角堂東町

六角堂

長光寺地蔵堂立面図（上）と平面図（下）
重要文化財長光寺地蔵堂修理工事報告書

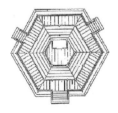

建物の写真の出典；
インターネット
「ウィキペディア」

聖徳太子が持仏である如意輪観音像を本尊として創建されたと伝えられる

京都　**頂法寺六角堂**

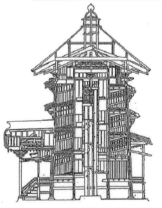

旧正宗寺三匝堂断面図　日本大学
工学部理工学部建築研究室作成

図 47

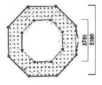

長野県上田市 **安楽寺**

国宝八角三重塔

安楽寺の三つの写真は、インターネットFORES MUNDI より転載しました。図版スペースに合わせるために写真の左右を削除しました。

京都 **万福寺の六角堂**　　京都 **吉田神社斎場大元宮の六角堂と八角堂**

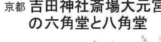

六角堂

八角堂

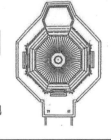

万福寺松隠堂寿蔵の立面図（上）と平面図（下）
『重要文化財 万福寺通玄門・開山堂・舎利殿他修理工事報告』より

第4章　縄文前期の浅鉢に描かれる文様の意味　　97

方形平底土器 （絵）、△形の竪穴式住居、中でも安定性を無視した ▽ 形を
もつ尖底深鉢は、縄文人の幾何学の特異性を如実に物語っています。

第2節　円形と正方形の関係

円形丸底土器と方形平底土器

　わが国の縄文人は、縄文草創期に円形と正方形をもつ円形丸底土器と
方形平底土器を作っていました。これに関して、小林達雄氏は、つぎの
ように書いています（『縄文人の世界』朝日選書1996）。

　　日本での土器作りにあたって、技術の由来はともかく、その形を実
　現する際に、すでに保有していた樹皮籠や獣皮袋などの既製の容器な
　どからヒントを得たものと考えられるのである。この間の事情をいか
　にも具体的に物語るものとして草創期土器の器形と文様の特徴がある。
　草創期土器は、当初から砲弾形を呈する円形丸底土器と隅丸方形の平
　底を特徴とする方形平底土器の二つの器形を併せもつことがまず注目
　される。とくに方形平底土器の形をバランスよく作るのははなはだ難
　しいということについて、陶芸家や実験考古学者の証言がある。壬遺
　跡の円孔文七土器も後者であった。土器作り経験が浅いにもかかわら
　ず、縄文人が成形に好都合な円形丸底土器のみでよしとせず、やっか
　いな方形平底土器にこだわりをみせるのは奇妙なことではないか。

　小林達雄氏は、「縄文人の土器の形の実現に際し、樹皮籠や獣皮袋な
どの既製の容器などからヒントを得たものと考えられる」とのべ、続い
て「成形に好都合な円形丸底土器のみでよしとせず、やっかいな方形平
底土器にこだわりをみせるのは奇妙なことではないか」と疑問を呈して
います。
　縄文人が円形と正方形に関心をもっていたことは、縄文時代草創期に

図48

円形丸底土器と方形平底土器の幾何学

日本列島の縄文人は、世界に先駆けて縄文時代草創期に幾何学の原点に位置する円形と正方形の関係に気づいておりました。

縄文時代草創期の土器

縄文人の智恵

円形丸底土器　　曲線と直線の関係　　方形平底土器

⬇　　　　　　　　　　　　　　　　　⬇

円形丸底土器を真上から見るカタチ→円形

方形平底土器を真上から見るカタチ→正方形

⬇　　　　　　　　　　　　　　　　　⬇

円形丸底土器を真横から見るカタチ→曲線

　土器の底部分　　　土器の底部分

方形平底土器を真横から見るカタチ→直線

作図・説明文：筆者　大谷幸市

図49

円方図・方円図

円方図

同質でありながら、異形の二者の合体によって新しいかたちが生れる

方円図

円形〇と正方形□は、七宝文を前提に、異形同質の関係を維持しております。両者は合体して、円方図・方円図を形づくります。

作図・説明文：筆者　大谷幸市

第4章　縄文前期の浅鉢に描かれる文様の意味

円形丸底土器と方形平底土器を作っていたことからうかがい知ることができます。しかし、図48から読み取れることは、

　　　　ⓐ円形丸底土器－曲線
　　　　ⓑ方形平底土器－直線

の関係です。このような曲線と直線から導かれるのは、円形の連鎖から眼形の連鎖が生じ、この眼形の連鎖から直線図形である斜格子文と正六角形が生じるという図形現象です。曲線図形である眼形の連鎖から直線図形である斜格子文と正六角形が生じる図形現象は、円形○と正方形□の関係、つまり、曲線図形と直線図形の関係を暗示しています。

　　　ⓐタテ並びの眼形　　◇◇◇◇◇◇　（垂直の中心軸）
　　　ⓑヨコ並びの眼形　　◇◇◇◇◇（水平の中心軸）
　　　ⓒナナメ並びの眼形　◇◇◇◇◇・◇◇◇◇◇（斜めの中心軸）

　上図ⓐ～ⓒに示されるパターンは、垂直・水平・斜めの中心軸を持っています。このようなパターンは、時間的にも空間的にも隔たりはありません。三位一体としてとなり合せの存在を形づくっています。
　ⓐ ◇◇◇◇ からは壺形 🏺 が生まれ、ⓑ ◇◇◇◇◇ からは正六角形 ⬡ が生まれています。ⓒの基本形は ◈ 形が想定されます(第10章参照)。この ◇◇◇◇◇ は七宝文と呼ばれており、4個の〇形に拠る ◈ 形と ◈ 形の組合せは、円形〇と正方形□の異形同質の関係を生みだしています。これが重要です。なお、七宝文 ◈ に関しては、第 10 章で詳述します。

円形と正方形の関係
　私は小学校・中学校で円形と正方形、それに三角形を加えた△(さんかく)・〇(まる)・□(しかく)を「あたりまえにあるかたち」として教わってきました。円形と正方形は、三角形とともに幾何学の基本形であることは教わりましたが、円形〇と正方形□は、どのような関係にあるのかと

図 50

なぜ、円錐形の竪穴住居は造られたのか

ⓐ 縄文時代の竪穴式住居の骨組

竪穴式住居の柱に関する研究は、渋谷文雄著『竪穴式住居址の小柱穴位置について』松戸市立博物館紀要5号 1998があります。円周を4・5・6・7……分割する設計法が確認されています。
この方法による設計法は、正多角形に結ばれています（注：筆者大谷幸市）。

ⓑ 尖底深鉢（撚糸文土器）
縄文早期
神奈川県横須賀市夏島貝塚
出土　明治大学博物館蔵

ⓓ 尖底深鉢
（蛇王洞式）
縄文時代早期

岩手県気仙郡住田町
上有住蛇王洞穴遺跡出土
慶応大学文学部考古学研究室

ⓒ 尖底深鉢
（白浜式）縄文早期　高さ42cm
青森県八戸市館平遺跡出土
慶応義塾大学蔵

ⓑ・ⓒ・ⓓ 縄文土器の出典：
小学館『名宝日本の美術 第1巻
原始美術』昭和57年より

図 51

[縄文人の幾何学]
真上から見る竪穴式住居のカタチ ☞ ☞ 正多角形に特徴的なパターン

　縄文人は、なぜ円錐形の竪穴式住居を造ったのでしょうか。この竪穴式住居の組み立てられた骨組みを垂直方向から見るかたちは、異形同質の関係→※直線図形と◯曲線図形をもっています。これをかたちで表せば、※形、つまり、円接正多角形に特徴的なパターンということになります。

　縄文草創期の縄文人が造っていた円錐形の竪穴式住居は、蜂や蜘蛛（はち　くも）が造る多角形や六角形の巣と同様に正多角形を内包しています。正多角形が、森羅万象の創造に深く関わっていることは、これまで述べてきました。

　縄文時代草創期の縄文人が造っていた竪穴式住居は、※形と◯形に拠る円錐形の壺形→尖底深鉢を生みだしていたことになります。この尖底深鉢は、◯◯◯◯（しめ縄）から生じる壺形 🏺・🏺 と ⬣（正六角形）に結ばれます。

円錐形竪穴式住居 △→※ を造る縄文人

縄文人が造る竪穴式住居 △ を垂直方向から観察すると、脳裏に※形を感じ取ることができます。※形は、正多角形に特徴的なかたちの一つです。ここに、縄文人の幾何学が発見されます❗

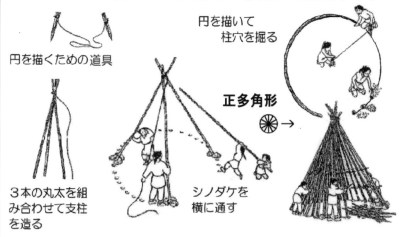

円を描くための道具

３本の丸太を組み合わせて支柱を造る

円を描いて柱穴を掘る

正多角形
※→

シノダケを横に通す

タイトル・説明文：筆者 大谷幸市

画像の出典：『古代史図解』成美堂出版
2007 東京都歴史研究会

いうことを学んだ記憶はありません。

　話が少々飛びますが、前方後円墳の前方部に対する解釈は、葬列の通ることによって前方部が生じたとする「前方部道説」が唱えられています。このような考え方には図形形成理論の片鱗もみられません。観念ともののかたち(図形)を区別することなく同じ土俵で論じられています。

　このような考え方は、論理的に矛盾しています。形而上と形而下の次元で考察した上で、両者を結ぶことができる根拠を導き、それを前提に両者をつなぐという方法を採用することが求められます。

　わが国の縄文人は、上記の幾何学の第一歩となる図形の変遷を二重らせん構造 ∞∞∞ のタイル張りの上に発見していました。このあとに述べることになる「第5章、眼形の幾何学」の中で縄文人の発見していた幾何学がどのようなものであったのかが、明らかになります。

縄文人は、なぜ円錐形の竪穴式住居を造っていたのか

　細長い棒などに縄をくくれば簡易コンパス(前掲図 51)が生まれ、円形や眼形、)形を整地した地面に描くことができます。縄文時代草創期に斜格子文土器(眼形と正多角形)・波状口縁をもつ土器(らせん形と正多角形)などが作られており、かなり高度な幾何学的知識をもっていたことをうかがい知ることができます。

　縄文人は円形と正方形が、次なる論理の展開とそれをかたちで表現するために必要であることを熟知していたと考えられます。円形丸底土器と方形平底土器の特徴は、円形と正方形にあります。縄文人は、円形と正方形に異形同質の関係を結んでいなかったら、円形丸底土器と方形平底土器は造られていなかったと思います。円形と正方形の背景には、斜格子文に見る円形と正多角形の組合せが存在していたのです。

第4章　縄文前期の浅鉢に描かれる文様の意味　　103

第 5 章

眼形の幾何学

第1節　円形から生まれる眼形

眼形に興味をもっていた縄文人

　縄文人が作っていた文様をもつ最初の土器は、豆粒文土器でした。前掲図8に示すとおり、この土器は眼形「◊」をもっています。「縄文の歴史は眼形から始まっている」のではないか、私は、このように考えてきました。

　具体的な眼形による文様は、さきにのべてきた斜格子文です。斜格子文の原形は、タテ並びの眼形とヨコ並びの眼形の集合体と捉えることができます。つまり、図52に示す眼形の連鎖です。

　図52において、眼形の連鎖に見るタテ並びの眼形に対し、しめ縄を想定することができます。眼形の連鎖が二次元とすれば、しめ縄は、三次元のパターンということになります。

　このタテ並びの眼形 ∞∞∞ には母胎の意味をもつ壺形 🍶 が、ヨコ並びの眼形 ◊◊◊◊◊ には正六角形 ⬡ が隠れております。正六角形 ⬡ は、2個の ◊ 形（菱形文）と1個の ⊠ （向い三角文）から形成されています。古墳時代の福岡県王塚古墳壁画（図31）に描かれる文様は、◊・⊠・⬡ が色分けされており、正六角形 ⬡ の図形的関係を鮮明に読み取ることができました。

　このような図形は、つい見逃してしまうほどシンプルですが、よくよく考えると曲線図形から具体的な直線図形、それも正六角形 ⬡ という極めて重要な意味をもつかたちが生まれているわけです。

　ヨコ並びの眼形 ◊◊◊◊◊ は、長野県茅野市高風呂遺跡出土の深鉢に描かれています。さらに、時代は縄文後期から晩期へと降りますが、関東・東北地方において、多くの土版・岩版に描かれています。縄文人は、なぜヨコ並びの眼形 ◊◊◊◊◊ を土器などに描いていたのか、という命題は、これまで提起されることはありませんでした。

第5章　眼形の幾何学　　107

図 52

ヨコ並びの眼形 ◯◯◯◯◯◯ の意味

柿のタネ状◯
の粘土粒

眼形は２個の円形から
生じます

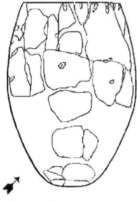

豆粒文土器
長崎県佐世保市泉福寺洞窟遺跡
縄文時代草創期（約１万2500年前）

原図：『歴史発掘２ 縄文土器出現』
泉拓良 講談社 1996

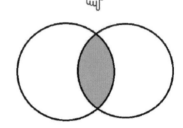

ヨコ並びの眼形の意味
図式
◯◯◯◯◯ → ◯◯◯ → ◯◉◯ → ◆
から正六角形が生じます！

深鉢
長野県茅野市高風呂遺跡 の土器
縄文時代前期　高さ 25㎝
長野県茅野市尖石縄文 考古館蔵

タイトル・◯◯の作図・💭 の
　　説明文：筆者 大谷幸市

図 53

円形の連鎖から生じる3種類の眼形の連鎖
眼形の連鎖に隠れているかたち

①・②のパターンに隠れているかたち ― 壺形・正六角形

① タテ並びの眼形 ∞∞∞ から壺形 が生じています。
② ヨコ並びの眼形 ∞∞∞ から正六角形 が生じています。

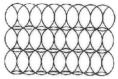
円形の連鎖

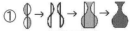
① → → → 壺形の形成

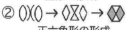
② → → 正六角形の形成

眼形の連鎖

③のパターンに隠れているかたち ― 七宝文

③ ナナメ並びの眼形 から七宝文 が生じています。

円形の連鎖

七宝文の形成
一つかたちの中に二つの
パターンをもっています

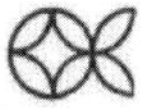

眼形の連鎖

壺形・正六角形・七宝文は、同じ眼形の連鎖から生まれ、これらはX形・◇形を媒介に相即不離という幾何学的な性質を共有しています。これを「となり合わせの存在」と名づけました。

七宝文は、一つかたちの中に二つの意味＝天地・陰陽を読み取ることができ、宇宙創成と生命誕生の原理を構築することができます。これが、わが国独自の文様と言われる七宝文の特徴です。

作図・説明文：筆者 大谷幸市

第5章　眼形の幾何学

図 54

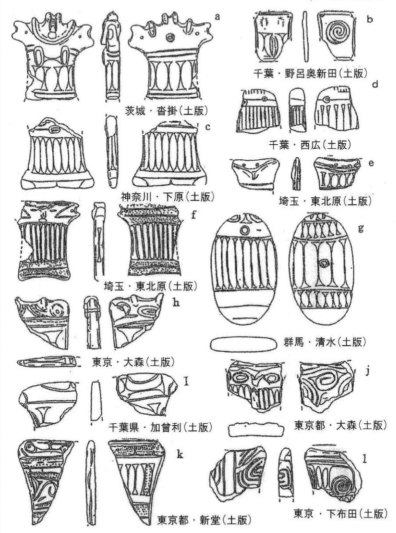

図55

東北地方(第1類～第6類)の岩版と土版(天羽利夫より)
図像・出土地:『縄文文化の研究』加藤新平・小林達雄・藤木強編 雄山閣出版1995より

第1類

(土)―土版
(岩)―岩版
を表す。以下同じ。

青森・上郷原(岩)　　秋田・麻生(岩)

第2類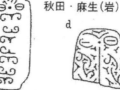

青森・是川(岩)　岩手・雨滝(岩)　青森・是川(岩)　秋田 麻生(岩)

第3類

青森・是川(岩)　青森・亀ヶ岡(岩)　山形・玉川(岩)　青森 野面平(岩)

第4類

秋田・石名館(岩)　山形・釜淵(岩)　岩手・蒔前(岩)

第5類

宮城・城生(土)　山形・鬼木(岩)　岩手・軽米(岩)

第6類

縄文時代晩期

青森・砂沢(岩)　　宮城・山王(岩)

第5章　眼形の幾何学　　111

図 56

岐阜県下呂市金山町岩屋岩陰遺跡（縄文時代早期から江戸時代の遺物が出土している）

金山巨石面に刻まれた形と太陽光線の形との類似性

スポット状の光の形　　光の形と石面の刻印の　　石面の３つの刻印
　　　　　　　　　　　形状とが合致する

図像・説明文　金山巨石群リサーチセンター代表
の出典　　　　小林由来『金山巨石群の「縄文」太陽観測ガイド
　　　　　　　　日本初！古代太陽暦の証を発見』

かたちの素粒子　形をもつ太陽と月

46年ぶりの皆既日食　西暦2009年7月22日　午前10時20分から
午後0時41分まで　2009年7月28日 中日新聞朝刊第1面より転載

第2節　ヨコ並びの眼形から生じる正六角形

Ⅹ形と◯形の特別な関係

　双曲・楕円図形は、特別な性質をもっています。それは、ヨコ並びの眼形 ◯◯◯◯◯ に生じています。つまり、◯形のとなりにⅩ形が必然的に生じているという図形現象です。◯形とⅩ形は、◯Ⅹ◯形を生みだしています。この◯Ⅹ◯形は◇Ⅹ◇形→✳形へと変遷します。

　このように曲線図形から直線図形への変遷が双曲・楕円図形のもつ最大の特徴です。図式 ［◯Ⅹ◯ → ◇Ⅹ◇ → ✳］ は、双曲・楕円図形の特別な性質である相即不離の関係から生みだされております。◯Ⅹ◯形と Ⅹ 形を浅鉢に描いていたこのような縄文人の図形把握能力の高さは、◯Ⅹ◯→✳（正六角形）と Ⅹ → ✳（正八角形）に示されています。

　ところで、直線図形のⅩ形は正六面体に、同◇形は正八面体に現われています。つまり、◇形とⅩ形の組合せは、正六面体と正八面体の関係を示していることになります（後掲図 64 参照）。

ヨコ並びの眼形から生じる正六角形のパターン

　図 57 において、◯形から◇形、Ⅹ形からⅩ形が生じていると考えることができます。2個の◯を媒介するカタチはⅩ形であり、2個の◇形を媒介するかたちはⅩ形です。

　ヨコ並びの眼形 ◯◯◯◯◯ の◯形とⅩ形は相即不離の関係に置かれています。◯Ⅹ◯形から生まれる正六角形✳形の◇形とⅩ形は、それらのかたちの生みの親である双曲図形)(、楕円図形 (◯) の性質をそのまま受け継いでいます。Ⅹ形と◇形は、媒介者の役割をもつかたちということになります。ヨコ並びの眼形は、曲線図形の双曲図形)(と楕円図形 (◯) から直線図形の ◇ 形・Ⅹ 形・✳ 形が生みだされていると考えることができます（図 57〜図 58 参照）。

　日本列島の縄文人が造った土器・土偶、またそれらに描かれた文様から思想を導きだすには【◯◯ → ◯◯◯ → ◯◯◯ → ✳】の図式が必要です。縄文

第5章　眼形の幾何学　　113

図 57

縄文人の幾何学
ヨコ並びの眼形から生じる正六角形

ヨコ並びの眼形 ⟨⟨⟨⟨⟨⟨ を土器に世界で最初に描いていたのは、日本列島の縄文人です。

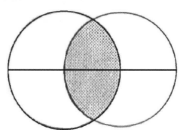

ヨコ並びの眼形の作図法

ⓐ 最初の円形と直径との交点に2個目の円形の中心を求める

円形の連鎖から生じるヨコ並びの眼形は、正六角形を生みだしています。

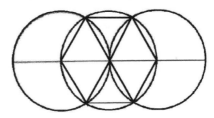

同形同質の二者である2個の眼形はⅩ形を媒介として合体し、直線図形の正六角形⬢を生みだしています。

ⓑ

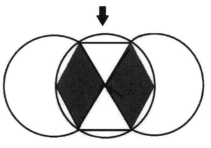

2個の菱形文◇
1個の向かい三角文Ⅹ
正六角形⬢

ⓒ

作図・説明文：筆者 大谷幸市

図 58

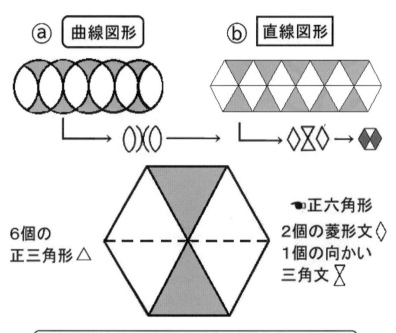

ヨコ並びの眼形 ◯◯◯◯◯ に生じている ()X() 形には正六角形 ⬢ が隠れています。これに縄文人は気づいておりました。

ⓐ 曲線図形　　ⓑ 直線図形

6個の正三角形 △

☞ 正六角形
2個の菱形文 ◇
1個の向かい三角文 ⋈

森羅万象に現われている正多角形

ヨコ並びの眼形 ◯◯◯◯◯ から生じる正六角形 ⬢ は、正多角形の象徴的存在です。蜂の巣、アマミホシゾラフグの作る産卵床は、共に新しい生命誕生に密接に関わっています。それらは六角形と正多角形をもっています。加えて、地球上の草木の花・果実には、同じ正多角形が現われております。この正多角形は生命誕生に密接に関わっています。

作図・説明文：筆者 大谷幸市

第5章　眼形の幾何学

思想と前方後円墳の起源の接点は、縄文人が描いていたヨコ並びの眼形のパターン、つまり、ヨコ並びの眼形から正六角形が生れるところに発見されます。正六角形と正八角形は、幾何学的な関係を結んでいます。縄文人は正六角形と正八角形の関係に対し、単なる思いつきではなく、天体の太陽や月を含む森羅万象の誕生に密接に関わっている、このように考えていたのではないでしょうか。

無視できない正六角形と正八角形の関係

【 ◎◎ ➡ ⬡ 】から生じる正六角形の存在を知った多くの人は、正八角形を脳裏に描いていたと考えられます。正六角形と正八角形は、合体して正二十四角形を作ります。それぞれ特徴的なかたちをもっています。

・正六角形—正三角形と 30 度、60 度、90 度の内角度をもつ直角三角形 2 個を形づくっています(長方形)。

・正八角形—2 個の底角が 67.5 度の二等辺三角形と 45 度、45 度、90 度の内角度をもつ直角二等辺三角形 2 個を形づくっています(正方形)。

縄文人の幾何学の始まり

　縄文人は、植物の葉や花のかたちから正多角形が生じていることを学びとっていました。これについては、「はじめに」に書いてきました。そのような自然界の花のパターンを、縄文人は双曲図形)(、楕円図形 () の上に発見していました。

　それが図式 【 ◯◯ ➡ ◎◎ ➡ ⬡ 】です。左図の 3 個の円形の構図において、2 個の ◇ 形と 1 個の ⋈ 形による ⬡ 形(正六角形)が生じています。これは京都・北白川遺跡の浅鉢文様)((➡ ⬡ に符合しています。

　正六角形に対峙する正八角形は、福井・鳥浜貝塚の浅鉢文様 ⋇ に現われております。この ⋇ 形を正八角形の骨組みとする根拠は、正六角形 ⬡ の中に存在する ✳ (正八角形の骨組)を形づくる出雲大社の神紋 ✹ に求めることができます(第 5 章、図 70)。

曲線と直線の融合

隆起線文土器には直線状の粘土粒の傍らにらせん状の粘土粒が貼られ
ています。直線とらせん形を同時に並べるという発想は、幾何学の第一
歩である曲線図形と直線図形の関係を確実に理解していないと、生まれ
てこないと思います。

かたちの素粒子)形に対し、180 度の反転を繰り返し行うと、柿の蔕
形❽が生じます。この❽形は、フラクタル性をもっています。その部
分と全体の自己相似形から永遠の継続性を読み取ることができます(第5
章の図68～図69参照)。

　　ⓐらせん形 〰〰 → �〇〇〇〇　(タテ並びの眼形)
　　ⓑ楕円図形(()・双曲図形)() → 〇〇〇〇〇(ヨコ並びの眼形)

上記ⓐ・ⓑは、斜格子文(第3章、図30)に現われています。

マクロの世界とミクロの世界を結ぶ正六角形

縄文人の発見した曲線図形から直線図形が生れる図式に前方後円形 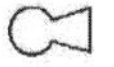
〇◁ の曲線部分(後円部 〇 形)と直線部分(前方部 ◁ 形)の接続の起源が
発見されます。

ところで、図形を始めとして、すべての生きとし生けるもの、および
物質、現象に対し、異形同質の二者の合体によって新しいかたち、およ
び物質等が生まれる、このように縄文人は考えていたのではないでしょ
うか。日本列島の縄文人は、それを草木の花や果実の構造から学んでい
たと思います。同じ斜格子文を描く古墳時代の人達がそれを読み違える
ことは考えられません。

マクロの世界とミクロの世界を結ぶかたちは何？と縄文人に訊ねたと
すれば、「それは正六角形です」との答えが返ってくると思います。正
六角形❀といえば、誰もが蜂の巣を連想されることと思いますが、〇
形は塩の結晶や大麻の葉にも現われています。

第5章　眼形の幾何学　　117

ハニカム構造の安定性・強靭性は、正六角形から生じています。他方、母胎の意味をもつ壺形は、二重らせん構造から生まれています。正六角形と壺形をつなぐ媒介者は、眼形です。眼形は円形から生じるかたちです。縄文人の論理構成は、安定性をもつ円運動のようにぐるぐるまわっています。眼形の連鎖は、まさにハニカム構造そのものです（第3章参照）。

土星の渦巻く六角形
　地球と同じ太陽系に属す土星の北極付近に巨大な六角形が確認されています。インターネットで検索すると、「ほぼ30年間も謎だった土星の北極を取り囲む六角形の渦巻きの謎がついに解き明かされた」という記述が目に留まりました。

　　土星の北極は、全幅 32.187 kmに広がる奇妙な六角形構造が土星の自転速度とほぼ同じ速度で回転している。これまで六角形が生じるエビデンスは不明であったが、米ニューメキシコ州ソコロにあるニューメキシコ工科大学の惑星学者ラウル・モラレス＝フベリアス教授の最新の研究によって、雲のある大気層で極周囲を東へと吹くジェット気流が、その下に流れる風に押されて六角形になることが判明したと報道されました〈2015年9月30日〉（インターネット「ウィキペディア」より）。

　NASAの発表した写真（図59）によれば、土星の北極に見られる六角形は、正六角形に極めて近いかたちをもっています。正六角形が形づくるハニカム構造の安定性と強靭性はよく知られていますが、そのハニカム構造の原形は、眼形の連鎖、すなわち円形の連鎖から生まれています（図52）。換言すれば、この正六角形は、幾何学においてヨコ並びの眼形 〇〇〇〇〇 から導かれる図式[◊◊◊（双曲・楕円図形）→ ◈◈◈（直線図形）]から生じるかたちであり、◈（正六角形）は、◊◊◊（双曲・楕円図形）と異形同質の関係に置かれています。正六角形を生みだすヨコ並びの眼形 〇〇〇〇〇 は、らせん形の三形態の一つである （◊◊◊◊◊◊） 形にアナロジーされます。

図 59

土星の渦巻く六角形

なぜ、直線図形の六角形（極めて正六角形に近いかたち）が天体（土星）に現われているのでしょうか？

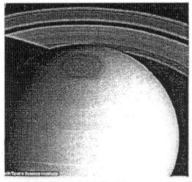
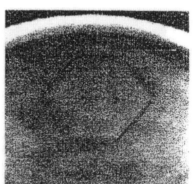

米欧共同無人探査機「カッシーニ」2006年10月に赤外線で撮影した、土星の北極上空のある六角形の渦状構造＝ＮＡＳＡ提供

写真出典：
インターネット
「ウィキペディア」

「土星の六角形の渦」は、「ジェット気流とその下に流れる風に押されて六角形になった」という意見があります。なぜ六角形なのか、この命題が重要です。安定した渦巻はヨコ並びの眼形を作ります。正六角形がヨコ並びの眼形から生じることは、幾何学の公理です。

土星の北極に生じているのは正六角形であると思います。ヨコ並びの眼形のカタチは渦巻であり、その安定した渦巻文は正六角形を形づくっています。

縄文人の幾何学第一歩の図式　◯◯ → ◯◯◯ → ◯◯◯ → ⬡

正六角形を生みだすヨコ並びの眼形 ◯◯◯◯◯ は、◯◯◯◯◯◯ スパイラルと言い換えることができます。すなわち、ヨコ並びの眼形 ◯◯◯◯◯◯ とタテ並びの眼形 ◯◯◯◯◯ は、異形同質の関係に置かれています（図53参照）。以上から土星の北極近くに見られる六角形は、安定した渦巻（◯◯◯◯◯◯）→ ◯◯◯◯◯◯ から生じる正六角形 ⬡ と考えられます。これは、日本列島の縄文人が発見していた上記の図式に拠って証明されています。

タイトル・説明文：筆者大谷幸市

図 60

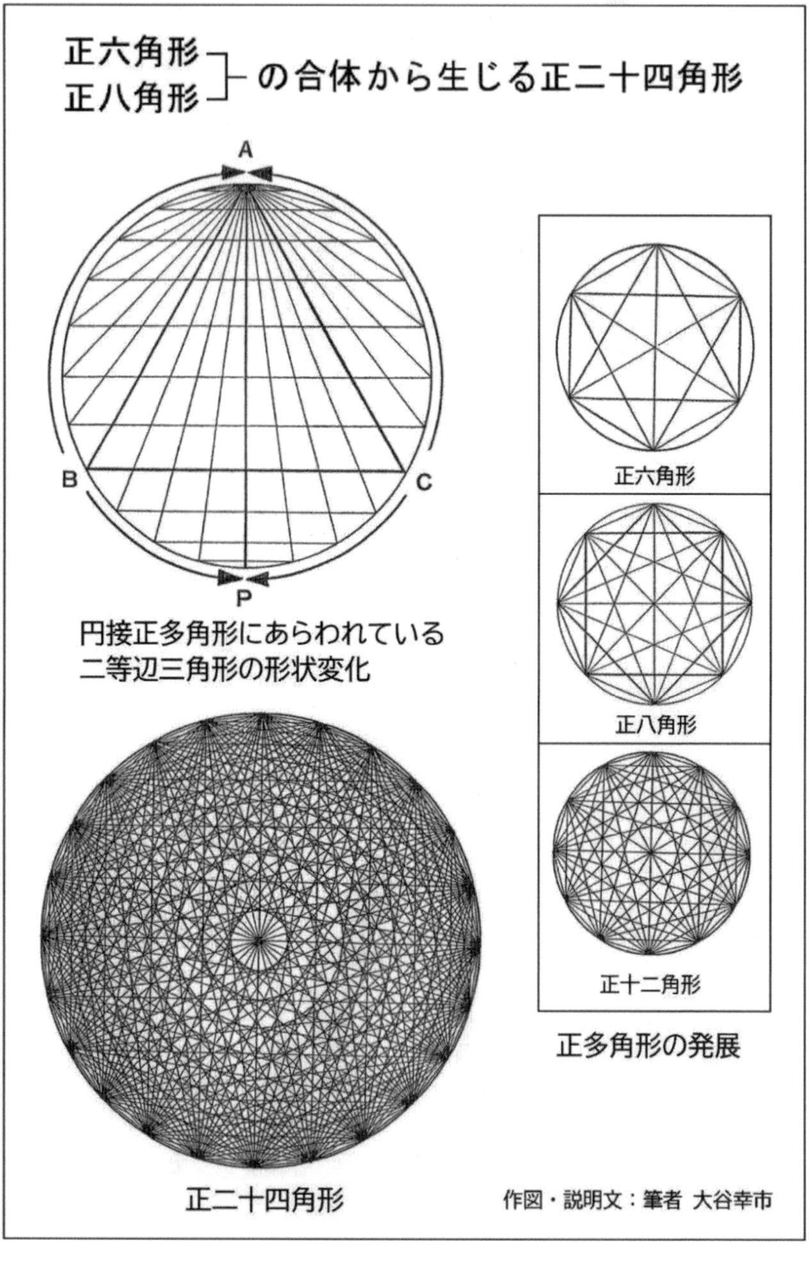

正六角形
正八角形 ┐の合体から生じる正二十四角形

円接正多角形にあらわれている
二等辺三角形の形状変化

正二十四角形

正六角形

正八角形

正十二角形

正多角形の発展

作図・説明文：筆者 大谷幸市

図 61

正多角形に特徴的な角度

A	B	C	D
二等辺三角形の頂点の角度	A項の角度を15で割った数値	二等辺三角形の底辺の有する角度(一つの角度)	C項の角度を15で割った数値
15°	1	82.5°	5.5
30°	2	75°	5.0
45°	3	67.5°	4.5
60°	4	60°	4.0
75°	5	52.5°	3.5
90°	6	45°	3.0
105°	7	37.5°	2.5
120°	8	30°	2.0
135°	9	22.5°	1.5
150°	10	15°	1.0
165°	11	7.5°	0.5
180°	12	0	

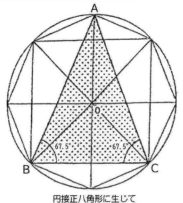

円接正八角形に生じている二等辺三角形

正多角形の辺数	二等辺三角形の頂点の角度	二つの底辺の角度(一つ分)
正方形	90°	45°
正五角形	72°	54°
正六角形	60°	60°
正七角形	51.4°…	64.3°…
正八角形	45°	67.5°
正九角形	40°	70°
正十角形	36°	72°
正十二角形	30°	75°
正十五角形	24°	78°
正十六角形	22.5°	78.75°
正十八角形	20°	80°
正二十角形	18°	81°
正二十四角形	15°	82.5°

作図：筆者 大谷幸市

第5章 眼形の幾何学

図 62

正六角形を生みだす眼形

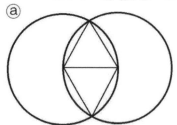
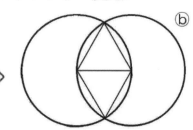

ⓐ 最初に描く円周上に中心を定め、2個目の円形を描きます。

ⓑ 眼形に水平と垂直の中心線を引き、円形との交点を直線で結ぶと、2個の正三角形→1個の菱形文が生じます。

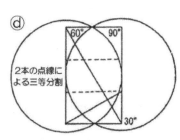
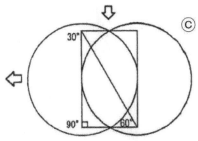

ⓒ 2個の円形から最初に生じる形は眼形です。この眼形は、正三角形による菱形文と30度、60度、90度の内角度をもつ直角三角形を内包しています。

ⓓ 同じ方法でヨコ並びの眼形を作図すると、正六角形が生じます。正六角形と30度、60度、90度の内角度をもつ直角三角形の結びつきが注目されます。

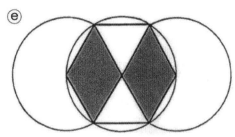

同じ大きさの3個の円形を描くと2個の菱形文◊と1個の向かい三角文✕による正六角形⊗が生じます。

作図・説明文：筆者 大谷幸市

図 63

六角凧とヤッコ凧の関係

ⓐ 十字形の **板状土偶**

青森県森田町石神遺跡
高さ 17.2cm
縄文時代中期
森田町教育委員会

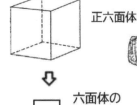

正六面体

↓

六面体の
展開図

土偶の写真：水野正好
『日本の原始美術 5 土偶』
講談社 昭和54年(1979)より

ⓑ 十字形の **板状土偶**

青森県三内遺跡
高さ 15.5cm
縄文時代中期

右下の六角形 ⬡ が新潟県三条市の
六角凧のかたちです。**三条凧ばやし**
は、つぎのように詠われています。

なぜ、六角形
なのに「タコ」と
呼ばれているので
しょうか？ タコは
8本の足をもって
います。

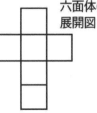

守門おろしを　片背に受けて
おらが六角凧　越後一
おらが六角凧　千枚張りだ
ケチな奴凧　そこを退け
ヤーレ　コーリャ　ドッコイショ
ソレ　勝った方がいい
　　　勝った方がいい

正六角形と正八角形
の組合せかも…

「三条凧ばやし」・六角凧
のかたちは、インターネッ
トより。

新潟県三条市の
六角形の凧のかたち

六角凧の作図・説明
文：筆者　大谷幸市

第5章　眼形の幾何学　　123

図 64

正六面体と正八面体の不思議な関係

正六面体
1、8個の頂点と12本の直線
2、正方形の面をもち、向かい三角文を内包する
3、AD：AB＝1：$\sqrt{2}$ の比率をもつ
4、109度28分の角度をもつ

正八面体
1、6個の頂点と12本の直線
2、正三角形の面をもち、菱形文を内包する
3、BD：AC＝1：$\sqrt{2}$ の比率をもつ
4、109度28分の角度をもつ

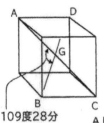
109度28分

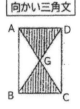
向かい三角文
AD：AB＝1：$\sqrt{2}$

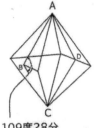
109度28分

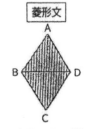
菱形文
BD：AC＝1：$\sqrt{2}$

正六面体と正八面体に現われている ⋈ 形と ◇ 形の図形関係が注目されます（文責：筆者大谷幸市）。

幾何学図形の関係　秋山清『神の図形』コスモトゥーワン2004年より

フラクタルな図形関係を生みだす正六面体と正八面体

〈正六面体→正八面体→正六面体〉
の面点変換では1：9／2：27

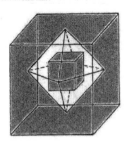

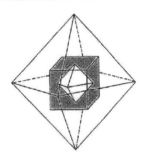

〈正八面体→正六面体→正八面体〉
の面点変換では1：6／7

画像と説明の出典：
http://homepage1.nitty.com/metatoron/zone-8/912pic.gif

（タイトルの文責：筆者大谷幸市）

（∞∞∞∞∞）形（＝∞∞∞∞）が安定した渦巻きであることは、これまで指摘されることはありませんでした。その意味はヨコ並びの眼形から生じるかたちが安定し、強靭性に富む正六角形であるところに示されています。

　正六角形が生じる図式〈∞∞∞∞→◊X◊→◊X◊→◆〉は、幾何図形に基づくかたちです。今後の更なる開発研究が期待されるカーボンマイクロコイル（CMC）は、（∞∞∞∞∞）形をもっています（第6章、図76参照）。以上から土星の六角形は、縄文人が発見していた安定した渦巻きから生じるかたちである、このように考えられるのではないでしょうか。

第3節　茅の輪くぐりと縁結びの神

茅の輪くぐり

　茅の輪くぐりについて、インターネット「ウィキペディア」を検索してみます。

　　茅の輪くぐりとは、神社境内に設置された茅で作られた大きな輪をくぐることにより、無病息災や厄除け、家内安全を祈願する行事のことをいいます。日本全国の多くの神社で、主に6月30日頃に行われる「大祓（おおはらえ・おおはらい）」、「夏越の祓（なごしのはらえ・なごしのはらい）」という儀式の中で行われます。

　インターネットは「茅の輪くぐり」が厄除けや無病息災、家内安全を祈願する神事であると書いていますが、茅の輪（○）を三回くぐり抜け駆け巡る足跡は∞∞形を形づくっています（図65）。「ウィキペディア」は、かたちの上からの説明は、何も行われていません。

　茅の輪の円形○を∞∞形にくぐり抜けるパターンは、まさに（∞∞∞）形そのものです。茅を撚って円形を作り、始めは、その円形の中心部分から左へ回り、スタート地点へ戻り、2回目は右回りします。3回目は1回目と同じですが、継続性を重視したものと考えられます。

図 65

茅の輪の円形○と茅の輪くぐりの ∞ 形を重ね合わせると、繰り返しますが、そのかたちは、まさに ⦵⦵ 形を呈しています。茅の輪くぐりの ⦵⦵ 形は、[⦵⦵→⦵⦵→⬢](正六角形)を形づくっています。縄文人が構築した天地・陰陽理論は、正六角形⬢と正八角形✽は、共に**宇宙創成**と**生命誕生**の**統一理論**になくてはならない幾何図形です。

縄文人が土器や土版・岩版に描いていた ⦵⦵⦵⦵ (ヨコ並びの眼形)から導

かれる図式 [○○→◎◎→◎◎→◆◆] は、茅の輪くぐりの神事の上に再現されていたと考えられます（図65参照）。

八ヶ岳山麓の富士見町にある井戸尻考古館

　「茅の輪くぐり」の「茅（ちがや）」という字は、弥生時代の銅矛の矛という字に草冠（くさかんむり）がついています。銅矛と言えば、多紐細文鏡と細形銅剣が想起されます。この鏡と剣のもつ意味の一つは、「円形に引かれた直線」ではないかと、考えられます（第14章、図167参照）。

　長野県八ヶ岳西南麓には、縄文時代の多くの遺跡があります。その中の一つである尖石縄文考古館には、国宝に認定された「縄文のヴィーナス」や「仮面の女王」と呼ばれる土偶が展示されています。この尖石縄文考古館は長野県茅野市にあります。その地名の「茅野（ちの）」は全国の多くの神社で行われる「茅の輪くぐり」と「茅（ちがや）」という字を共有しています。「それは偶然の一致ですよ」と言われるかも知れませんが、尖石（とがりいし）縄文考古館という名称から、図66の土偶が想起されます。この土偶に表現される猫目と指摘される両目のカタチを、縄文人はどこで見つけたのでしょうか。

　茅野市から長野県富士見町の井戸尻考古館へ車で向かっている途中、赤信号で止まった時、ふと前方を見ると富士山 ⋀ がはっきり見えました。その日は快晴で雲一つありませんでした。その瞬間、私の脳裏をよぎったのは、双曲図形)( )(と楕円図形(()を描く縄文人の姿でした。驚きはこればかりではありませんでした。この地に居住していた縄文人は、その富士山の ⋀ 形を八ヶ岳越しに見ていたのです。八ヶ岳西南麓（長野県と山梨県にまたがる地域）には多くの縄文遺跡があります。

　それらの遺跡から卓越した造形の土偶や土器が出土しています。

　長野県と山梨県にまたがる八ヶ岳西南麓の縄文遺跡群から出土する土偶や土器に施される 双曲図形)( )(と楕円図形(()は、八ヶ岳西南麓から見る富士山のかたちである ⋀ 形に象徴されているのではないでしょうか、このように考えると、「縄文人は、なぜ八ヶ岳西南麓に居住し、多くの遺跡群を残したのか」という問いかけの答えを得ることができます。

図66

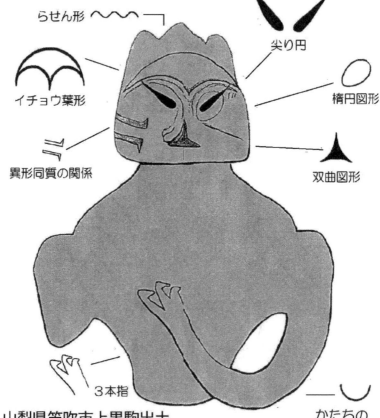

図 67

尖り円

尖り円は、西洋梨カーブ、円と直線を結んでできる円楔(えんせつ)という円錐です（インターネット「ウィキペディア」より）。

尖り円は縄文中期の人面把手付土器、土偶などに造形されています。

図に見るように円形と正方形の関係が注目されます。円形と正方形は、縄文草創期の縄文人が重大な関心を寄せていたかたちの素粒子)形の180度の反転から生じる柿の蔕形 ⊗ から導かれる七宝文 ⊗ によって、異形同質の関係に置かれていることが証明されます。これによって、円形○と正方形□に拠る円方図・方円図を論拠として論文に掲げることが初めて許されます。

（説明文は筆者 大谷幸市）

縄文人の偉大な発見

現代において、なぜ、DNAは二重らせん構造の上に載っているのかという問いかけに対し、二重らせん構造は安定しているからという答えが提出されています。ワトソンとクリックによるDNAの二重らせん構造解明は、アインシュタインの相対性理論、フレミングの抗生物質とともに20世紀の三大発見の一つと言われております。

縄文時代草創期の縄文人は、土器の口縁部にらせん形の粘土帯を貼りつけていました。今から約１万有余年前の青森県表館遺跡出土の隆起文土器(図10〜図11)を見ると ～～ 形と ──── 形が確認されます。このようならせん形と直線の粘土帯が貼られた隆起線文土器は、考古学者の故山内清男の指摘する「らせん形の施文具を土器に表面で転がすと直線が生ずる」という図形現象を知る縄文人によって造形されたのではないでしょうか(第2章、図12 参照)。縄文人の偉大さは縄文時代草創期に斜格子文を土器に描いていたことです。

ところで、縄文人は縄文時代草創期に斜格子文土器を作っていました。この斜格子文の原形は、眼形の連鎖(第3章の図30)であり、さらに、この眼形の連鎖と二重らせん構造は、アナロジーの連鎖で結ばれています。

第5章　眼形の幾何学　　129

その眼形の連鎖の中に①正逆Ｓ字トンボによる壺形と②ヨコ並びの眼形による正六角形、③七宝文が隠れています(図53)。縄文時代草創期の縄文人は、これに気づいておりました。

　以上のことは、憶測ではなく、京都市北白川遺跡出土の浅鉢と福井県鳥浜貝塚出土の浅鉢(共に縄文時代前期)に描かれる双曲図形()()と楕円図形(()の文様や長野県茅野市高風呂遺跡出土の土器に描かれる((((()(ヨコ並びの眼形)などから容易に導くことができます(第3章〜第4章参照)。

眼形の連鎖の産みの親は二重らせん構造

　眼形の連鎖の産みの親は二重らせん構造であり、二重らせん構造は双曲・楕円図形のもつ特別な性質であるヨコ並びの眼形を描くと、()形のとなりにχ形が必然的に生じるという図形現象をもっています。これを筆者は「相即不離の関係」と名づけてきました。()χ()形はχ形に変遷し、正六角形に受け継がれています。

　二重らせん構造→眼形の連鎖→斜格子文から母胎の意味をもつ壺形と正六角形が生じる図式から斜格子文土器が造形され、弥生時代の銅鐸と古墳時代の福岡県の王塚古墳壁画に受け継がれていたからこそ、解読ができたと言えます。なお、ワトソンとクリックは、[ＤＮＡは二重らせん構造]と考えましたが、幾何学的に見れば、新しい生命や物質の誕生の背景には**正多角形**というかたちの存在が必須条件になっています。

　この後に述べていきますが、正多角形は、正六角形と正八角形の合体形に象徴されるかたちです。**正多角形は〈宇宙創成と生命誕生の原理〉に必須のかたちであり、[かたちの素粒子)形の180度の反転の繰り返しによる柿の蔕形から生じる∞→χ→と ()→□→ の形成→縄文人の幾何学]に現われています。正六角形と正八角形は、宇宙創成と生命誕生の原理に必要不可欠な図形であると、縄文人は考えておりました。**

　正六角形と正八角形が、一つかたちの上に異形同質の関係で結ばれる二つのパターンを形づくっている柿の蔕形から生じるかたちであることは、第4章で述べてきました。これらのかたちは一本の二重

らせん構造から生じるかたちではないことは、第3章の図 27 の中に書いてきました。柿の蔕形 ❀・正六角形 ⬡ を生みだすためには、3本以上の二重らせん構造をヨコ並びにタイル張りすることが求められます。この点において、ワトソンとクリックの研究したＤＮＡが載るとされる一本の二重らせん構造は、幾何学を無視するパターンであり、不適切ではないでしょうか。一本の二重らせん構造は、永遠の継続性をもつＤＮＡが誕生する正多角形の形成が困難です。

異形同質の関係を明らかにする⧖形と◇形

『日本書紀』編者は、〈2個の◇形と1個の⧖形〉が正六角形 ⬡ を作り〈4個の ⧖ 形〉が正八角形 ✳ を作っていることを知っていたからこそ、「六合を兼ねて都を開き、八紘を掩ひて宇にせむこと、亦可からずや。観れば、夫の畝傍山の東南の橿原の地は、蓋し國の墺區か。治るべし」を書くことができたと考えられます。正六角形と正八角形の関係は、⧖形と ◇ 形（第4章参照）、および、二種類の直角三角形による正二十四角形の形成（第14章、図 159 の@・ⓑ参照）に深く関わっています。

円を結ぶ柿の蔕形

円結びといえば、柿の蔕形 ❀ があります。両性具有の性質をもつかたちの素粒子）形は、180 度反転して凸形の ❀ 形と凹形の ✿ 形を生みだしています。この ❀ 形と ✿ 形によるタイル貼りのかたちは同じパターンです（図 68～図 69 参照）。

柿の蔕形 ❀ には、◯◯ 形と ◯─◯ 形が確認されます。前者を連続円文、後者をひょうたん形と呼ぶことにします。連続円文は正六角形を、ひょうたん形は正八角形をそれぞれ内包しています。

@　連続円文 ◯◯ の⧖形を中心に同じ大きさの円形を描くと、◎◎ 形が生じ、[◯◯ ➡ ◎◎ ➡ ❀ ➡ ⬡（正六角形）]の図式が導かれます。

ⓑ　ひょうたん形 ◯─◯ の2個の円形は、◇ 形を媒介に形成されています。この ◇ 形から[▯ ➡ ✳ ➡ ✚（正八角形）]の図式が導かれます。

第5章　眼形の幾何学　131

図68・図69

かたちの素粒子)形の180度の反転の繰り返しから生じる　柿の蔕形

かたちの素粒子)形

☝パターンA

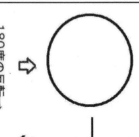

柿の蔕形

一つかたちの中に二つの意味をもっています❢

柿の蔕形に水平と垂直に視点を合わせると ∞ 形が、斜めに視点を合わせると ∞ 形が生じていることに気づきます。これが異形同質の二者による「となり合せの存在」です。

作図・説明文：筆者　大谷幸市

かたちの素粒子)形

☝パターンB

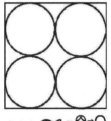

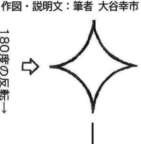

柿の蔕形

一つかたちの中に二つの意味をもっています❢

柿の蔕形に水平と垂直に視点を合わせると ∞ 形が、斜めに視点を合わせると ∞ 形が生じていることに気づきます。これが異形同質の二者による「となり合せの存在」です。

図70

出雲大社の神紋は、なぜ ⬡ 形と ✾ 形の組合せになっているのでしょうか？

ⓐ 正六角形（直線）

ⓑ 正八角形（曲線）

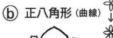

① ○✕○ 形から生じる
正六角形 ⬢

② ✾ 形から生じる
正八角形 ✿

出雲大社の神紋は、七宝文と同じ、一つかたちの中に二つのパターンをもっています

【出雲大社神紋の意味】

出雲大社の神紋は、なぜ正六角形と正八角形の組合わせをもっているのでしょうか。そのエビデンス１は、京都・北白川遺跡出土浅鉢と福井・鳥浜貝塚出土の浅鉢に描かれる文様にあります。これを描いた縄文人は、双曲・楕円図形の上に「同質でありながら、異形の二者の合体によって新しい形が生れる」という意味を読み取っていました。上記に示す図式に基づいて生じるのが、⬢ 形と✿ 形です。双曲・楕円図形の特別な性質を受け継ぐ正六角形と正八角形は、合体して正二十四角形を生みだします。すなわち、正多角形は、宇宙創成・生命誕生の原理を内包する図形であり、さらに、永遠の継続性を併せもっています。この継続性は、生きとし生けるものにとって重要な要素です。その原点に⬢ 形と ✿ 形が位置しているわけです。以上の経緯がエビデンス２です。

日本列島の縄文人は、文字に先行するかたちを１万有余年に渡って巧みに使いこなしていたのです！

出雲大社の神紋；インターネットより　　神紋を除く作図・説明文：筆者　大谷幸市

円結びの茅の輪くぐり

　茅の輪くぐりの足跡は ∞ 形を作っています。この ∞ 形は「もの

の誕生」になくてはならない重要なかたちです。さらに、◯◯ 形は茅の輪の円形とともに ◯◯◯ 形を形づくっています。このかたちが正六角形を生みだすかたちであることは、先に述べてきました。ここに「円結びの神」のもう一つの意味が発見されます。

正六角形と正八角形を反映する出雲大社の神紋

出雲大社の神紋の外郭が正六角形であることは、図 70 に見るように一目瞭然です。その中の形は少し説明を必要とします。正六角形の中に描かれるかたちは、＋形（垂直軸）と×形（水平軸）の合体した 米形を連想すると解り易いと思います。

出雲大社の神紋 ✳ は、正六角形と正八角形の組合せをもっています。この関係は、前述してきた京都市北白川遺跡出土浅鉢と福井県鳥浜貝塚出土浅鉢に描かれる文様に根拠が求められます。すなわち、正六角形と正八角形は、「同質でありながら異形の二者の合体によって新しいかたちが生まれる」に従って正二十四角形を生みだしています。これだけではなく $3^2+4^2=5^2 \rightarrow 6^2+8^2=10^2$ に示されるとおり、「６と８の関係」は三平方の定理にも現われています。さらに縄文人は、この「６と８の関係」が円形や眼形を取り結ぶ Ⅹ形と ◇ 形の上に現われていることに気づいておりました。

出雲大社の神紋の意味が解けて、「六合を兼ねて都を開き、八紘を掩ひて宇にせんこと、亦可からずや。観れば、夫の畝傍山の東南の橿原の地は、蓋し国の墺区か。治るべし」と綴られる神武天皇即位前紀の信憑性が極めて高いものとなりました。

記紀神話（『古事記』・『日本書紀』）が記す「六合と八紘」には、縄文人が培ってきた七宝文 ✕ から読み取れる「一つかたちの中の二つのパターン」と正六角形と正八角形の組合せによる正多角形の概念が織り込まれています（六・八理論）。すなわち、**「六合と八紘」は、宇宙創成と生命誕生の原理を併せもっていることになります。**

第6章

しめ縄の幾何学

図 71

出雲大社のしめ縄

写真：インターネットより

第1節　しめ縄の意味

これまで言及されることがなかったしめ縄の意味

　今からおよそ1万2500年前の縄文人は、◊形を土器の外形にもつ豆粒文土器を、〰〰形の粘土帯を土器の表面に貼った隆起線文土器を、同じく))))形の粘土帯を貼った爪形文土器を作っていました。これらの土器に共通するカタチは「)」です。

　「)」形は、凹凸という一つ形で二つの性質をもっています(図15)。これを両性具有と言います。この「)」形は、180度反転して①◊形・②✕形・③〰〰形・④〰〰〰形などを生みだしています。

　ところで、◊形をもつ豆粒文土器(長崎県佐世保市泉福寺洞窟遺跡出土、図8)が作られたのは縄文時代草創期です。他方、「)」形を描く土器(図13・長野県藤内遺跡出土、図14・同赤穂丸山遺跡出土)が作られたのは、縄文時代中期です。草創期と中期は、およそ6500年以上の年代差があります。

　ここで、「縄文人は、なぜ、かたちの素粒子)形をもつ土器ではなく◊形をもつ豆粒文土器を最初に造っていたのか」という疑問が提出されることでしょう。

　この問題を考えるに際して、重要なことは、縄文草創期の豆粒文土器と縄文中期の土器は、その外形が同じ∪字形の土器であるということです。同じ∪字形の土器に◊形と)形が造形されているのです。

　縄文時代草創期の縄文人は、◊形の豆粒文土器、〰〰形と———形の粘土帯をもつ隆起線文土器、))))形の粘土帯をもつ爪形文土器を用意周到に造っています。これらのかたちを表現するためには∪字形という母体の意味をもつ媒体を必要としたわけです。

　縄文時代草創期の縄文人は、縄文中期の長野県藤内遺跡、および、同赤穂丸山遺跡の縄文人と同様に◊形・〰〰形などが「かたちの素粒子)形から生まれるかたちであると認識していたと考えられます。これは隆起線文土器の下層部分から豆粒文土器のほぼ完全に近い個体が出土していたことからも裏づけられています。

図72

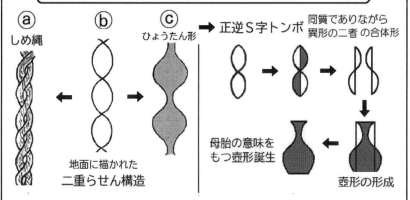

二重らせん構造は、①両性具有、②180度の反転、③永遠の継続性をもっています。これらに加えて、**正多角形のかたち** が必要であることを生命誕生に深く関わる蜂の巣、蜘蛛の巣、植物の花のかたちから、縄文人は学び取っていたと考えられます。なお、二重らせん構造が正多角形を生みだすことができるのは、1本の二重らせん構造では困難です。2本以上のヨコ並びの二重らせん構造が必要になります。

縄文時代草創期の縄文人は、斜格子文を創出していました。この文様は、二重らせん構造のタイル張りと言うべき眼形の連鎖を基本形としています。この眼形の連鎖から生じるヨコ並びの眼形から正多角形の象徴的存在である ⬣ 正六角形を導くことができます。 この正六角形 ⬣ は、双曲・楕円図形 ⦵⦵⦵ の相即不離の性質を受け継いでいます。図式で表現すれば、[8 → ∞ → χ]→[⦵⦵⦵ → ⦵⦵ → ⬣]となり、まさに双曲・楕円図形のDNAを受け継いでいるわけです。改めて言えば、蜂や蜘蛛、植物に現われている正多角形に符合していることが解ります。

①壺形は母胎の意味をもち、②DNAの二重らせん構造は、一つかたちの中に二つのパターンを形づくっています。これらは、かたちの素粒子）形の180度の反転の繰り返しから生じる柿の蔕形 ⨳ から生まれるかたちです。異形同質の関係で結ばれています（後掲図75参照）。

タイトル・作図・説明文：筆者 大谷幸市

第6章　しめ縄の幾何学　　139

「)」形のかたちの変化は、複雑なものではありません。その変遷は、180度の反転によって確認されます。豆粒文土器の ◊ 形は、隆起線文 〜〜〜 よりシンプルです。益して、縄文人は爪形文)))) 形を土器に描いていたのですから、◊ 形が「)」形から生じるかたちであることを知っていたはずです。∪字形、つまり、◊ 形は具体的に実用に供するカタチ（壺・甕）であり、ほかのかたちに先行して表現されたとしても何ら不思議ではありません。

これまでに述べてきた縄文時代草創期の斜格子文土器や波状口縁をもつ土器、縄文時代前期の京都府北白川遺跡出土の浅鉢、および福井県鳥浜貝塚出土浅鉢に描かれる双曲・楕円図形に基づく文様 ОЖО 形と ※ 形は、かたちの素粒子)形の概念を必要とします。

これらの知識が、縄文時代中期の長野県八ヶ岳西南麓に居住していた縄文人によって、「かたちの素粒子)形のもつ①両性具有、②180度の反転は、◊ 形・Ж 形・⌒〵 形・〜〜〜 形・〜〜〜 形の形成になくてはならないかたち」であることが反芻されていたとしても、そこに論理的な矛盾はありません。

日本列島の縄文コミュニティは、物々交換とともに公平な情報交換が行なわれ、時空を飛び越え「かたちの素粒子)形」に基づく思想構築を競い合っていたと考えられます。その原点の一つにしめ縄 ⧓⧓⧓⧓⧓⧓ が尊重されていたと考えられます。それは、ＤＮＡの二重らせん構造として、図 75 の**眼形の連鎖**に見る通り壺形と正六角形を生みだす貴重なかたちである、このように考えられていたと思います。

門松の由来

しめ縄は神社に飾られております。正月に門松とともに玄関や神棚、自動車などにも飾られます。しめ縄は、わが国のシンボルです。ところで、門松には、なぜ松や竹という素材が使われているのでしょうか、その由来を縄文時代に求める意見は、これまで、何も提出されていません。

竹の切り口には、①斜め切りの「そぎ」と②輪切りの「寸胴(ずんど)」の二種類があります。①の「そぎ」の切り口は◗(眼形)であり、②の「寸胴」の切り口は○(円形)です。この眼形◗と円形○が、どのような関係に置かれ、どのような意味をもっているかについても、これまでまったく言及されませんでした。

　縄文の歴史は、その答えをもっています。門松の「そぎ→◗」と「ずんど→○」には、円形の連鎖から導かれる眼形の連鎖が暗示されていると考えられます(図17の円形の連鎖から眼形の連鎖と図68～図69の柿の蔕形参照)。このように門松の二種類の切り口は、日本独特の考え方が活かされています。

　この◗形は、わが国の基層文化は縄文にあることを物語る斜格子文に現われています。この斜格子文は、およそ1万有余年にわたって受け継がれてきたわが国の歴史において極めて重要な文様です(第3章参照)。

　わが国の神道には教義はなく、世界の宗教と比べて拘束性はありません。神社へ二礼二拍手一礼してお参りすれば「神様はすぐに許してくれますよ」と子供の頃に誰とはなしに教えてくれました。その神様とは大自然の摂理(幾何学を含む)、そのものではないでしょうか。

⌢ 形の鏡像現象

　縄文草創期の縄文人は、①両性具有、②180度の反転、③永遠の継続性が生命誕生の原理に必要不可欠であることを大自然の動植物の観察を通して学びとっていたと考えられます。

　以上のことは、森の住人であった縄文人の面目躍如たるものがあります。この原理を最もわかりやすく表現しているのが鏡像現象です。とはいってもしめ縄がもっている異形同質の関係に気づくことがなかったら、この鏡像現象を理解することはかなり困難になります。さきに私はしめ縄と言いましたが、正確には撚る前の2本の縄、それは 〰〰〰 左巻きらせん形 ⌣ と右巻きらせん形 ⌢ のことです。

　縄文人は葦や茅を使って縄を撚っていました。縄文時代草創期に針金はなかったから、葦・茅など植物で ⌣ 形を作り、それを水面に映し

第6章　しめ縄の幾何学　　141

図 73

わが国の古代人が誕生理論の構築に必要としていた　鏡像現象

左巻きらせん形
と右巻きらせん形

同質でありながら
異形の二者の合体
から新しいカタチ
が生まれる

正逆S字トンボ

左巻きらせん形と右巻きらせん形・正逆S字トンボの意味

① 左巻きらせん形・右巻きらせん形と正逆S字トンボは、異形同質の関係で結ばれています（〰〰〰→∞∞∞→⬬）。この異形同質の関係から、以下の図式が導かれます。

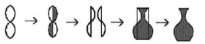　**母胎の意味をもつ壺形**

② 左巻き・右巻きらせん形（二重らせん構造）∞∞∞∞ ……は、ⓐ両性具有をもち、ⓑ180度の反転によって、生きとし生けるものに必須な永遠の継続性を生みだしています。

縄文時代草創期の縄文人は、土器に二重らせん構造を描いていました。彼らが 〰〰〰 → ∞∞∞ → ⬬ 形に**母胎の意味をもつ壺形**🏺を見出していたことは十分に考えられます。

2本のメビウスの帯
から生じる壺形
壺形

二重らせん構造から
生じる🏺と♡は
生命誕生の原理を
共有しています。

ハート形？

正逆S字渦文

作図・説明文：筆者　大谷幸市

て⌒形を確認し、鏡像現象を理解していたと考えられます。

　実際には、撚る前に２本の縄の起点をしっかりと固定して、最初、右手にもった縄を左側に持って行くと右撚りのしめ縄が生じます。同様にして、左の縄から撚り始めると左撚りのしめ縄を撚ることができます。だから、天の御柱の件でイザナギは、イザナミに「汝は右より廻り逢へ、我は左より廻り逢はむ」と仰せられたわけです。

　鏡の前の⌒形と鏡に映る⌒形は、小学生でも理解できる鏡像現象です。つまり、異形同質の二者は合体して母胎の意味をもつ壺形🏺を生みだしています。この鏡の前の⌒形と鏡に映った⌒形は、縄文人にとっての統一理論、**宇宙創成の原理と生命誕生の原理**を組み立てるためになくてはならないかたちだったのです(これに関しては、再述します)。

二重らせん構造に載るＤＮＡ

　ＤＮＡ(デオキシリボ核酸　地球上の多くの生物において、遺伝情報の継承と発現を担う高分子生体物質「ウィキペディア」より)が二重らせん構造の上に存在していることは、よく知られています。他方、ＤＮＡが、なぜ、二重らせん構造の上にのっているのかについては、「二重らせん構造は安定している」と説明されております。図74 に見るＤＮＡが載る二重らせん構造は、わが国のしめ縄と同じパターンです。

　しめ縄は、かたちの素粒子)形の180度の反転の繰り返しによって生じるらせん形を基本形としています。起点を固定した二本のらせん形を左巻き、右巻きというように撚って行くと、左巻きらせん形と右巻きらせん形の合体形が生まれます。これが二重らせん構造といわれるかたちです。

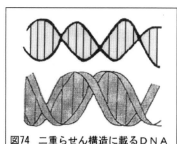

図74　二重らせん構造に載るＤＮＡ
図像出典：インターネットより

　この二重らせん構造をタイル張りすることによって、「同質でありながら、異形の二者の合体によって新しいかたちである壺形と正六角形が生まれることは、前述してきました。かたちの素粒子)形の 180 度の反転から

第６章　しめ縄の幾何学　　143

柿の蔕形 ❀ が生じ、ＤＮＡの二重らせん構造 ∞∞∞ が生じ、これから壺形 ⚱・正六角形 ⬢ と正八角形 ✳、続いて七宝文 ◈ が生じます(第10章参照)。

再考！ヨコ並びの眼形 ◯◯◯◯◯ の意味

　後掲図75の［第１のパターン］は、ヨコ並びの眼形とタテ並びの眼形の集合体です。これを「眼形の連鎖」と呼ぶことにします。この眼形の連鎖から斜格子文が導かれます。縄文時代草創期の縄文人は、この斜格子文を土器に描いていました(図28)。

　縄文前期の長野県高風呂遺跡出土土器(第5章、図52)には、◯◯◯◯◯ 形が描かれています。第5章の図57に示す方法に従って、実際にヨコ並びの眼形を描いてみると、正六角形 ⬢ が生じていることが解ります。

　縄文前期の京都市北白川遺跡、および、福井県鳥浜貝塚出土の浅鉢には双曲図形)(、楕円図形 (0) による文様が描かれており、これらが正六角形と正八角形を表わすかたちであるとする結論を得ることができます。縄文人が、意味も解らずにヨコ並びの眼形 ◯◯◯◯◯ を描くわけがありません。

　豆粒文・隆起線文・爪形文から始まり、京都・北白川遺跡の浅鉢文様と福井・鳥浜貝塚の浅鉢文様、長野県高風呂遺跡の土器を経て、縄文後期から晩期の土版・岩版へと受け継がれています。そして、およそ1万年後、◈ 形を内包する縄文時代草創期の斜格子文は、福岡県の王塚古墳壁画で開花します。その色分けされた ◈ 形が、幾何図形の正六角形 ⬢ です(図31参照)。

◯⬡◯ 形から ◈ 形へ

　福岡県の王塚古墳壁画(図31)が存在しなかったら斜格子文の産みの親が図29の斜格子文の原形であったことに気づくまでには、多くの時間を必要としたと思います。いずれにしても ◯⬡◯ 形から ◈ 形への変遷によって斜格子文が正六角形 ⬢ を表わすかたちであることが解っただ

144

図 75

同じ眼形の連鎖から生まれる
壺形・正六角形・七宝文

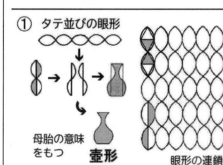

① タテ並びの眼形

母胎の意味をもつ　**壺形**

眼形の連鎖

② ヨコ並びの眼形

正六角形

正六角形に対峙する正八角形が導かれ、続いてものの誕生に関わる正多角形という図形が登場します。

③ **七宝文**の基本形は 形（ナナメ並びの眼形）と考えることができます。このかたちの特徴は、4個の眼形（ ）による円形 と正方形 が、それぞれの2分の1の 形を共有しながら形成されているところに示されています。

七宝文 は、異形同質の円形と正方形の関係を証明する唯一のパターンです。わが国の古代人は、このパターンから**前方後円形** を創出していました。

天地・陰陽の図

・円形と正方形の異形同質の関係
・前方後円形の形成

上記、**七宝文** 〈 〉は、**同質でありながら、異形の二者の合体によって新しいかたちが生まれる**という、**天地創造**と〈動植物の〉**生命誕生の原理**を内包しています。

上記の①の壺形と②の正六角形は、タテ並びとヨコ並びの眼形の集合体から生じます。この「**一つかたちの中に二つの意味（かたち）をもつ**」パターンは、③の七宝文＝ナナメ並びの眼形と共有しています。

作図・説明文：筆者　大谷幸市

第6章　しめ縄の幾何学　145

けでも大きな収穫です。

　斜格子文は、生命体の基本構造である二重らせん構造を生みの親とするヨコ並びの眼形とタテ並びの眼形の集合体であり、それらを繋ぐのが ◊X◊ 形、つまり、正六角形 ⬢ を形づくる ◊X◊ 形です。

カーボンマイクロコイル（ＣＭＣ）とは

　インターネットは、カーボンマイクロコイル（ＣＭＣ）について、つぎのように書いています。

　　ニッケル(Ni)触媒を用いてアセチレンを高温熱分解して得られるのがＣＭＣです。Ni触媒をコイルの頭につけて人間の鼓（脈拍）と同じ、約60回転/分の速度で回転しながら成長します。その際、触媒から成長した2本のカーボンファイバーは互いに絡み合いながら二重らせん構造をつくりますが、その構造は生命体（ＤＮＡ）の基本構造です。まるで人間の鼓動を感じこれに共鳴するかのように、生き物のように成長します。そこには、人間・生命体と共鳴する命が宿り、意識すら持っているようにも感じられるものです。

　ＣＭＣは人間・生命体にやさしく共鳴する高度の新規機能と無限の応用の可能性を秘めています。既存材料では得られないような新規でかつ高度機能を示し、電磁波吸収材、センサー、エネルギー変換材などの工業分野から健康・医療分野まで、非常に幅広い分野への応用が期待されている世界的な革新的新素材です。ＣＭＣは、岐阜大学教授（現名誉教授）の元島栖二博士らにより1990年に世界で初めて発見されて以降、20年間以上に渡り精力的な研究開発が進められ、ノーベル賞級の革新的新素材として

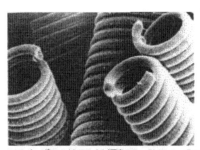

図76　カーボンマイクロコイル（写真出典：『図解 カーボンマイクロコイル』元島栖二　日刊工業新聞社 2013より）

図 77

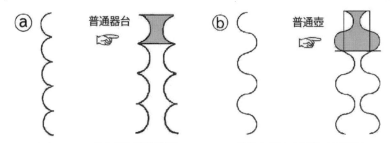

弥生人が製作した普通器台と普通壺のカタチは、二種類のらせん形である ⓐ 〜〜〜・ⓑ 〜〜〜 形に見事に一致しています。このような事例は、弥生人が縄文人の幾何学を受け継いでいることを如実に物語っています。

タイトル・作図・説明文：筆者 大谷幸市
普通器台・普通壺の写真：インターネットより

普通器台・普通壺　　弥生時代

第6章　しめ縄の幾何学　　147

図78

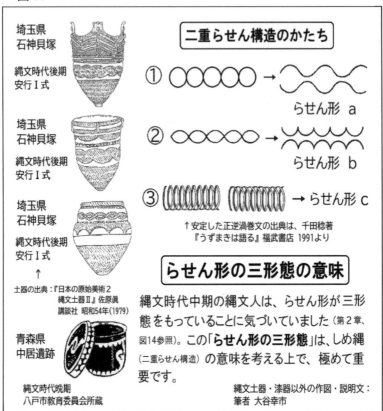

世界的にも大変注目されるようになりました。

ＤＮＡの二重らせん構造としめ縄の関係

　前掲図75を見る多くの人は、「眼形のタイル貼り」をイメージされたのではないでしょうか。ところで、縄文時代草創期の縄文人は、斜格子文をＵ字形土器に描いていました。この斜格子文が眼形の連鎖から導かれるものであることは、前述してきました。円形の連鎖から眼形の連鎖へ、さらに斜格子文土器へというかたちの変遷に際し、[X形・◇形]はなくてはならない存在です。つまり、[X形・◇形]は「同質でありなが

図 79

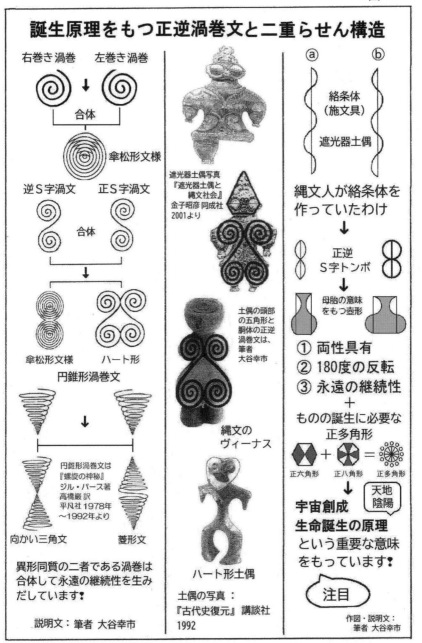

第6章 しめ縄の幾何学　149

図80

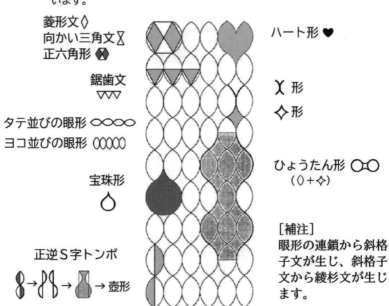

私たちは、縄文人の描くヨコ並びの眼形から正六角形が生じることを知ることができました。このヨコ並びの眼形は、タテ並びの眼形と異形同質の関係を結んでいます。上図はそのタイル貼りというべきパターンです。

らせん形の三形態は、①〜〜〜形・②〜〜〜〜形・③((((())・(()()()()) 形に分別されます。①と②はタテ並びの眼形に、③はヨコ並びの眼形に現われています。このカタチは縄文時代草創期の斜格子文に結ばれます。このように「らせん形の三形態」は、双曲図形()()、楕円図形(()) によって形づくられていることがわかります。

作図・説明文：筆者 大谷幸市

ら異形の二者の合体によって新しいかたちが生まれる」という「ものの誕生理論」になくてはならないかたちであり、以下に示す図式を形づくっています。

　　ⓐ ✕形 → ◖✕◗形 → ◗✕◗ 形→ ◈✕◈ → ⬢ 正六角形
　　ⓑ ◇形 → ✖ 形 → ✳ 形→ ✳ → ✴ 正八角形

　上記のⓐ ◖✕◗ 形は✕形に置換が可能であり、ⓑ ✖形は◇形に置換されます。　縄文人が採用していた異形同質の関係に基づく「アナロジーの連鎖」による「**生命誕生の原理**」は、双曲図形(✕形)と楕円図形(◗形)の特別の性質である相即不離の関係に置かれていることになります。それは、まさに「同質でありながら、異形の二者」、二重らせん構造そのものです。ここに「しめ縄」の意味が発見されます。

　ヨコ並びとタテ並びに展開する眼形の連鎖には、母胎の意味をもつ壺形 🍶 とそれを護る超強靭性をもつ正六角形 ⬢ の集合体が存在しています。それらは人間が作りだしたものではなく、そのかたち(二重らせん構造)の中に「同質でありながら、異形の二者の合体によって新しい生命が生まれる」という生命誕生の原理が確認されます。

　縄文人の描いていた斜格子文は、現代にいうDNAが載る二重らせん構造と言えるでしょう。縄文人は、しめ縄(二重らせん構造)というかたちの中に ［**天地創成と生命誕生の原理**］を読み取っていたと考えられます。この意味は極めて重要です。

　なお、U字形の土器に斜格子文を描いていた縄文時代草創期の福井県鳥浜貝塚と神奈川県月見野遺跡の縄文人は、直線文様である斜格子文が曲線図形である眼形の連鎖から生じることに気づいていたと考えられます。同じ縄文草創期に造られた隆起線文土器には、曲線 〜〜〜〜 と直線 ———— の粘土粒が貼りつけられています。

　縄文早期・前期〜後期には、波状口縁をもつ土器が造られております。この波状口縁をもつ土器は、一つかたちの中に二つのパターンをもっています。すなわち、水平方向から見ると 〜〜〜・〜〜〜 形が、垂直方向から見ると ⬠・⬡・◯ 形など正多角形が目に飛び込んできます。

このらせん形と正多角形の組合せは、[曲線＋直線]の組合せ、すなわち、眼形の連鎖から生じる①壺形と正六角形、②七宝文と同じ「**一つかたちの中に二つのパターン**」を持っています。

二重らせん構造・ヨコ並びの眼形と正六角形のつながり

　1本の二重らせん構造 ∞∞∞ は、2個の ❀ 形が 𝗫 形に拠って結ばれていることが読み取れます。このような組合せは、双曲・楕円図形に特徴的な相即不離の性質を表しています。このパターンから、同質でありながら、異形の二者の合体によって新しい生命が生れるという生命誕生の原理と永遠の継続性を読み取ることができます[💠→🎴→🏺]。

　かたちの素粒子）形の 180 度の反転の繰り返しから生じる柿の蔕形 ❁ は、円形の連鎖を形づくり、さらに、眼形の連鎖を形成します。この経緯は、図68〜図69、図72、図75 を参照してください。

　ところで、眼形の連鎖は、タテ並びの眼形並びとヨコ並びの眼形の組合せになっています（図 75 参照）。タテ並びの眼形は、ＤＮＡの載る二重らせん構造に該当します。とすれば、柿の蔕形 ❁ から生じる眼形の連鎖を形成するヨコ並びの眼形には、重要なかたちが隠れていると考えるところに蓋然性があります。

　ヨコ並びの眼形 ∞∞∞ を［❀ 形・𝗫 形］が所有する特別な性質である相即不離を前提に幾何学図形で表現すると、図式［⊚→⊛→⊗→◈］が成立していることが解りました。縄文人は、斜格子文の原形である眼形の連鎖（図75）に正六角形 ◈ が隠れていることを発見していたのです。

　タテ並びの眼形とヨコ並びの眼形に拠る眼形の連鎖は、一つかたちの中に二つのパターンをもっています。

① 　二重らせん構造－母胎の意味をもつ壺形
② 　正六角形―――――正六角形 ◈ と正八角形 ✳ は、合体して正多角形を形づくります。正多角形はものの誕生になくてはならないかたちです。正六角形の形成には、2本以上の二重らせん構造が必要です。

第 7 章

ひょうたん形の幾何学

第1節 かたちの素粒子) 形から生じるひょうたん形

ひょうたんからコマがでる

「ひょうたんからコマ」ということわざがあります。『広辞苑』は、つぎのように解説しています。

① 意外の所から意外のものの現われることのたとえ。ふざけ半分のことがらが事実として実現してしまうことなどにいう。

② 道理の上から、あるはずのないことのたとえ。

　『広辞苑』は、「こま」を「駒」と表記しています。駒は将棋の駒と考えられます。将棋の駒は五角形です。他方、「こま」には「独楽」があります。独楽を『広辞苑』で検索してみます。

① 子供の玩具。円い木製の胴に心棒(軸)を貫き、これを中心として回転させるもの。種類が多い。

② 一点が固定され、この点すなわち支点の周りを自由に回転する剛体。

図81

第7章　ひょうたん形の幾何学　155

図82

かたちの素粒子）形の180度の反転の繰り返しから生じる
円形の連鎖→柿の蔕形

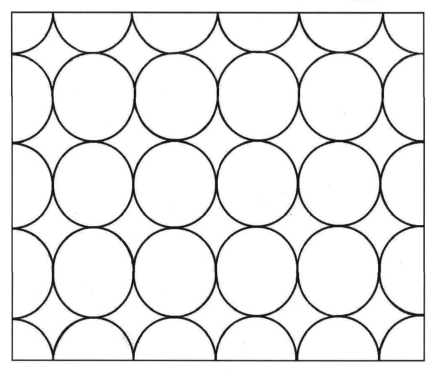

形のタイル貼りから生じる ∞ 形と ○○ 形

この図を見て、あなたの目に飛び込んでくるカタチは何でしょうか。)(形と口形を念頭に見直すと、∞ 形と ○○ 形が異形同質の関係で結ばれ、 形を 形づくっていることに 気づくことができます。 形は、一つかたちの中に二つのパターンをもっています。 形を柿の蔕形と呼ぶことにします（図68・図69参照）。

作図・説明文：筆者 大谷幸市

ところで、一見無関係にみえる「駒」と「独楽」は、同じ読みだけではなく、結びつく要素をもっています。それは多角形と渦巻の組合せです。将棋の駒は五角形をもっています。いっぽう子供の玩具の独楽は円錐形をもち、これに紐を巻きつけて床など平面の上で回します。独楽は回転します。この軌跡に渦巻を連想することができます。わが国の古代人は、「駒と独楽」に対し、同じ「こま(コマ)」の読みを与え、将棋の駒に**五角形**を、玩具の独楽に**渦巻**の意味を与えていたのではないでしょうか。

ひょうたん形の重要性

　歴史学者・考古学者は、縄文時代草創期の豆粒文土器・隆起線文土器・爪形文土器に対し、かたちの素粒子)形の 180 度反転による◊形や)(形、〜〜〜 形の視点から、なぜ考察しなかったのでしょうか。

　放射性炭素年代測定法・フィッショントラック法などによる年代測定値が、豆粒文土器が約 1 万 2500 年前、隆起線文土器が約 1 万 2000 年前という結果が出されたとしても、それらのかたちである「◊形と〜〜〜形」は、ともに「かたちの素粒子)形の 180 度反転から生じるかたち」であることに変わりはありません。この視点から見れば、豆粒文土器と隆起線文土器の作られた年代差が 500 年あったとしても、両者のかたちの産みの親が、かたちの素粒子)形であることに変わりはありません。

　ここに爪形文の意味が発見されます。豆粒文土器・隆起線文土器・爪形文土器は、同じ縄文時代草創期に属しているわけです。同じ縄文時代草創期に斜格子文を描く土器と波状口縁をもつ土器が作られています。かたちの素粒子)形を念頭にこれらの意味を考えることが求められます。

　ところで、かたちの素粒子)形は、180 度の反転を繰り返して図 82 に見る円形の連鎖を生みだしています。この円形の連鎖の基本形は、88 形と考えることができます。柿という植物の果実に現われている柿の蔕形 88 は、縄文人の幾何学において、正多角形の花のかたちと共に重要な意味をもっていることになります(第 4 章、図 43 参照)。

第2節　伏犠・女媧伝説

　伏犠・女媧伝説は、長江(揚子江＝中国最大の川)上流に居住していた古モンゴロイド系の苗族によって語り伝えられてきたと言われております。それは「大洪水の時、伏犠と女媧はひょうたんの中へ逃げ込んで命が助かった」という説話です。なお、古モンゴロイド系の苗族と縄文人は、二重らせんに載るＤＮＡの関係、つまり、血筋がつながっています。

　他方、日本列島の縄文人はかたちの素粒子)形を土器や土偶に描き、この)形の 180 度反転による () 形や 〜〜〜 形を土器に表現しています。このようにかたちの素粒子)形の 180 度の反転を繰り返し行うと柿の蔕形と名づけた 88 形には ○○ 形と ○○ 形が現われています(図87 参照)。

　縄文時代草創期から同前期の遺跡である福井県鳥浜貝塚からひょうたんの種子が発掘されております。その後の日本列島において、前方後円墳に対し、瓢箪塚とかひょうたん山という名称が存在しています。縄文人をはじめとするわが国の古代人が、ひょうたん形を重視していたことが推測されます。

〜〜〜 形と ○○○○ 形の関係

　後掲図 84 は、しめ縄を左巻きらせん形と右巻きらせん形を使ってフリーハンドで描いたものです。二本のらせん形を図に見るように移動させると、ひょうたん形と壺形が現われています。縄文人も同じように地面に二本のらせん形を描いているうちに、このひょうたん形 ◇◇ と壺形 に気づいていたのではないでしょうか。

　この壺形の出現は、三次元図形の二次元化によって生じます。眼形の連鎖から正六角形が生じる図形現象も、これと同じです(第5章、図 53 参照)。縄文人の視点は、○(円形)と ○(円形)を結ぶ Ｘ 形と ◇ 形に置かれています。このような理解によって、長野県八ヶ岳西南麓に居住していた縄文中期の縄文人が土器や土偶に ◇ 形を描いていた意味がわかるよう

になります(後掲図 102〜図 103 参照)。これまでの研究者は、このような図形的な視点を持ち合わせていなかったのではないでしょうか。

　話は飛びますが、8形の ∞ 形と○○ 形は、X 形と ◇ 形によって、円形と円形が結ばれています。邪馬台国の女王卑弥呼は、∞ 形と○○ 形と同じ媒介者(シャーマン)の役割を担っていたのではないでしょうか。

　フリーハンドで描くしめ縄は、0 形と0 形が X形で結ばれていますが、実際のしめ縄も二本の縄は密着しています。しめ縄は左撚り右撚りを繰り返しています。二本の縄の交差するところが X 形と ◇ の中心、ここに、新しい生命誕生に繋がる 180 度の反転が行われているわけです。

　ところで、歴史・考古学会では、土器に描かれている文様に対し、「文様の意味を考える必要性はない」という研究姿勢をとっているとい

図 83

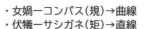

第 7 章　ひょうたん形の幾何学　159

図84

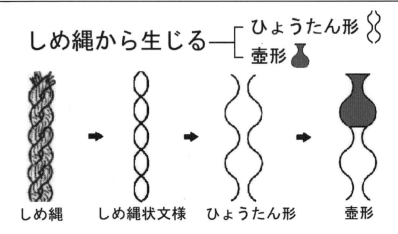

う話をある縄文考古館の学芸員から知らされました。これが事実とすれば、ことは重大です。たとえば、豆粒文土器(図8)を始めとして、隆起線文土器(図10)、縄文時代中期の長野県富士見町の藤内遺跡出土の深鉢(図13)、長野県赤穂丸山遺跡出土の土器(図14)などの文様には、それらの土器製作を行なった人たちの貴重な考え方が織り込まれていると考えられます。これを検証するのが、歴史学者・考古学者の任務です。これを無視することは、研究者として許される行為ではありません。そこには、学問を阻害する異次元の考え方が見え隠れしています。間違った考え方は即座に撤廃すべきです。

伏犠・女媧伝承と伏犠・女媧図

　図84に見るようにしめ縄 は、ひょうたん形 を内包しています。このひょうたん形から母胎の意味をもつ壺形 が生じています。以上から、大洪水の時、ひょうたん形へ逃げ込んだ伏犠と女媧が助かった意味、つまり、伏犠・女媧伝承の謎の一つが解き明かされています。

　ひょうたん形は、母胎の意味をもつ壺形を内包していることになります。なお、西洋のオーケストラになくてはならないバイオリンやチェロなどの弦楽器にはひょうたん形が現われています。これはひょうたん形が、音楽の世界においても重要なかたちであることが示されています。

　ところで、伏犠と女媧のもう一つの謎は、伏犠・女媧図の下半身に蛇の交尾するかたちが見られ、伏犠の手にはサシガネが、女媧の手にはコンパスが描かれている点です。

　女媧が手にもつコンパスは「天」に、伏犠が手にするサシガネは「地」に対応するとの意見は提出されていますが、上半身のサシガネとコンパスと下半身の蛇の交尾形との関係に触れる意見は提出されていません。伏犠・女媧図(図83)において、伏犠と女媧が手にもって頭の上に掲げるサシガネとコンパスの間に 形が描かれています。この 形の中に 形が描かれており、 形は、円接正多角形を表現するものと考えられます(図85参照)。

図85

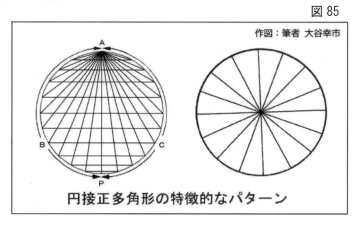

円接正多角形の特徴的なパターン

第7章　ひょうたん形の幾何学　　161

伏犠・女媧図において、正多角形 ✸ を導く ❋ 形と 🝙 形・⬡ 形を導く ∽∽∽ 形・⧗⧗⧗⧗ 形は、**必須のかたち**ということになります。今からおよそ1万2500年前の日本列島の縄文人は、これらのかたちの産みの親となる斜格子文土器と波状口縁をもつ土器を造っておりました。なお、斜格子文と波状口縁は、かたちの素粒子）形から生じる柿の蔕形 ❀❀ から導かれるパターンです。

人類とひょうたん形の関係

伏犠と女媧は、大洪水の時にひょうたんの中へ逃げ込んで、九死に一生を得たとする伝説があります。この伝説で注目されるところは、ひょうたんの役割です。ところで、日本列島の縄文人は、かたちの素粒子）形を土器や土偶に造形しています。

ひょうたん形はかたちの素粒子）形から導かれるかたちです(第5章、図68～図69参照)。このかたちの素粒子）形は、縄文人が世界で最初に発見した**かたち**です。このかたちの素粒子）形を基に思想をかたちで表わすという考え方は、日本列島の縄文人から中国に居住する同じDNAをもつ苗族(ミャオゾク)へ伝えられたものと考えられます。

たとえば、縄文時代草創期の波状口縁をもつ土器、斜格子文土器、円形丸底土器・方形平底土器に類似する考古学史料は、中国大陸から出土しているでしょうか。私は寡聞にして知りません。

ところで、縄文時代草創期の縄文人は、波状口縁をもつ土器を造っておりました(第3章の図25～図26)。この波状口縁をもつ土器は、図に見るとおり「**一つかたちの中に意味ある二つのパターンを形づくっています**」。解りやすく言い換えれば、波状口縁をもつ土器を、

　ⓐ水平方向から見れば、らせん形 ～～～・〰〰 が確認され、
　ⓑ垂直方向から見れば、正多角形 ⬠・⬡・◯ … が確認されます。

このようなパターンは、第5章の図68〜図69、および、本章の図82、加えて、かたちの素粒子）形の180度の反転の繰り返しから生じる柿の蔕形 ❀ においても、同様に確認されます。柿の蔕形 ❀ は、異形同質の関係を結ぶ連続円文とひょうたん形という**一つかたちの中に意味ある二つのパターンを形づくっています**〈 ❀ = ∞・∞ 〉。

　なお「**一つかたちの中に意味ある二つのパターン**」を形づくるかたちの素粒子）形は、柿の蔕形 ❀ や波状口縁をもつ土器のかたちや斜格子文土器の文様を創出し、わが国独自の文様と言われる七宝文 ❀❀ (第10章参照)を生みだし、さらに前方後円形(第16章参照) ⌒⌒ へと発展して行きます。

図86

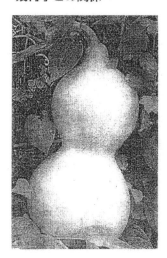

ひょうたんの種子が発掘された縄文草創期の鳥浜貝塚

　縄文時代草創期から前期の遺跡である福井県鳥浜貝塚からひょうたんの種子が発掘されております。その後の日本列島において、ひょうたん塚とか瓢箪山という名称の前方後円墳が存在します。縄文人をはじめと

するわが国の古代人が、先祖代々ひょうたん形に関心を抱いていたことはまちがいありません。ひょうたん形を産みだしているしめ縄は日本列島に根づいています。

）（形と◇形は媒介者

連続円文 ∞ は）（形によって2個の円形が結ばれ、ひょうたん形 ○○ は ◇ 形を介して2個の円形が結ばれています。）（形と◇形は、それぞれ2個の円形をつなぐ媒介者の役割を担っています。先に私は 88 形を柿の蔕形と呼んできましたが、実際の柿の蔕において、88 形の4個の円形部分は、◊ 形＝宝珠形、あるいは○ 形＝眼形になっています（第4章、図43参照）。

ネリー・ナウマン氏（ドイツの日本研究学者）は、土器や土偶に造形される ⌒ 形に対し、天体の三日月を連想されています。確かに、月は太陽と共に日食・月食という天体現象に、かたちの変遷 ［○形〜）形］ が確認されます。ネリー・ナウマン氏が指摘する長野県富士見町の藤内遺跡出土の深鉢には、⌒ 形の下に ⌣⌣ 形が描かれています。［⌒と⌣⌣］の組合せに縄文人は、どのような意味を与えていたのでしょうか。 ⌒ 形と ⌣⌣ 形の意味は、同時に考察されることが求められます。

長野県藤内遺跡と同時代の赤穂丸山遺跡出土の土器には、同じ ⌒ 形が描かれています（図14）。この深鉢には、⟨ 形の他に 〜〜 形と ⌣⌣⌣ 形と ⟨⟨⟨⟨⟨⟨ 形が造形されています。これに拠って、縄文中期の縄文人は、かたちの素粒子）形から「らせん形の三形態」が生じることを熟知していたことが解ります。

ところで、縄文人が柿の蔕形 88 に①両性具有、②180度の反転、③永遠の継続性を読み取っていたことは、現代の幾何学を凌駕するところ大なるものがあります（前掲図82参照）。

長野県八ヶ岳西南麓に居住していた縄文時代中期の縄文人は、双眼 ◑◑ を土器に造形しています。この双眼には、柿の蔕形 88 が隠れています（第8章、図94参照）。

図87

縄文人の幾何学
他に類のない幾何学を生みだしていた

A 縄文人の幾何学の原点に位置する柿の蔕形

日本列島の縄文人は、かたちの素粒子）形の180度の反転の繰り返しから生じる形を発見しておりました（図68・図69）。この形は、大自然に存在する柿の蔕（へた）に酷似しています。これを偶然の一致と考えることができません。柿の蔕と名づけられた形は、七宝文と同様、**一つかたちの中に二つのパターンをもっています**。

B 連続円文 ひょうたん形 ── 異形同質の関係　X形と形を媒介とする異形同質の二者 ∞・○○

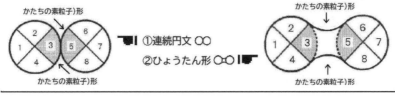

①連続円文 ∞
②ひょうたん形 ○○

C 柿の蔕形の意味

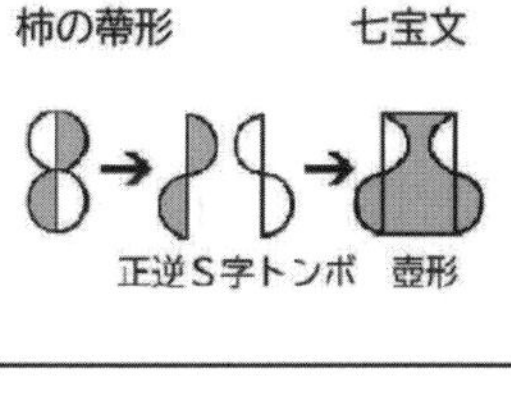

双眼

柿の蔕形　七宝文

正逆S字トンボ　壺形

1. 縄文人が創出した双眼は、柿の蔕形を内包しています。この柿の蔕形は、

一つかたちの中に二つのパターンをもっています!

一つかたちの中の二つのパターンとは、

図式　ⓐ柿の蔕形 = [∞・○○]
　　　ⓑ七宝文 = → 　です。

2. 連続円文に中心線を引くと、正逆S字トンボが生じます。この正逆S字トンボは、生命誕生の原理をもち、母胎の意味をもつ壺形を生みだしています。

作図・説明文：筆者 大谷幸市

第7章　ひょうたん形の幾何学

新しいカタチを生みだすX形と◇形

　正六角形と正八角形は、異形同質の関係を結んでいます。その合体形である正二十四角形は、30度・60度・90度の内角度をもつ直角三角形による長方形と45度・45度・90度の内角度をもつ直角三角形による正方形を特徴的なかたちとしてもっております。この正二十四角形は、正十二角形とともに正多角形の出発点といっても過言ではありません。こればかりか、縄文人は正六角形と正八角形がもつもう一つの不思議な性質に気づいていました。

　それは、正六角形と正八角形を双曲図形()()形、楕円図形(◊)で表現するという裏技というべき方法です。これによれば、X形＝⬢正六角形、◇形＝✿正八角形という図式を導くことができます。このような図形関係を、**「アナロジーの連鎖」**と呼ぶことにしました。

二つの円形を結ぶX形・◇形と縁結びの神様

　柿の蔕形は、かたちの素粒子)形の180度の反転の繰り返しから生まれるかたちです。この柿の蔕形は、不思議な図形現象をもっています。その現象とは、①X形を媒介に連続円文 ∞ が、②◇形を媒介にひょうたん形 ○○ が形成されているところです。すなわち、柿の蔕形は、**「一つかたちの中に意味ある二つのパターン」**を内包していることになります。それが柿の蔕形 ❀ です。

　柿の蔕形は、異形同質の ∞ 形と ○○ 形を作り、X形と◇形を介して合体し、❀形を形づくっています。ここに、以下に示す図式が成立しています（柿の蔕形❀から導かれる正六角形と正八角形に注目）。

柿の蔕形

　上記ⓐの ⬡ 形の中に正八角形の骨組である ✳ 形を挿入すると、出雲大社の神紋と同じパターンの ✳ 形が生じます（一つ形の中に二つのパターンを

もっている）。

　この神紋は正多角形で言えば、正六角形と正八角形の合体形である円接正二十四角形ということになります。円接正二十四角形は、宇宙創成と生命誕生の統一理論の構築になくてはならないかたち（正多角形）です。

　これらを総じて『記・紀』編纂に携わった人たちは、Ⅹ形と◇形を「**円結びの神**」と呼び、わが国の基層文化が縄文にあったことを深く認識していたと考えられます。このように理解すれば、出雲大社の**神紋**の由緒と出雲大社の神様が**縁結び神**と呼ばれる謎が、同時に解けてきます。

縄文文化と世界の文化圏とのつながり ◇◇◇◇◇ ・ Ⅹ ・ ※ ・ ◈

　図88〜図89は、紀元前5400年頃〜紀元前4000年頃に栄えた中国青蓮崗文化、ククテニ（ルーマニアの地名）文化、ハラフ文化の特徴的な遺物とされる彩色土器です。これらの土器には幾何学的な文様が描かれています。中国青蓮崗文化（紀元前5400年頃〜紀元前4400年頃）の土器には ◇◇◇◇◇ 形と ＊ 形が描かれています（図88ⓒ）。同図ⓓ・ⓔは縄文時代草創期の斜格子文土器と古墳時代の装飾壁画の文様です。

　ククテニ文化と青蓮崗文化の土器に描かれる ◇◇◇◇◇ 形と ＊ 形・Ⅹ 形は、日本列島の縄文人が描いていた斜格子文（紀元前1万年頃）から導かれる正六角形との関連性が注目されます。

　正六角形は2個の◇形と1個の Ⅹ 形から形成されており、この◇形とⅩ形は相即不離の関係に置かれています。このような関係は、正六角形の産みの親である双曲・楕円図形の性質をそのまま受け継いでいます。つまり、◇◇◇◇◇ 形と ◦◦◦◦◦ 形は異形同質の関係で結ばれていることになります。

　この視点から見直すと、紀元前5500年頃〜紀元前4400年頃のハラフ文化の土器に描かれる幾何学文様（図89）は、京都市北白川遺跡出土浅鉢と福井県鳥浜貝塚出土浅鉢に描かれる文様と同じ双曲・楕円図形であることが解ります。縄文人による ◦Ⅹ◦ 形・※ 形の浅鉢への描画は、中国青蓮崗、およびハラフ文化と同じ紀元前5000年頃〜紀元前4000年頃ですが、後掲図96の米岡遺跡の岩版に見るように、縄文人は渦巻文やら

せん形を使って ▲ 形・▓ 形を具体的に表現しています。縄文時代草創期の縄文人は、斜格子文を土器に描いておりました。この斜格子文は、[◐╳◑ → ◈]に示される特別な性質をもつ双曲図形()()と楕円図形(◖◗)から生じる眼形の連鎖から導かれる文様であることは、先に述べてきました。

　縄文人は、眼形の連鎖の中に隠れている正六角形が[⬡ → ◈]をもっていることを読み取っていました。これを斜格子文として表現していたわけです。縄文時代前期の福井県鳥浜貝塚出土浅鉢と京都市北白川遺跡出土浅鉢に描かれる文様は、斜格子文を受け継ぐものであり、双曲図形()()と楕円図形(◖◗)を使った正六角形と正八角形が表現されています[◐╳◑形→ ⬣(正六角形)・▓形→ ✳(正八角形)]。

　第4章で述べてきた縄文前期(紀元前 5000 年頃)の京都市北白川遺跡出土浅鉢、および福井県鳥浜貝塚出土の浅鉢に描かれる文様と同じ双曲図形()()と楕円図形(◖◗)による文様を描く土器が、シリア北東部に位置するテル・ハラフ(紀元前 6000 年～紀元前 5300 年頃)から出土しており、年代的にも両者は接近していますが、図 89 に示す、

　　①　一つ形の中に意味ある二つのパターンをもっている

　　②　永遠の継続性

という森羅万象の誕生に必要不可欠な二つの要素〈らせん形、双曲・楕円図形＋正多角形〉を表現する縄文人が描く文様とは相違しています。年代的においても日本列島の縄文文明における波状口縁をもつ土器と斜格子文土器は、ハラフ文明に先行しています。

　日本列島の京都・北白川遺跡と福井・鳥浜貝塚出土の浅鉢に描かれる文様は、縄文文明の始まりの豆粒文土器と隆起線文土器・爪形文土器・波状口縁をもつ土器・斜格子文土器の流れを汲むものと認められます。

　わが国において、⬣(正六角形)と ✳(正八角形)を内包する ◈ 形は、海鼠紋、もしくは七宝文と名づけられ、現代においても土蔵や塀などにデザインされています。なお、六角堂・八角堂は全国各地に建立されています。

図88

◇◇◇・✕・✻・◇ 形を描く世界各地の土器

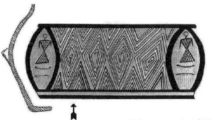

ⓐルーマニア北東部　　ⓑルーマニア北東部
　トラヤン出土　　　　　トラヤン出土土器
　古典ククテニ文化　　　古典ククテニ文化
　BC4000年頃　　　　　 BC4000年頃

図ⓐ・ⓑは、マリヤ・ギンブタス著・
鶴岡真弓訳『古ヨーロッパの神々』言叢社
1989より

ⓒ中国・大墩子
　遺跡出土
　中国青蓮崗文化
　BC5400年〜
　　BC4400年

饒宋頤『漢字樹』
アルヒーフ 2003年

ⓓ日本・神奈川県月見野遺跡群
　上野出土　斜格子文土器
　縄文時代草創期
　BC10000年〜8000年

本図において、神奈川県月見野遺跡の斜格子文
と福岡県王塚古墳壁画の連続正六角形の関係に
注目してください。

森川昌和・橋本澄夫『鳥浜貝塚』
読売新聞社 1994より

ⓔ王塚古墳壁画
　6世紀中頃

　福岡県嘉穂郡
　桂川町寿命376

　日下八光氏復元図

『装飾古墳』ガイドブック 九州の装飾古墳　　　　説明文：筆者 大谷幸市
柳沢一男著 新泉社 2022年

第7章　ひょうたん形の幾何学　　169

図89

⊗・⋈・⋈形を描くテル・ハラフ文化［シリア北東部 考古遺跡］と ()()()・⊗形を描く縄文文化［日本列島］の相違点

ⓐ テル・ハラフ文化の皿
紀元前5500年頃～
紀元前5200年頃

ⓑ テル・ハラフ文化の
彩文土器 鹿文碗
紀元前4000年頃

ⓒ テル・ハラフ文化の
彩文土器
紀元前4000年頃

　テル・ハラフ文化の土器に描かれる⊗形は、わが国の七宝文に相似する⊗形と⊗形が確認されます。しかし、⊗形に永遠の継続性と二つの意味を読み取ることはできません。

　他方、1万2500年前の日本列島の縄文人は、眼形をもつ土器を創出し、らせん形 ～～～（隆起線文土器）や)))形（爪形文土器）の粘土粒を貼りつける土器を作っていました。続いて、年代は降りますが、かたちの素粒子)形を描く土器、ヨコ並びの眼形 ○○○○ を描く土器、⊏⊐形を描く土偶・土器を作っています。

　以上の歴史考察を通して、縄文時代草創期の縄文人は、かたちの素粒子)形の180度の反転の繰り返しから生じる柿の。蒂形⊗⊗に気づいていたと考えられます。この物証が斜格子文土器です。斜格子文の原形は眼形の連鎖です（図28～図31）。

　母胎の意味をもつ 壺形 🍶・継続性をもつ 正六角形 ⬡・七宝文 ⊗⊗ の生みの親は、眼形の連鎖です（図52）。ところで、七宝文は、⊗⊗⊗に見るように永遠の継続性をもっています。この特性に加えて、七宝文⊗⊗は、一つ形の中に二つのパターン（意味）をもっています。以上の2点が縄文文明とテル・ハラフ文化との相違点です（テル・ハラフ文化の写真はインターネットより）。

タイトル・説明文：筆者 大谷幸市

[日本列島における縄文時代の年代区分]（インターネットより）

　草創期—約1万6000年〜1万2000年前、早期—約1万2000年〜7000年前、前期—約7000年〜5500年前、中期—約5500年〜4500年前、後期—約4500年〜3300年前、晩期—約3300年〜2800年前

正六角形 ⬡ を形づくる◇形と⛌形

　正六角形 ⬡ を形づくる◇形と⛌形は、双曲・楕円図形のもつ特別な性質を受け継いでいます。このような性質については、これまで繰り返し述べてきましたが、正六角形 ⬡ は、図式 ◊⬡◊→◊⬡◊→ ⬡ の上で初めて認識されるものです。縄文人は、これに気づいていました。

　縄文人がかたちの素粒子）形に気づいていたことは、爪形文土器によって裏づけられ、）形の180度の反転から新しいかたちが生じることは、隆起線文土器に貼りつけられている 〰〰〰 （らせん形）によって裏づけられています。これまでの研究者が、見逃してしまった土器の一つが、隆起線文土器と同じ縄文時代草創期に作られた斜格子文土器です。斜格子文の特徴は、⬡ 形を作る ⬡⬡⬡⬡ 形に発見されます。⬡⬡⬡⬡ 形は、◇形と⛌形のどちらか一方をヨコ並びに描くと、そのとなりにもう一方のかたちが必然的に生じているという図形現象です。◊⬡◊ 形と ⬡ 形がもつ［◊形と⛌形］・［◇形と⛌形］の関係です。筆者が「見逃した」と言ったのは、その性質が正六角形 ⬡ に現われているからです。⬡⬡ 形は、◊⬡◊ 形のもつ特別な性質（相即不離の関係）を受け継いでいます。これに気づかないと、眼形の連鎖から生じている正六角形の集合体に気づくことができません。これまでの研究者は、これを見逃していました。

　ところで、太陽系の惑星の一つである土星の北極付近に生じている六角形はよく知られています。縄文人はこの天体現象を知る術はありませんでしたが、正六角形［ ⬡ → ⬡⬡ ］というかたちが、◊ 形と⛌形の相即不離の関係を受け継いでいることを十分に知るところであったと考えられます。

　縄文人は現代の幾何学を凌駕するかたちの素粒子）形の180度の反転から始まる正六角形の形成過程の図式に気づいておりました（その根拠は

縄文草創期の斜格子文土器に描かれる文様です)。この正六角形 ⬢ は、双曲図形)(、楕円図形 () の特別な性質である)(() 形→となり合せの存在を受け継ぎ、直線図形である菱形文 ◇ と向かい三角文 ✕ による ⬡ 形を作っています。

　福岡県王塚古墳壁画に描かれる正六角形の集合体は、以下の事例(①〜③)と密接につながっています。宇宙創成と生命誕生の原理を結んでいるのは、眼形の連鎖です。この眼形の連鎖から母胎の意味をもつ壺形と正六角形が生じています。正六角形と正八角形に象徴される正多角形は、以下に示すパターンに現われています。

　① 蜂が造る六角形の巣
　② アマミホシゾラフグが造る正多角形のパターンをもつ産卵床
　③ 新たな生命を生みだす種子を育む正多角形に特徴的なかたちをもつ草木の花。

　わが国の古代人は、六角形の巣を作る虫をいつの日か「ハチ(蜂)」と呼び、富士山 ∧ が見える八ヶ岳西南麓に縄文文化の花を咲かせていました。
　双曲・楕円図形の特別な性質は、ヨコ並びの眼形 ())) に現われています。その性質は、眼形をヨコ並びに描くと、() 形の隣に ✕ 形が必然的に生じている現象です。図式 ⬢ →)))→✕✕✕ も同じです。
　ところで、縄文人は、✕ 形が２個の菱形文 ◇ を結び正六角形 ⬢ を、他方、正八角形 ✳ が４個の ✕ 形から形づくられていることに気づいていたと思います。
　以上から、縄文人が正六角形と同時に正八角形を知っていた確率は極めて高いものがあります。正六角形と正八角形は、共に相即不離の関係を生みだす ◇ 形と ✕ 形という遺伝子をもっていたのです。正六角形を知った縄文人が正八角形の存在に気づいていたとしても、それは蜂という

昆虫が六角形の巣を作ることができるのと同様に、大自然の神様が与えてくれた能力であるかも知れません。今後の研究成果が期待されます。

正六角形 ❀ と正八角形 ❀ は、それぞれ正多角形の基本形に属しております。縄文人が構築した「六・八理論」は、このような正多角形の概念なくして構築することはできません。この「六・八理論」は「天地・陰陽」理論、すなわち、世界初の宇宙創成(マクロの世界)と生命誕生(ミクロの世界)の統一理論と言っても過言とはならないでしょう。

この典型が、かたちの素粒子)形の 180 度の反転から生じる円形の連鎖です(図68～図69 参照)。この円形の連鎖は、∞ 連続円文と ∞ ひょうたん形に拠る一つかたちの中に二つの意味をもつかたちを生みだしています。これが柿の蔕形 ❀ です。

かたちの素粒子)形から円形の連鎖が生じ、続いて、眼形の連鎖へと変遷し(図53)、正六角形を内包する斜格子文(図30～図31 参照)、そして、わが国独自の文様と伝えられる七宝文 ❀ (図53)が創出されるわけです。

柿の蔕形 ❀ と七宝文 ❀ は、ともに**一つかたちの中に二つのパターン(意味)をもっています**。これが重要です。縄文時代草創期の縄文人は、斜格子文を描く土器を製作しています。つまり、タテ並びの眼形とヨコ並びの眼形に壺形 🏺 と正六角形 ❀ を発見していたわけです。

わが国の古代人は、6個の眼形に拠る ❀ 七宝文、つまり、天地・陰陽の図を土蔵や土塀に表わしています。この七宝文の基本形である ❀ 形は、柿の蔕形 ❀ と同じ**一つかたちの中に二つのパターンをもっています**。

❀ 形と ❀ 形は、異形同質の関係を結んでいることになり、図53 に見る円形の連鎖の第1のパターン(タテ並びの眼形とヨコ並びの眼形)と第2のパターン(ナナメ並びの眼形)に符合しています。

この点が縄文人の優れたところです。縄文人が正六角形を◇形と⊠形で描いていたことを証明する土器などは発見されていませんが、先に触れましたが、斜格子文を描く土器を縄文時代草創期にすでに作っていました。この斜格子文土器が何よりの物的証拠です(斜格子文の原形は眼形の連鎖です。前掲図30 参照)。

第7章 ひょうたん形の幾何学　173

この斜格子文こそ双曲図形()()、楕円図形(()の性質を受け継ぐものであり、正六角形の集合体でもあります。この斜格子文は弥生時代の銅鐸を経て、古墳時代の装飾壁画(福岡県の王塚古墳壁画)へとおよそ1万年という長きにわたって受け継がれています。これは有力な状況証拠です。

円結びの神から生まれる出雲大社の神紋 ✺

　縄文人が正六角形と正八角形を知っていたことを確実に示すものは、縄文時代前期（今から7000～5500年前）の京都・北白川遺跡の浅鉢の文様と福井・鳥浜貝塚の浅鉢文様を挙げることができます(前掲図34参照)。しかし、縄文草創期(今からおよそ1万3000年前～1万2000年前)の斜格子文土器があり、この斜格子文が正六角形の集合体であることは、図形的な証明が

図90

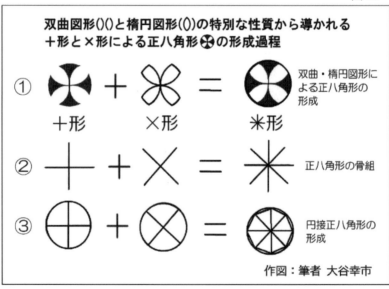

可能です。また、1万2500年前の豆粒文土器の形から ◯ 形が導かれ、同じ縄文草創期の隆起線文土器から 〜〜 形、爪形文土器から)))) 形が導かれます。これらを総括した形が、かたちの素粒子)形です。これ

を基に ◯✕◯ 形から ⬢（正六角形）を、✳ 形から ✤（正八角形）を導くことがで
きます。

　図90①の双曲図形と楕円図形は、共にかたちの素粒子）形から生じる
カタチです。この「）」形の右側を見れば凸形が、左側を見れば凹形が
確認されます。つまり「）」形は「両性具有の性質」をもっており、こ
の「）」形は180度反転したかたちである「（」形と合体して ◯ 形や ✕ 形、
〰〰 形などが生まれています。ここに「同質でありながら異形の二
者の合体によって新しいかたちが生まれる」という新しいかたちの誕生
理論、すなわち、生命誕生の原理を読み取ることができます。

　上図90は、＋と✕の合体、つまり、双曲図形 ✤ と楕円図形 ✳ の
合体による ✤ 形の関係を示しています。＋と✕の合体形である ✤ 形は
正八角形の骨組みでもあります。つまり、正八角形は、正六角形と同様
に双曲・楕円図形から生じるかたちであり、密接に結ばれています。

　出雲大社の縁結びの神様は、円結びにかかっているのではないでしょ
うか。正八角形の骨組である ✳ 形は、第5章の前掲図68〜図69に見る
かたちの素粒子）形から生まれる柿の蔕形 🎱 に現われているひょうたん
形 ◯◯ から導くことができます。他方、正六角形は、同じ柿の蔕形 🎱
の連続円文 ∞ から導くことができます。連続円文 ∞ とひょうたん形
◯◯ の2個の円形は、✕ 形・▢ 形 を媒介に結ばれています。

　出雲大社の円結びの神様は、正六角形 ⬢ と正八角形 ✤ を結び、出雲
大社の神紋 ✳ を生みだしています。正六角形 ⬢ と正八角形 ✤ の産み
の親は、柿の蔕形 🎱 ということになります。

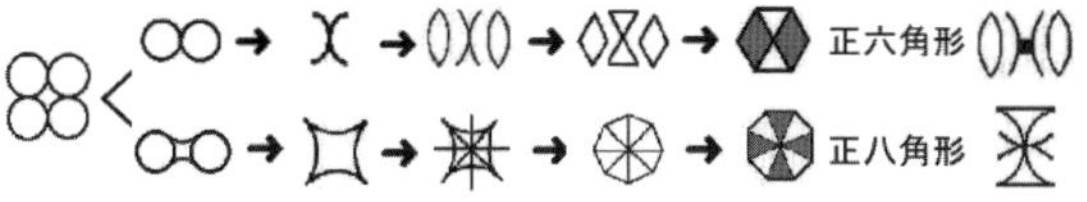

木葉文 ✖ に隠れている意味とは

　図 91 において、木葉文 ✖ の中心線は、①直角(90度)を二等分割し
ており、同 ∞形は、②直角(90度)を三等分割していることがわかり
ます。同図の直角三角形は、正八角形の骨組をもっています。図 92 の

図 91

半径による直角の分角法

図において、a・bは直角の三分点。cは直角の二分点。

櫚国男『古代の土木設計』六興出版 1983

右の❋形の中心線は直角を二等分割し、同じく∞形は直角を三等分割しています。

重大な機能をもつ木葉文❋は七宝文に現われています。

（文：大谷幸市）

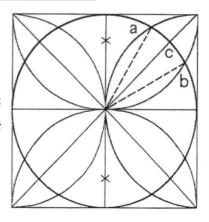

図 92

弦図は三平法の定理の図解の一つです

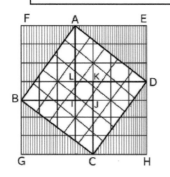
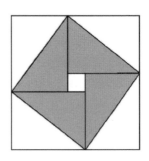

6と8の関係は、$3^2+4^2=5^2 \to 6^2+8^2=10^2$ の上に現われています。

弦図＝三平方の定理の図解は、『中国天文学・数学集』朝日出版社 1980(昭和55年)より

３・４・５の比率をもつ直角三角形は、三平方の定理（ピタゴラスの定理）を内包しています。ここに、**三平方の定理と正六角形・正八角形のつながりが発見されます。**

第8章

縄文人の最高傑作 双眼◉の造形

図93

双眼に結ばれる胎児

なぜ、双眼に結ばれているのでしょうか？

双眼の謎)(形の架橋に注目 ↓

双眼を双曲・楕円図形で表現すると()(()形→形が生じます！

他方、の立体化に拠って、その中に柿の蒂形 が生じます！

宝珠形から顔を出している胎児 ←

宝珠形は同質でありながら、異形の二者の合体によって新しい生命が生れるという意味をもっています。

渦巻文 と直線 は、⌣形を介して結ばれ、異形同質の関係を生みだしています。

人面把手付深鉢
山梨県須玉市御所前遺跡出土
縄文時代中期　高さ57.5cm

『歴史発掘5 原始絵画』
佐原眞・春成秀爾
講談社 1977

土器説明：大谷幸市

双眼の謎

　双眼 🌑 は、主に縄文時代中期の人面把手付深鉢の口縁部に造形されています。この双眼は、何を目的に造られたのでしょうか。いまだに定説はありません。　図93において、宝珠形から顔を見せているのは、母胎の中の新生児と思われます。双眼 🌑 の造形は、三次元の立体構造が施されています。これを二次元の平面形で表わすと〔()()()→()()()〕形、双曲図形()()と楕円図形(())によって形成されていることが解ります。

　さて、自然界のクリ・クルミ・ドングリなどの種子に現われている宝珠形と同様に「同質でありながら異形の二者の合体によって新しいかたちが生まれる」という生命誕生の原理をもつ双眼 🌑 という新しいカタチは長野県八ヶ岳の西南麓に居住していた縄文人が編みだしていたと考えられます。

　双眼 🌑 において、() 形と() 形の間に)(形が見られます。この)(形は、二つの () 形をつなぐ役割をもっています。

　()()() 形は、〔⦿→⦿→⦿→⬢〕に現われています。この図式は、ヨコ並びの眼形 ⦿⦿⦿⦿⦿ から導かれるものであり、それは正六角形の形成と密接に結ばれています。

　ところで、〔⦿→⦿→⦿→⬢〕は、縄文人が眼形の連鎖から導いた正六角形の形成過程です。これは双眼の 🌑 形に対し、🌑 形で表わすことができます。ここで、𝕏 形と ◇ 形の出番となります。𝕏 形は正六角形に、◇ 形は正八角形に結ばれていました。したがって、⬢ ＝正六角形、✺ ＝正八角形の図式が成立します。このような作業は恣意的なものではなく、アナロジーの連鎖という幾何学に拠って導かれる図式です。その基本となるカタチは ⧓⧓⧓⧓ （しめ縄状文様＝二重らせん構造）です。

⌣ 形と ── 形の相違点

　鏡の前に直線──を置くと、鏡に映る虚像は実像と同じ直線──です。つぎに鏡の前に ⌣ 形を置くと、鏡に映るのは ⌢ 形です。らせん形の図形的な性質が注目されます。弥生人が立坂型の特殊器台に描いた

図94

縄文人が創出した 双眼 の 謎

双眼○の解読なくして縄文思想の解明は困難です

読者の皆さん、野球のボールを手にとって試みてください。とても不思議な想いに駆られることでしょう！

不思議発見！

双眼にはとても不思議な図形現象が隠れています。

タテ型のひょうたん形とヨコ型のひょうたん形

① 起点からaの方向へボールの縫い目をたどるとタテ並びのひょうたん形 8 がイメージされます。
② 起点からbの方向へボールの縫い目をたどるとヨコ並びのひょうたん形 ∞ がイメージされます。

以上の図形現象は、野球ボールの立体形(三次元図形)から生じています。縄文人がこの現象に気づいていたことは、縄文人が造形していた双眼の架橋構造に求めることができます(図93参照)。

○双眼から生じる ⬢ 正六角形と ✳ 正八角形

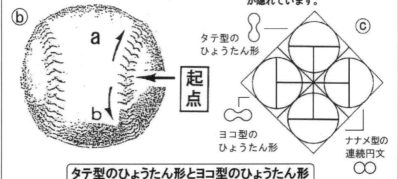

縄文時代前期の縄文人が浅鉢に描いていた文様
双曲・楕円図形の特別な性質から導かれる図式

作図・説明文：筆者 大谷幸市

第8章 縄文人の最高傑作 双眼○の造形　183

〜〜形には、しめ縄のもつ二つの特徴である ⓐ ◯ 形とⓑ ✕ が
明確に表現されています。しめ縄は二重らせん構造と言い換えることが
できます。まさにそのパターンは、左撚りから右撚りへ、さらに右撚り
から左撚り……を繰り返しています。

　このようなパターンをもつ二本撚りのしめ縄は「同質でありながら異
形の二者の合体によって新しい生命が生まれる」という生命誕生の原理
を、そのかたちの上に表現しています。これに優るシンプルなかたちを
新たに探すことはできないでしょう。吉備の弥生人が特殊器台に 〜〜
形を描いていたわけは、しめ縄が生命誕生の原理と同時に強靭性と永遠
の継続性をもっているところにあった、このように考えられます。

双眼に隠れているひょうたん形と連続円文

　縄文人の造形した双眼の)(形部分は、太鼓橋のように 〜 形(上へ丸く
反ったアーチ型)をもっています。さらに双眼には不思議な現象があります。
図 94 をお読みになって、是非、その不思議さを体験して下さい。

　図 94 のⓑに示す野球のボールの縫い目である)(形の中心部分をスタ
ート地点として、上方(↑a の方向)へ縫い目をたどって行くと、タテ方
向のひょうたん形の存在が確認され、他方、起点から下方(↓b の方向)
に縫い目をたどって行くと、ヨコ方向のひょうたん形が確認されます。

　このような図形現象に出会って、私はとても不思議な思いに駆られま
した。この現象にはタネも仕掛けもありません。この不思議な現象を引
き起こしているのは野球のボール(円球)上の一本のらせん形です。

　タテ方向のひょうたん形とヨコ方向のひょうたん形は、◇形を介して
「となり合せの存在」に置かれています。つまり、野球ボールの一本の
らせん状の縫い目は、一つのひょうたん形を作っていますが、そのとな
りに必然的にもう一つのひょうたん形が存在していることになります。
これに対峙するかたちが連続円文です。この連続円文も ◇ 形と同じ媒
介機能をもつ ✕ 形を介して２個の円形◯は、∞形を形づくっています。

　すなわち、双眼 ⬤ は２組の連続円文 ∞ と２組のひょうたん形 ◷◷

を共有する柿の蔕形 88（一つ形の中に二つの意味をもっている）を内包しています。以上が筆者の「**謎の双眼**」の解釈です（図94参照）。

異形同質の関係を結ぶ ● 形と ∞ 形

　私たちは双眼 ● に柿の蔕形 88 が隠れていることを知ることができました。この柿の蔕形 88 は、かたちの素粒子）形の180度の反転の繰り返しから生じるカタチでもあります（第5章、図68〜図69参照）。

　柿の蔕形 88 形を X 形の視点から見ると2組の連続円文が確認され、◇ 形の視点から見ると2組のひょうたん形が確認されます。言い換えれば、88形において、4個の円形は同一であるとしても媒介するかたちが X 形から ◇ 形へ変化することによって ∞ 形と ∞ 形が生まれていることになります。なお、∞ 形と ∞ 形は異形同質の関係を結んでいます（となり合せの存在、第7章、図87参照）。

　縄文時代草創期の縄文人が編みだした「ものの誕生理論」は、かたちの素粒子）形の180度の反転によって生じる ◐ → ◖形〈豆粒文土器〉から始まっています。縄文人が幾何学における媒介図形である X 形と ◇ 形の存在に気づいたのは豆粒文土器の製作年代と同時期と考えられますが、それを裏づける物証は、縄文前期の京都・北白川遺跡出土の浅鉢と福井・鳥浜貝塚出土の浅鉢に描かれる文様ということになります。

　◐ 形は2個の円形から生じます（第5章、図57）。また、眼形の連鎖には第6章の図 75 に示すように2種類のパターンがあります。ヨコ並びの眼形とタテ並びの眼形は第1のパターンになります。縄文草創期の斜格子文は、この眼形の連鎖に基づき生まれた文様です（第3章、図30）。他方、鏡像現象に見る ⌣ 形と ⌢ 形は「異形同質の関係」を何よりもまして解りやすく教えてくれるかたちです（第6章、図73）。この二者は合体して ⌒⌣ → 🍶 形を形づくります。壺は母胎の意味をもっています。

　ところで、八ヶ岳山麓に居住していた縄文人が創出した双眼 ● は、立体的な二つの穴をもっています。∞ 形は、わが国独自の文化である組紐や茅の輪くぐりなどに現われています。

　　　　　　　　第8章　縄文人の最高傑作　双眼●の造形　　185

ここで気になることがあります。縄文人の造形した双眼 ● は、正面から見るかたちであり、真横から見る場合、一つ穴が確認され、円筒形に見えることです。このような造形は、なぜ行われたのでしょうか。

縄文人の特異な図形能力

　縄文人の優れた造形力は、**波状口縁をもつ土器**に確認することができます。第3章の図25～図26の波状口縁をもつ土器を再度見てください。この土器を水平方向から見ると、**らせん形**が、垂直方向から見ると、**正多角形**が目に飛び込んでくるはずです。縄文人のこのような造形能力は、幾何学の法則に適っております。「**らせん形＝曲線**」と「**正多角形＝直線**」の組合せに「**お見事**」の言葉を投げかけてしまいます。

　続いて、縄文時代草創期に造られた図31に見る斜格子文土器を見ると、①菱形文◇と②正六角形 ⬡ の集合体を脳裏に浮かべることができます。この斜格子文の形成過程を知ると、縄文人の特異な図形能力に「**賛辞の念**」を抱いてしまいます。

⌛形の意味

　図95の土偶の胴体には正中線が描かれ、頭上には ⌛ 形が描かれています。この ⌛ 形はいったい何を表現しているのでしょうか。

　先に私たちは、⌛ 形に類似する ✕ 形を縄文前期の京都市北白川遺跡出土浅鉢の文様 ○✕○ に見てきました(第4章、図35)。この ✕ 形は、柿の蔕形 ❀ の連続円文 ∞ とひょうたん形 ○○、すなわち、2個の円形○をつなぐ「 ✕形・◇形 」を表現しているのではないかと考えられます。

　ところで、かたちの素粒子)形は180度の反転を繰り返し、柿の蔕形 ❀ を生みだしています。この柿の蔕形 ❀ には、以下に示す二種類のパターン(かたち)が確認されます。

　　ⓐ4個の円形は、✕形を介して、2組の ∞ 形を形づくっています。
　　ⓑ4個の円形は、◇形を介して、2組の ○○ 形を形づくっています。

「）」形と「（」形は合体して、新しいかたちである「）（」形を生み
だします。換言すれば、「同質でありながら異形の二者の合体によって、
新しいかたちである「）（」形が生みだされるというわけです。

　上記は「同質でありながら異形の二者の合体によって、新しい形が
生まれる」という「ものの誕生理論」の具体的な例が示されています。
「異形の二者」を生みだす媒介者的機能をもつかたちと言えるでしょ
う。

図 95

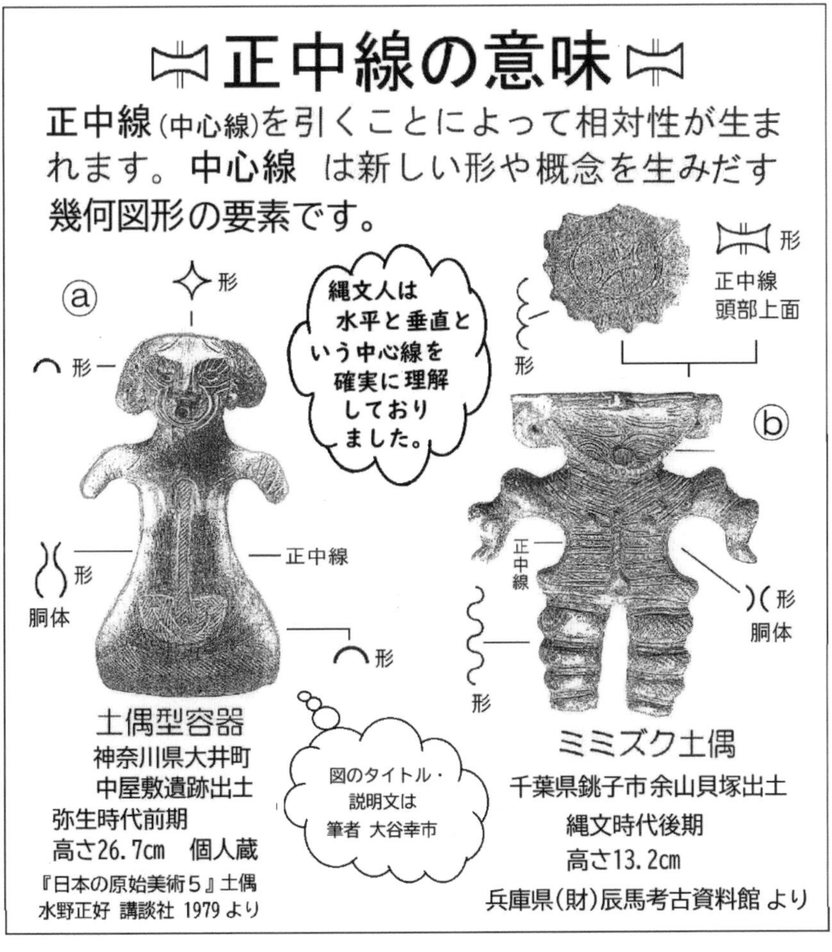

♅正中線の意味♅

正中線（中心線）を引くことによって相対性が生ま
れます。**中心線**は新しい形や概念を生みだす
幾何図形の要素です。

縄文人は
水平と垂直と
いう中心線を
確実に理解
しており
ました。

ⓐ

◇ 形

∧ 形

♅ 形
正中線
頭部上面

∫∫ 形

∫∫ 形
胴体

── 正中線

正中線

)(形
胴体

∫ 形

∧ 形

土偶型容器
神奈川県大井町
中屋敷遺跡出土
弥生時代前期
高さ26.7cm　個人蔵
『日本の原始美術5』土偶
水野正好　講談社 1979 より

図のタイトル・
説明文は
筆者　大谷幸市

ミミズク土偶
千葉県銚子市余山貝塚出土
縄文時代後期
高さ13.2cm

兵庫県 (財)辰馬考古資料館 より

以上から「)(」形は、)(形と◇形を同時にもつかたちです。つまり)(形は)(形と◇形をつなぐ架け橋(媒介者)ではないでしょうか。だから、縄文人は◇形を背中に描く少女土偶を造作し、双眼●●に接続する◇形をもつ土器を作っていた意味がよく理解されてきます(後掲図104)。

　縄文時代草創期の縄文人は、以上の図形現象に気づいていました。それは縄文草創期の縄文人が製作した斜格子文土器によって裏づけられます。斜格子文は正六角形の集合体でもあります(第3章、図31参照)。

　眼形の連鎖 ○○○○○ を形づくる○形と)(形は、正六角形⬢を形づくる◇形と)(形に変遷します。すなわち、正六角形の菱形文と向かい三角文は、ヨコ並びの眼形の双曲図形()()と楕円図形(○)のもつ特別な性質を受け継いでいることになります。ここで、縄文人は以下の図式に気づいていたことを知ることができました。

図式 ○○○○○ ⎨ ⑩⑩⑩→⑧⑧⑧→⬡⬡　⎬
　　　　　　　 ⎩ ○)(○→◇)(◇→⬡⬡　⎭

　私たちは、この図式の意味を知ることが大切です。縄文人は、ヨコ並びの眼形 ○○○○○ を描くと、○形のとなりに)(形が、◇◇◇◇◇ 形を描くと◇形のとなりに)(形が必然的に生じていることに気づいておりました。この図形現象は、極めて重要な意味をもっています。筆者は、これを**となり合せの存在**と名づけました(柿の蔕形参照)。

　「六合と八紘」は、正六角形⬢と正八角形✳に置換できます(図64参照)。他方、柿の蔕形❀❀と七宝文◈◈⇨◈◈⇨◯□は、**となり合せの存在**を共有しております。すなわち、柿の蔕形❀❀は∞形と∞形、七宝文◈◈は、◈→○・✕→□ の図式が成立しています。このような図式は、幾何学の)(形・▷◁形 と◈ 形に法り、**となり合せの存在**が表現されております。このとなり合せの存在は、一つかたちの上に二つの意味をもつパターンを形づくっています(第10章参照)。ところで、縄文時代草創期の縄文人は、となり合せの存在を表現する**波状口縁をもつ土器**を造っていました(図25〜図26参照)。

図 96

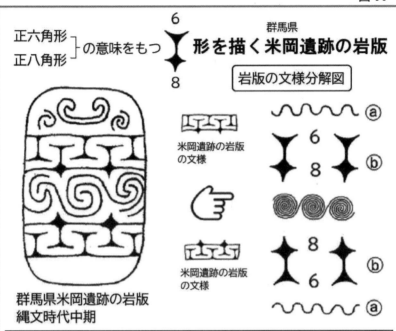

★ ⋈形は、7個の円形を結び、正六角形を形づくっています。(Ⅰ形とⅩ形は、アナロジーの連鎖で結ばれています)。

★ ■形は、4個の円形を結び、水平と垂直、斜めの骨組みを形づくり、正八角形を形づくっています。

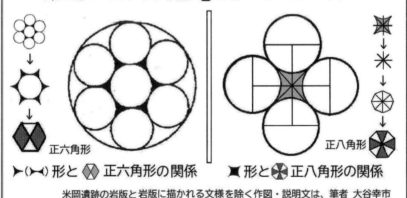

米岡遺跡の岩版と岩版に描かれる文様を除く作図・説明文は、筆者 大谷幸市

第8章 縄文人の最高傑作 双眼の造形

図 97

双眼◐から生まれる正六角形⬢と正八角形✾

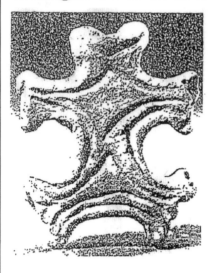

$\overset{6}{\blacktriangle} + \overset{8}{\blacklozenge} = \bigstar$ を描く土偶

6 ＝正六角形
8 ＝正八角形

土偶の胴体上部に◆形が、下部に▲形が描かれています。この図式には、

◆形＝8（正八角形）
▲形＝6（正六角形）

の組合せが成立しています。6と8は、ともに三平方の定理と生命誕生の原理に密接に結ばれています。

青森県浪岡町舘岡遺跡出土
丹塗土偶　縄文時代後期
高さ7㎝

上図において、説明文は筆者大谷幸市、下図において、作図・説明文：筆者　大谷幸市

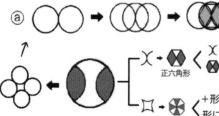

◇◇◇◇形・◊◊◊◊◊形と ◇◇◇◇形・◊◊◊◊◊形の意味

縄文人の幾何学は、かたちの素粒子)形に始まり、「)」形の180度の反転から柿の蔕形❀が生じ、第5章、図68〜図69に示す円形の連鎖を形づくっています。この円形の連鎖から2種類の眼形の連鎖が生じます。その一つは、第2章、図17に示す眼形の連鎖です。もう一つのパターンは、第6章、図75の七宝文です。

眼形の連鎖のパターン（その1）において、タテ並びの眼形 ◇◇◇◇ からは ◇◇形→壺形 🍶 が産み出され、ヨコ並びの眼形 ◊◊◊◊◊ からは正六角形 ⬡ が産み出されます。このタテ並びの眼形 ◇◇◇◇ とヨコ並びの眼形 ◊◊◊◊◊ は、ともに永遠の継続性をもっています。

この永遠の継続性は直線図形である斜格子文に生じる正六角形によって強く認識されます。ヨコ並びの眼形を描き、斜格子文を描いていた縄文人が、正六角形の存在に気づかないはずがありません（第4章参照）。縄文人は「蜂は、なぜ六角形の巣を作ることができるのか」ということを真剣に考えていたと思います。正六角形の集合体（ハニカム構造）が強靭性をもっていることまでは気づかなかったとしても、円形の連鎖と眼形の連鎖における𝗫形と◇形の果たす媒介者的役割には気づいていたことは前述してきました。これは極めて重要です。

この𝗫形と◇形は、アナロジーの連鎖で結ばれています。この後、第10章で述べる七宝文 ◈ は、縄文人が培っていた𝗫形と◇形の特質を受け継ぎ、創出されたわが国独自の文様です。

以上、しめ縄状文様 ◇◇◇◇ →正逆S字トンボ 🎏 →母胎の意味をもつ壺形 🍶 の経緯は、アナロジーの連鎖に適っています。このような図式以外に壺形が母胎の意味［同質でありながら、異形の二者の合体によって新しいかたちが生れる］をもつパターンを見つけることはできないでしょう。縄文人が発見したしめ縄から生じる壺形 🍶 は「**母胎の意味をもつ壺**」として世界の人たちへ伝えられていったものと考えられます。

𝗫形を介して結ばれる ⬡形と ✿ 形

第3章、図31において、斜格子文は菱形文◊で埋め尽くされており

ます。王塚古墳壁画の２個の菱形文◇は、媒介者である向かい三角文⧓と共に色分けされ、正六角形⬣が形づくられています。

〰〰〰形を描くと◯形の隣には、必然的に⧓形が生じていることが解ります。同様に〈〈〈〈〈形の場合、◇形の隣には、⧓形が必然的に生じているかたちです。ここで、第３章、図31ⓑは、王塚古墳壁画と同じ正六角形⬣の連続形のパターンになっています。

ところで、◯◯形を◇◇形に置き換えると、接点のかたちは⧓形から⧓形へと変化します。図31のⓐとⓑにおいては、⧓形が⧓形になっています。⧓形・⧓形・⧓形の三者は、アナロジーの連鎖、つまり、異形同質の関係で結ばれています。

第３章、図31の福岡県の王塚古墳壁画に描かれる正六角形は、菱形文◇と向かい三角文⧓が色分けされており、正六角形⬣が２個の◇形と１個の⧓形によって形成されていることが明確に表現されています。

この意味は、双曲・楕円図形の◯形と⧓形の相即不離という特別な性質を受け継ぐ◇形と⧓形の性質を熟知するところであったと考えられます。他方、正八角形✳は、４個の⧓形によって形成されています。これを言い換えれば、正六角形⬣と正八角形✳は、それぞれ⧓形を媒介者として形づくられていることが解ります。

『日本書紀』の記す「六合を兼ねて都を開き、八紘を掩ひて宇にせんこと、亦可からずや。観れば、夫の畝傍山の東南の橿原の地は、蓋し国の墺区か。治るべし」の**六合**と**八紘**に対し、◇形と⧓形がもつ特別な性質を表わす具体的な⬣形と✳形を巧みに使いこなし、**六・八理論**を構築していたと考えられます。繰り返しますが、正六角形⬣と正八角形✳は、柿の蔕形❀の◯◯形と◇◇形から導かれ、三平方の定理と生命誕生の原理を内包し、図形的にも特別な関係を維持しております。

双眼⬤から導かれるかたち

ここで、二つ穴の双眼⬤が登場します。さきに私は、異形同質の関係に置かれる〰〰〰形から🏺形(普通壺)が生じ、同〈〈〈〈形から⬛

形(普通器台)が生じることを指摘してきました(第6章、図 77)。なお、立坂型の特殊器台の円筒形 ◯▭ に対し、その特殊器台に描かれる ▨▨▨ 形をヒントに安定した渦巻 (◯◯◯◯◯◯) を想定することができます(第13章、図 154〜図 155 参照)。

この (◯◯◯◯◯◯) 形から連想されるかたちは、縄文人が土器などに描いていたヨコ並びの眼形 ◯◯◯◯◯ にアナロジーの連鎖で結ばれ、タテ並びの眼形 ◯◯◯◯ と共に斜格子文を形づくり(前掲図 30 参照)、壺形 🏺 と正六角形 ⬡ を生みだしています。

縄文人は、**安定した渦巻**、すなわちヨコ並びの眼形に気づいていました。ヨコ並びの眼形 ◯◯◯◯◯ とタテ並びの眼形 ◯◯◯◯ は、X 形を媒介に、それぞれが形づくられております。縄文人は、DNAの二重らせん構造の交差する二本のらせん形にX形を読み取っていたワトソンとクリック(1962 年ノーベル生理・医学賞を受賞)に並ぶもの、いやそれ以上の幾何学を培っていたと考えられます。

双曲図形(X)と楕円図形(◯)は、重要な幾何学的な意味をもっています。それは◯形とX形の相即不離の関係です。ヨコ並びの眼形 ◯◯◯◯◯ 形を描くと◯形の隣に必然的にX形が生じるという図形現象です。

このような関係は、⬡ 形を形づくる◇形とX形に受け継がれています。これが縄文人の幾何学です。現代にいう**トポロジー**(位相幾何学)です。

日本列島の縄文人がこれに気づいていたことは、第4章でのべてきました。わが国において菱形文 ◇ と向かい三角文 X は、古来、寺院など随所で造形され、描画されています。第3章、図 33 に見る虎塚古墳壁画には、◖◗ と X が描かれています。繰り返しますが、わが国の古代人は、双曲図形()( )と楕円図形(()、すなわち「X(∞)・▢(∞)」と ⬡ 正六角形・✿ 正八角形は「**宇宙創成と生命誕生に関わる重要なかたち**」である、このように考えられていたと思います。

縄文草創期の縄文人が描いていた斜格子文から正六角形の集合体が生じています。およそ1万有余年前の縄文草創期の縄文人は、土器に斜格子文を描いておりました。この斜格子文の原形は、眼形の連鎖です。さらに円形の連鎖まで遡ることができます(第5章、図53)。

図 98

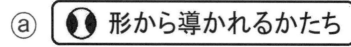

① 双眼🙂から導かれる柿の蔕形❀には、連続円文∞とひょうたん形◯∞が隠れています。

② 双眼🙂から導かれる柿の蔕形❀には、一つかたちの中に二つの意味をもっています。

縄文人が考えた 生命誕生につながる **かたち！**

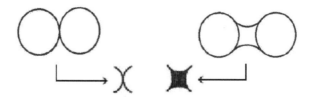

ⓑ ∞・◯∞形から生まれる ⬢形と✳形

作図・説明文：筆者 大谷幸市

この眼形の連鎖の段階で、ヨコ並びの眼形 ()()()()()() と安定した渦巻
(l(l(l(l(l(l) は類比的に結ばれ、タテ並びの眼形 ∞∞∞∞ にらせん形ⓐ
〜〜〜・ⓑ 〰〰〰 が結ばれるという結論を得ることができます。
因みに、縄文人は、らせん形の三形態「〜〜〜・〰〰〰・(l(l(l(l(l)」
に気づいていました(第2章、図20〜図21参照)。

双眼の二つ穴の意味

　双眼 ⦿ がひょうたん形 ∞ と連続円文 ∞ 形をもっていることは前
述してきました。双眼 ⦿ が二つ穴であることはまぎれもない事実です。
「一つ形で二つの意味をもつかたち」という現代のトポロジー的な考え
方に縄文人の発想力の高さをうかがい知ることができます(第10章の七宝
文参照)。ここに、二つ穴をもつ双眼 ⦿ の意味が再確認されます。

　双眼から導かれる柿の蔕形 ⊗⊗ は、**となり合せの存在**(一つ形で二つの意味)
を維持する七宝文 ⊗⊗ に結ばれていることが解ります。この柿の蔕形に
は連続円文とひょうたん形が共存しています。この連続円文 ∞ はⅩ形
を媒介に二つの円形が結ばれ、ひょうたん形 ∞ は ◇ 形を媒介に二つ
の円形が結ばれています。縄文人は、この連続円文 ∞ とひょうたん形
∞ に注目していました。この視点がポイントです。

　円形の連鎖から生じる眼形の連鎖(前掲図17)は、ヨコ並びの眼形 ()()()()()
とタテ並びの眼形 ∞∞∞∞ の集合体を形づくっています。なお、図53
に見る円形の連鎖から生まれる眼形の連鎖は2種類のパターンをもって
います。つまり、柿の蔕形 ⊗⊗ 、つまり[∞・∞] 形からは正六角形
と正八角形[◈・❊]が生じています。この集合体(図53の円形の連鎖から生
じる眼形の連鎖、第1のパターン)は、壺形(曲線図形)🏺 と正六角形(直線図形)◈
を産みだしています。

わが国の基層に流れていた縄文文化

　先に私たちは、双眼に結ばれる宝珠形 ◊ の中に胎児の顔を見てきま
した(第8章、図93)。◊ (宝珠形)は左巻きのらせん形と右巻きのらせん形に
よって生じるカタチの一つです。この宝珠形に「同質でありながら異形

の二者の合体によって新しいかたちが生まれる」という生命誕生の原理を読み取ることができます。

　この宝珠形 ◌ に対し、アナロジーの連鎖で結ばれるのが、壺形 🏺 です。この壺形を生みだすしめ縄(二重らせん構造)は、永遠の継続性をもっています。この永遠の継続性は、直線図形である斜格子文を描くことによって生じる正六角形 ⬡ によって強く認識されます。

　ヨコ並びの眼形を描き、斜格子文を描いていた縄文人が、正六角形の存在に気づかないはずがありません。縄文人は蜂の巣の六角形に気づき、「なぜ、蜂は六角形の巣を作ることができるのか」を真剣に考えていたと思います。正六角形の集合体(ハニカム構造)が、強靭性と柔軟性をもっていることに気づいていたかどうか、定かではありませんが、円形の連鎖と眼形の連鎖における X 形と ◇ 形の果す媒介者的役割に気づき、生命誕生に正六角形、正八角形、正多角形が深く関わっているという認識はもっていたと考えられます。その後、わが国に六角堂と八角堂が造られたのは「**わが国の基層文化は縄文にあった**」からであると思います。

正逆Ｓ字トンボに生命誕生の原理を読み解いていた縄文人

　〜 形は180度反転しているでしょうか。読者の皆さんはどのように思いますか。〜 形は、〜 形とその180度の反転形である 〜 形との合体形であるから、その巻き方の変わるところ(X形を呈する箇所)に180度の反転を予測することができます。

　後掲図107に見る大森貝塚出土の土器に描かれる8の字形に180度の反転が確認されます。同様に寺改戸遺跡の注口土器に描かれる8の字形にも180度の反転が確認できます(第9章、図116〜図117参照)。

　これまで私は、ヨコ並びの眼形から正六角形が生じ、タテ並びの眼形から正逆Ｓ字トンボを媒介に壺形が生じることを指摘してきました。本来、三次元の形をもつしめ縄 ▨▨▨▨ は、二次元の眼形の連鎖(∞∞・∞∞∞)に変身し、∞ 形と ∞ 形に中心線を引くと「同質でありながら、異形の二者の合体によって新しいかたちが生れる」という生命誕生の原

理を内包する正逆S字トンボ 形が生じ、続いて母胎の意味をもつ壺形 が生じます。しめ縄 は、壺形 と正六角形 の産みの親ということになります。縄文人の幾何学を知るためには、このような図形認識が必要です。なお、∞形と∞形は、異形同質の関係で結ばれています(図87参照)。

ⓐ ∞ ⇒ ⬭ ⇒ ⑃ ⇒ 🏺 ⎤
ⓑ ∞ ⇒ ⬮ ⇒ ⑃ ⇒ 🏺 ⎦ ─ 母胎の意味をもつ **壺形**

双眼 の意味

　縄文人の造形した双眼 の特徴は、隆起した「)(」形部分に認められます。この)(形は、「現代の野球ボールの縫い目」に相当する部分です。野球ボールの縫い目→)(形をたどって導きだされるかたちが、柿の蔕形 です。

　八ヶ岳山麓に居住していた縄文時代中期の縄文人は、なぜ、 形を土器に造形していたのでしょうか。その意味は、図93の人面把手付深鉢(御所前遺跡出土)に造形される三次元の双眼 とこの双眼から導かれる柿の蔕形 に隠れています。

　縄文時代草創期の縄文人が、かたちの素粒子)形の180度の反転から 形が生じることに気づいていたであろうことは、同じ180度の反転形である○形や 〜〜〜 形、)))))形を土器に表わしていたところから考えられます。

　他方、 形に潜む 形に気づくことは、かなり困難であったと思いますが、縄文時代中期の八ヶ岳西南麓の縄文人が、三次元の立体形である双眼 を造形していたことは、まぎれもない事実です。これをもって平面形の双眼 からタテ型とヨコ型のひょうたん形、つまり、柿の蔕形 を見つけていたことは十分に考えられるところです。ここに、縄文人が土器に「)(」形の架橋を造形した意味がよく理解されます。

　縄文時代中期の八ヶ岳西南麓の縄文人は、◇ 形を描く土器を造っております(後掲図103)。この土器は、双眼 と◇形がダイレクトに結ばれ

第8章　縄文人の最高傑作　双眼 の造形　　197

ています。他方、前掲図93の山梨県御所前遺跡出土の深鉢において、双眼の「)(」形部分に繋がる宝珠形 ○ の中に胎児の顔が造形されております。さらに ● 形と ○ 形の隣りには 形と 形が確認されます。後掲図104の東京都中原遺跡出土土器において、この 形と 形は 形を形づくっています。この 形は、形を媒介とする曲線と直線による異形同質の関係を表わしていると考えられます。異形同質の二者は合体して新しいかたちを生みだします。

図93の御所前遺跡の人面把手付深鉢の「宝珠形の中の胎児」に見る造形は、**生命誕生の原理**を表現するものであると考えられます。双眼 ● に施された**立体構造**は、縄文人の製作した数多くの土器や土偶の中でも最高傑作とするに足るものがあります。

アマミホシゾラフグが造る驚異のミステリー・サークル

図99に見るミステリー・サークルは、誰が何のために造ったものか解りますか。これを造ったのは、日本列島の南に位置する奄美大島の近海に棲息するアマミホシゾラフグと名づけられた魚です。これを知る多くの読者は、**なぜ、魚がこのように精巧で幾何学的な文様を造ることができるのか**と感じることでしょう。

驚くことに、これを造るのはオスのフグですが、出来上がるとメスのフグがサークルの中心部分に卵を産み落としていることです。このサークルは産卵床だったのです。

ところで、アマミホシゾラフグの産卵床の 形は、円接正多角形に特徴的なかたちをもっています(第7章、図85参照)。これに気づくと同時に六角形の蜂の巣が脳裏を過って行くのを覚えました。蜂は女王蜂を主に多くの働き蜂と群れを成して生活し、この六角形の巣から子供たちがが産まれています。蜂の巣とアマミホシゾラフグの産卵床の共通点は、生命誕生の場所が同じ**正多角形に特徴的なかたち**であることです。

ⓐ 蜂の巣 ────────→ 正六角形
ⓑ アマミホシゾラフグの産卵床→ 正多角形

図 99

奄美大島近海に棲息する **アマミホシゾラフグ** が作る
驚異のミステリー・サークル

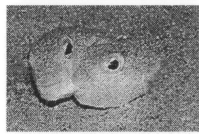

海中のアマミホシゾラフグが作る世界で日本列島の奄美大島にしか見られない不思議なミステリー・サークルです。一匹のオスのフグが鮮明な正多角形を造形しています。その中心部分にメスフグが産卵すると解説されています。

写真・インターネットより　　　　　説明文　大谷幸市

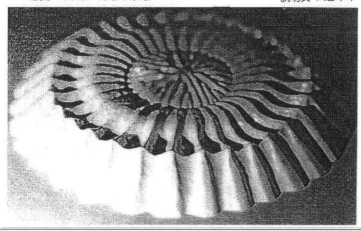

第8章　縄文人の最高傑作　双眼◎◎の造形　　199

蜂の巣の ◆ 形とアマミホシゾラフグの産卵床の ✳ 形は、それぞれの生命誕生に「**必須のかたちである**」、このように考えられます。植物の花のかたちは、第1章の図1〜図3に示してきましたが、正五角形や正六角形・正八角形など正多角形を呈し、花の咲いた後に新しい生命体を産み出す種(タネ)を有す果実が稔ります。

幾何図形の正多角形は、正六角形と正八角形の合体によって正二十四角形が形成されます。このパターンは、後掲図158〜図159、および、同図184に見るとおり、「同質でありながら、異形の二者の合体によって新しいかたちが生れる」とする法則に適っております。

以上の「かたち」を「生命」の二文字に置き換えると、「新しい生命が生れる」となり、生命誕生の原理になります。すなわち、蜂の巣や魚の産卵床、そして植物の花など、それぞれの生命が誕生するところに正多角形が生じるのは、幾何学の正多角形がもつ法則性を受け継いでいると考えられます。

DNAが載る二重らせん構造も、正多角形と同様に同質でありながら、異形の二者(左撚りのらせん形と右撚りのらせん形)の合体によって新しいかたちが作り出されています。事例を拡大すれば、土星の六角形は、安定した左巻き渦巻きと右巻き渦巻きの合体形(⦂⦂⦂⦂⦂)から生じているのではないでしょうか。自然界で直線をもつ物といえば、沖縄・久米島東海岸や静岡県伊豆半島先端に存在しています。それらは、六角形・五角形・四角形などの岩畳です(図39 参照)。これらの岩畳は、マグマや熔岩が冷え固まる時にできたと考えられています。

天体現象である土星の六角形は明確な直線図形です。そこには、ヨコ並びの眼形⦂⦂⦂⦂⦂から導かれる図式[◯◯ ➡ ◯◯◯ ➡ ◯◯◯ ➡ ◆]が、確実に存在しています。ここに土星の直線図形に安定した渦巻から生じる**正六角形**を想定できるのではないでしょうか。

因みに、縄文人は二重らせん構造(しめ縄)に双曲・楕円図形の特別な性質(⦂形と◯形の相即不離の関係)に気づいておりました。この性質は、図式[◯⦂◯➡◇⦂◇➡◆]に現われています。

以上のことを日本列島の縄文人は、双曲図形（X形）と楕円図形（0形）と正六角形 ⬣ という図形を介して理解していた、このように考えられます。「**かたちは文字以上に意思の疎通を豊かにする**」は、縄文コミュニティの合言葉であったのではないでしょうか。

正多角形の意味を知っていた縄文人

　昆虫の蜂は六角形 ⬣ の巣を造り、魚のフグは正多角形に特徴的な ✳ 形の産卵床を造っています。このような蜂の巣とフグの産卵床は、共に新しい生命体を生みだす機能を備えています。蜂の巣の ⬣ 形とフグの産卵床の ✳ 形は、同じ正多角形の図形範疇に属しています。

　ⓐ　蜂は、なぜ、⬣六角形の巣を造ることができるのでしょうか。
　ⓑ　アマミホシゾラフグは、なぜ、正多角形に特徴的なかたちの
　　　産卵床 ✳ を造ることができるのでしょうか。

　このようなパターンは、動物だけではなく植物の花のかたちの上にも現われています（第1章参照）。生命誕生の原理　→　新しい生命が誕生するところに正多角形 ✳ が現われることを知っていたのは、私たち人類だけではありません。昆虫の蜂、魚類のフグ、植物の花などの新しい生命が誕生するところに、なぜか正多角形 ✳ が現われています。

　縄文草創期の縄文人は、ⓐ豆粒文土器・ⓑ隆起線文土器・ⓒ爪形文土器を造っていました。これらの土器に表われているⓐ 0 形とⓑ 〜〜〜 形は、ⓒかたちの素粒子)形の180度の反転から生じるかたちです。

　このかたちの素粒子)形は、両性具有という性質をもっています（第2章、図15参照）。このような性質は、**新しい形や新しい生命を生みだす原理**を内包しています。生命誕生の原理は「**同質でありながら異形の二者の合体によって新しい生命が生れる**」と表現することができます。

　縄文人は、ヨコ並びの眼形から正六角形が生じ、さらに正六角形と正八角形の合体から正二十四角形が導かれるという図形現象にも気づいていました。これは、縄文前期の長野県茅野市高風呂遺跡出土土器のヨコ並びの眼形（図52参照）を描いているところに示されています。

図100

双眼◑最大の謎 それは 中央部分 ℜ 形の造形です❗

　図93に見る双眼◑の ℜ 形部分は、太鼓橋のごとく盛り上がっております。縄文人は、なぜ、立体的な構造を施したのでしょうか？

　新生児が、双眼の ℜ 形につながる宝珠形⌂からひょっこり顔を出しています。宝珠形⌂は、双眼◑につながれ、柿の蔕形❀に結ばれています。

　柿の蔕形❀は「一つかたちの中に、二つのパターン(意味)をもっています」。つまり、柿の蔕形❀がもっている連続円文∞とひょうたん形○○から①「∞→乂→◈」・②「○○→⊠→✸」の図式が、それぞれ導かれます。

　柿の蔕形❀は、わが国独自の文様と言われる「七宝文◈◈」の産みの親です。この七宝文◈◈は、一つかたちの中に二つのパターン(意味)をもっています。

　双眼◑から柿の蔕形❀を導くことができます。この❀形から∞形と○○形を導くことができます。

　連続円文∞とひょうたん形○○は、以下の図式に示される通り、乂形と✦形を介し、正六角形◈と正八角形✸を生みだし、両者は異形同質の関係を維持しております。

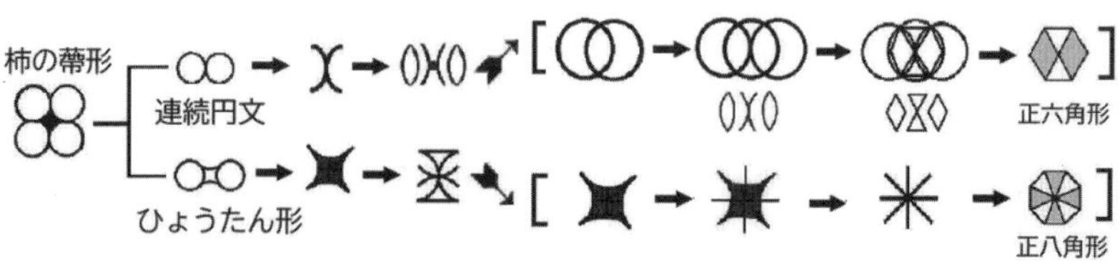

柿の蔕形
❀─┬─∞ → 乂 → 0乂0 ↗ [◎◎ → ◎◎◎ → ◎◎◎ → ◈]
　　│　連続円文　　　　　　　　　　　0乂0　　　◇乂◇　　正六角形
　　└─○○ → ✦ → ✳ ↘ [◆ → ✴ → ✳ → ✸]
　　　ひょうたん形　　　　　　　　　　　　　　　　　正八角形

作図・説明文：筆者 大谷幸市

なお、正六角形と正八角形は「同質でありながら異形の二者の合体に
よって新しいかたちを生みだす」という生命誕生の原理を内包している
ことは、さきに述べてきました。

　縄文人は、眼形の連鎖から生じる正多角形という図形を介して**宇宙創
成の原理**と**生命誕生の原理**を読み解いていたと考えられます。

円形の連鎖・眼形の連鎖と正六角形・正八角形の関係

　ここで見逃してはならないのは、ヨコ並びの眼形 〇〇〇〇〇 は安定した円
筒形の渦巻き（〇〇〇〇〇〇〇）にアナロジーの連鎖で結ばれているということで
す。**らせん形の三形態**からは、母胎の意味をもつ壺形・正多角形に象
徴的な正六角形 が生みだされています。

①普通器台・普通壺＝円形の連鎖　〇〇〇〇〇 → → ・ →

②特殊器台・特殊壺＝眼形の連鎖　〇〇〇〇〇 → → ・ →

③正六角形＝ヨコ並びの眼形　〇〇〇〇〇〇 → 〇〇〇 → 〇〇〇 →

　今からおよそ 1 万 2500 年前の縄文人が、二重らせん構造に母胎の意
味をもつ壺形 ・ を見いだし、さらに永遠の継続性をもつフラクタ
ルな正六角形 の集合体に気づいていました。蜂・フグ・花、そして
人類は、ともに新しい生命誕生を心から願う地球上に生きる運命共同体
の一員であることに変わりはありません。森羅万象は、それぞれの誕生
を正多角形を介して表現しています。その根幹は二重らせん構造のもつ
らせん形の三形態にあるのではないでしょうか。

再考！二重らせん構造の意味

　斜格子文の原形が眼形の連鎖であることは、第3章で述べてきまし
た。その眼形の連鎖から、以下の二つの図式を導くことができます。

　　ⓐタテ並びの眼形 〇〇〇〇〇 ―正逆S字トンボ から母胎の意味を
　　　　　　　　　　　　もつ壺形 が生じます。

ⓑヨコ並びの眼形 ⟨⟨⟨⟨⟨ ── ［◯◯→◯◯◯→◯◯◯→◆］から正六角形
　　　　　　　　　　　　　　が生じます。

　ところで、渦巻は、二重らせん構造の一つのパターンであり、天体に
見られる自転・公転は安定した渦巻現象と考えられます。縄文人は爆発
する渦巻と安定する渦巻の存在に気づいており、両者を使い分けていた
と思います。渦巻文は土器や土偶にらせん形とともに描かれ造形されて
います。
　これを知っておれば、斜格子文が縄文時代、それも草創期から弥生時
代の銅鐸を経て、古墳時代の装飾壁画まで、およそ１万年以上にわたっ
て描き続けられた重要なカタチであることを認識できるはずです。これ
を現代の考古学者・歴史学者は見逃しています。かつて「渦巻文はフィ
クションである」と発言した考古学者がおりました。渦巻文はフィクシ
ョンではありません。▩形は、異形同質の関係、すなわち生命誕生の原
理をもっています。だから縄文人は渦巻文を土器や土偶などに描いてい
たのです。
　古墳時代の装飾古墳の壁画に描かれる斜格子文は、明確に色分けされ
ています（前掲図31）。壁画に描かれる図を見ていると、向かい三角文 ⧓
を介した正六角形 ◆ が目に入ってきます。他方、茨城県の虎塚古墳壁
画（前掲図33）には、２個の同心円文 ◎◎ の少し上に向かい三角文 ⧓ が描
かれています。その左右の壁画には渦巻文が描かれています。これを ✕
形と ◇ 形の視点から見ると、虎塚古墳の壁画に描かれる文様は ●● 形
に結ばれます。●● 形は二つの穴をもっており、縄文時代の双眼 ◑ に
類比的に結ばれます。

種子を宿す果実のかたち
　土壌から吸い上げられた水分や養分は、果樹の茎の維管束を通り、✕
形部分を通って ⟳ 形の果実まで運ばれます。新たな生命の種を宿す果

図 101

実のかたちは♡形です。この♡形は ⟨⟨◯⟩⟩ 形から生じるかたちです。これを象徴するかたちは ◎◎ 形と ⊶ 形です。図101はリンゴと柿の果実に現われているかたちです。果実を垂直に切断したかたちに ⟨⟨◯⟩⟩ 形をイメージできます。

第8章 縄文人の最高傑作 双眼◉の造形

図102

井戸尻考古館所蔵の少女土偶の背中に描かれる
◇形に縄文人が託した意味とは？

少女土偶の写真：長野県富士見町　井戸尻考古館発行
『井戸尻第8集』2006より

タイトル・4個の作図：筆者　大谷幸市

図103

◆形を描く土器

有孔鍔付土器・器台
長野県富士見町曽利遺跡
出土　縄文時代中期
高さ 36cm

◀ 蛙文人面深鉢
長野県富士見町下原遺跡
出土　縄文時代中期
高さ 59cm

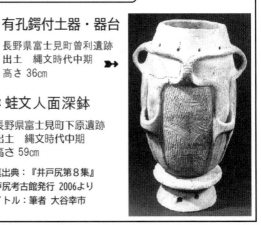

写真出典：『井戸尻第8集』
井戸尻考古館発行 2006より
タイトル：筆者　大谷幸市

ところで、次郎柿の表面中央部分に ⋈ 形が確認されます。このよう
なかたちは、縄文時代中期の井戸尻考古館所蔵の少女土偶の背中に描か
れ、縄文中期の長野県曽利遺跡と下原遺跡出土の土器に造作されていま
す（図102〜図103）。柿の実にとってアマミホシゾラフグの産卵床と同様に
⋈ 形は、次郎柿を護るために必要なかたちであることを訴えているか
のように考えられます。植物の果実の中には新しい生命を育むタネが存
在しています。

　ところで、柿本人麻呂は、飛鳥時代の歌人で三十六歌仙の一人に数え
られております。人麻呂の柿本は、柿の蔕形 ❀ に因む姓名ではないで
しょうか。いずれにしても、かたちの素粒子）形の 180 度の反転の繰り
返しから生じる柿の蔕形 ❀ のものの誕生に関わる ⋈ 形と米形が、次郎
柿に現われていることは驚きです。

縄文人の優れた発想力

　縄文人が発見した双曲・楕円図形と正六角形と正八角形の関係、「も
のの誕生理論」を六・八理論と呼んできましたが、斜格子文（眼形の連鎖）
からは正逆Ｓ字トンボによる壺形 🏺、および、正六角形 ❁ が導かれて
いました。正六角形と正八角形は、六・八理論になくてはならないかた
ち（幾何図形）です。ここで、忘れてはならないことは、以下に示す二つの
図式が成立していることです。

　　　① ⃘❌ ➡ ⊗ 正六角形　・　② ✳ ➡ ❈ 正八角形

双眼の特別な性質

　前掲図 100 において、双眼ⓐ＝正六角形、双眼ⓑ＝正八角形が成立し
ています。双眼ⓐと双眼ⓑの違いは、χ 形と ◇ 形にあります。

　ところで、生命誕生は「同質でありながら異形の二者の合体によって
新しい生命が生まれる」という法則性をもっています。今、∞ 形（連続
円文）と ⦵⦵ 形（ひょうたん形）に対し、生命誕生の原理を適用することがで
きるでしょうか、と問えば、それらは「同質同形の二者」に該当するの
では、という答えが返ってくるように思います。

ここで、図104 を見てください。東京都中原遺跡出土土器を双眼の上部の左右と直下に 🌀 形と ⛰ 形が描かれています。他方、双眼の真下も同じ文様が描かれています。後者の場合、 ✕ 形を介して曲線図形と直線図形が強く認識されます。

　🌀 形の渦巻文と ⛰ 形の直線は「同質でありながら異形の二者」に該当し、それらは合体して新しいかたちである「曲線図形と直線図形の融合体」を生みだしています。図104 の土器を製作した縄文人は、柿の蔕形 ⚇ を形づくっている ∞ （連続円文）と ⚬⚬ （ひょうたん形）に対し、異形同質の関係を読み取っていたと考えられます（第7章、図87 参照）。

　メビウスの帯は裏と表が区別されない現象をもっておりました。これに両性具有の概念を与えれば、どちらか一方が180 度反転すれば、異形同質の関係が成立し、両者は合体して新しいかたちを生みだすことが可能になります。私たちの生きる自然界には両性具有の生命体（魚類など）が存在します。それらは発情期になると、オスからメスへ、もしくはメスからオスへ変態します。つまり、茅の輪くぐりの ∞ 形において、 1 回目は左廻り、 2 回目は右廻りと旋回する向きが違っています。∞ 形を ∞ 形に置き換える時、 2 個の円形は「同形でありながら異質の二者」という関係に置かれています。それは「）」形の中に 🌀 形と ⛰ 形が描かれているところに端的に示されております。曲線図形と直線図形は、 ✕ 形を介して結ばれていることになります（図104 参照）。

縄文人の最高傑作、それは双眼 🔘 の造形です

　双眼 🔘 に野球のボールを連想し、そのボールを手にし、ボールの縫い目をたどることによって、双眼が、連続円文 ∞ とひょうたん形 ∞ による ⚇ 形を形づくっていることが判明しました。

　縄文人の叡智は、これだけにとどまりません。柿の蔕形 ⚇ は「**一つ形の中に二つのパターンをもっている**」ところに極めて重要な意味が発見されます。

　七宝文 ⊗⊗ は、柿の蔕形 ⚇ と同様に、一つ形の中に二つのパターン

図104

融合する曲線と直線

縄文人の造形力の源泉、つまり、双曲・楕円図形、特に媒介者的意味をもつ「X形と口形」に気づいていた点は、現代の幾何学を凌駕するところ大なるものがあります。加えて、縄文人のトポロジー的発想法が注目されます。

渦巻文と直線を結ぶX形が注目されます。このX形は、第4章で述べてきたX形・口形と同じ役割を担っています。

東京都中原遺跡出土
縄文時代中期
高さ 37.5cm

X形は同形同質の形を含む異形同質の形を繋ぐ媒介者的役割を担っています。この土器に造形される渦巻文と櫛形の直線は、縄文時代草創期に縄文人が作っていた円形丸底土器と方形平底土器、つまり、円形と正方形の図形関係に基づいています。

作図・説明文：筆者 大谷幸市
中原遺跡出土土器は、『名宝日本の美術1』原史美術 小学館 昭和57年、および『日本の原始美術1』小林達雄 縄文土器Ⅰ 講談社 昭和54年に収録されています。

図 105

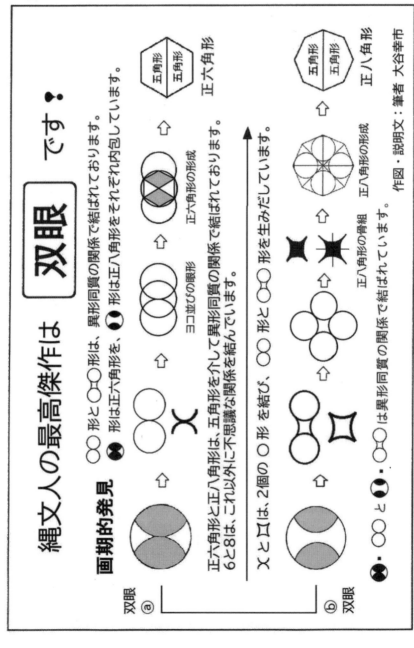

図106

縄文人の考えた かたちの原点

　縄文人が創出した双眼 🌀 から柿の蔕形 ❁ が生じることが明らかになりました。さらに興味深いことは、この柿の蔕形 ❁ は、連続円文 ∞ とひょうたん形 ⌒⌒ を併せもち、◈ 正六角形と ✵ 正八角形が導かれることです（第4章参照）。これを発見したのは、日本列島の縄文人です。

　縄文人は、柿の蔕形 ❁ を形づくる連続円文 ∞ とひょうたん形 ⌒⌒ に視点を合わせていました。この X 形と ⌺ 形の図形的な意味は、2個の円形を結び、それぞれ ①「∞→ X → ◈」と ②「⌒⌒→ ⌺ → ✵」という **新しい幾何学**を産みだしているころに求めることができます。つまり、**円結びの神→縁結びの神**と言い換えることができます。縄文人の幾何学は、後世に六重の塔、八重の塔を創出した **六・八理論**に基づいています。縄文人の発想力（アナロジーの連鎖）は、現代の幾何学に優るものがあります。

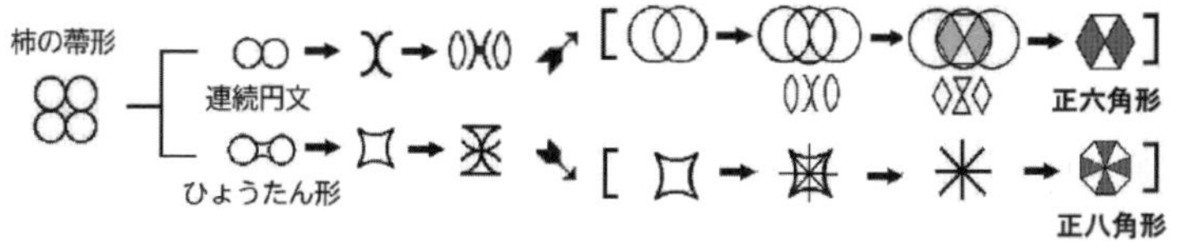

　縄文前期の京都市北白川遺跡出土浅鉢と福井県鳥浜貝塚出土の浅鉢に描かれる文様は、X 形と ⌺ 形に基づく正六角形 ◈ と正八角形 ✵ を内包しています。この正六角形と正八角形は、正多角形の象徴的な図形であり、三平方の定理 $3^2+4^2=5^2$ と「同質でありながら、異形の二者の合体によって新しい生命が生れる」という生命誕生の原理をもっています。

タイトル・作図・説明文：筆者 大谷幸市

をもっております。換言すれば、ⓐ柿の蔕形 ❈ とⓑ七宝文 ❊ は、ⓐの4個の円形○と、ⓑの4個の眼形〇は、それぞれ✕形と🔲形を媒介に形づくられております(図125の七宝文の形成過程参照)。

正六角形と正八角形の融合

　縁結びの神様と言えば、出雲大社がとみに有名です(縁結び→円結び)。加えて出雲大社には、⬡(正六角形)の中に ✴ (正八角形)を描く出雲大社の神紋 ✴ があります。

　このパターンは、神武天皇即位前紀が記す「六合を兼ねて都を開き、八紘を掩ひて宇にせむこと、亦可からずや」に符合しています。他方、『日本書紀』神武天皇即位前紀の記述が、三平方の定理、および、生命誕生の原理に結ばれていることに関しては、小論の随所でのべてきました。

　しめ縄、つまり、二重らせん構造が、かたちの素粒子)形のDNAを受け継ぎ、生命誕生の原理と宇宙創成の原理をもっていることを、縄文人は気づいていました。

　縄文人の培った✕形→ ❂ 正六角形・◇ 形→ ✠ 正八角形の図式の援用は、現代の幾何学を凌駕するものがあります。縄文人が創出した双眼 ❶ 形は、茅の輪くぐりの ∞ 形と同一の発想[アナロジーの連鎖→現代にいうトポロジー(位相幾何学)]で結ばれています。つまり、❶ 形と ∞ 形は「ものの誕生」というDNAを共有していることになります。

　以上から、双曲図形)(と楕円図形 (0) のもつ特別な性質、すなわち、相即不離の関係を完璧に理解しないと「双眼」というかたちを創出できなかったと思います。このような双眼 ❶ を造形した縄文人は、思想をかたちで表わす「**かたちの達人**」と言えるでしょう。

第 9 章

180 度反転の意味

図107

縄文時代後期〜同末期の
東京都大森貝塚出土の土器文様は、
180度反転する円環です！

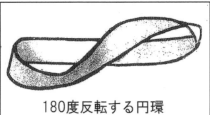

180度反転する円環
作図：筆者大谷

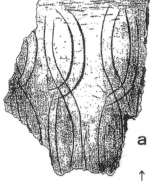

↑
180度の反転が認められる∞形を描く大森貝塚の土器

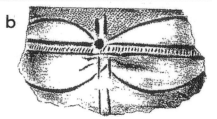

b・c・dの ◯◯ 形は、aに示す180度反転するかたちをもっています。◯◯→ 形を正逆S字トンボと名づけました。

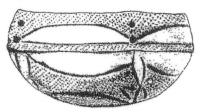

d なぜ、aの帯と ◯◯ 形（遮光器）を描いているのでしょうか。180度の反転に、そのような表現の意味が発見されます。

東京都大森貝塚出土の土器文様

加藤緑著『大森貝塚』新泉社2006掲載の図版（a・b・c・d）を基に、筆者 大谷幸市がタイトル・説明文・180反転する円環の図を施しました。

大森貝塚出土の土器に描かれる円環は？メビウスの帯

　図107は、アメリカの動物学者エドワード・S・モースが1877年に発見した東京都品川区の大森貝塚(縄文後期)から出土した土器に描かれる文様です。

　縄文人はこのようなかたちをなぜ土器に描いたのでしょうか。これを見る多くの人はメビウスの帯をイメージされるのではないでしょうか。川久保勝夫氏は、その著『トポロジーの発想』(講談社、1995)の中で「メービウスの帯の不思議」と題して、つぎのように書いています。

　　メービウスの帯、この図形のもつ神秘さのためか、曲名や椅子のデザインなどに使われたり、ファッション関係の店の名前に使われたりと、一般社会でもよくお目にかかるようになりました。

　　この帯は評判だけあって、いろいろと面白い性質をもっています。まず、表と裏の区別がありません。今、帯の表面を蟻がどんどん歩いて行くとします。ねじらない帯では、一回りしてもとに戻りますが、メービウスの帯では、蟻は帯の裏側に戻ってきます。歩くのを続けてもう一回りすると、初めてもとの場所に帰れることになります。つまり、二回りして初めてもとに戻ります。

　　いいかえれば、ある場所から色を塗り始め、それを続けていくと、一色だけですべての面が塗り尽くされる、ということです。ローカルに見ると、表と裏の両面がありながら、グローバルに見ると、一つの面しかもたないというわけです。

　　つぎに、縁に注目してみましょう。普通の帯の縁は二つの円に分かれますが、メービウスの帯の縁は一本の閉じた曲線、つまり一つの円になっています(図108)。

　　最後に、メービウスの帯をはさみで切ってみましょう。ふつうの帯をまん中で切ると、もちろん二つの帯に分かれます。同様にメービウスの帯をまん中で切ってみると、驚くことに、二つに分かれないでねじれた一つの帯になります(図108)。

図 108

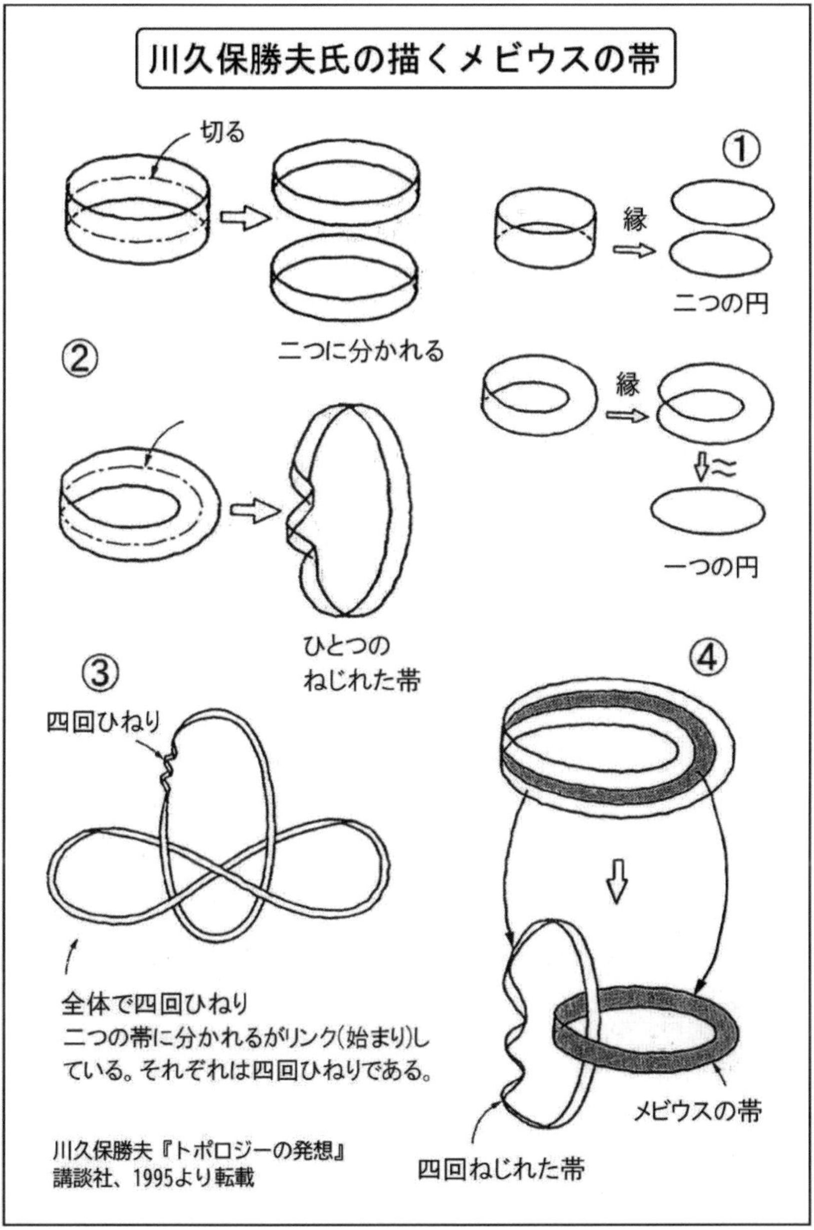

川久保勝夫氏の描くメビウスの帯

切る

二つに分かれる

① 縁 ⟹ 二つの円

② ひとつの ねじれた帯

縁 ⟹ ≈ 一つの円

③ 四回ひねり

全体で四回ひねり
二つの帯に分かれるがリンク（始まり）している。それぞれは四回ひねりである。

川久保勝夫『トポロジーの発想』
講談社、1995より転載

④

メビウスの帯

四回ねじれた帯

できあがった帯は、メービウスの帯でしょうか？　実はそうではない
のです。帯の面をたどっていきますと、一周でもとに戻ります。つま
り、この帯は二つの面をもっているのです。しかも意外にも、この帯
は180度のねじれを四回行ったものです。ちょっと見には、一回ねじ
って作ったメービウスの帯を二回繰り返すのですから、ねじれの回数
は二つのように思えますが、まん中で切ったあとに広げるときに、ね
じれが二回増えるからです。

　さらに不思議なことに、四回ねじったこの帯は、ふつうのねじらな
い帯と同相なのです。「そんなバカな！　どんなに伸ばしたり縮めた
りしたって、ねじれのないふつうの帯に重ねられないよ」とクレーム
がきそうです。

　おっしゃるとおり、私たちが住んでいる3次元の世界では、それは
できない相談です。ところが、四次元の世界に身を投じれば、それは
いとも簡単に重ねられるのです。

　続いて、四回ねじれた帯をもう一度真ん中で切ってみます。今度は、
帯は二つに分かれますが、　二つの帯は互いに絡まっています。それ
ぞれの帯は、切り離す前の帯と同様に、四回ねじった帯になっていま
す(図108)。

　さらに、この二つの帯のそれぞれにはさみを入れると、複雑にリン
ク(絡み合う)した同じ長さの四つの帯になり、あとはなん回はさみを
入れても長さは変わらず、帯の数だけ増えていきます。そしてそれら
は、ますます複雑にリンクしていくのです。

　最後に、帯の幅を三等分したところにはさみを入れてみます。する
と帯は、三つではなく二つに分かれます。しかも、短いのと長いのと
二種類です。短い方はメービウスの帯になり、長い方は四回ねじった
帯になります(図108)。

　メービウスの帯は、なんと不思議な性質をもっているのでしょうか。
長い引用になりましたが、川久保氏の説明で納得できないところがあ

図109

メビウスの帯と多角形の不思議な関係

メビウスの帯は、五角形・六角形・八角形を内包しています！

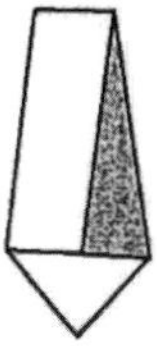

◀◀ メビウスの帯の
折りたたみ方か
ら生じる五角形
と六角形 ▶▶

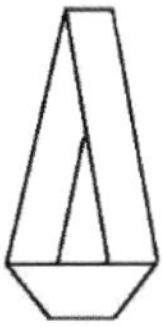

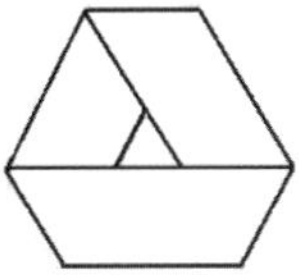

原図 橋本伸

メビウスの帯に１回目の切れ込みを入れ、それを折りたたむと八角形が生じます。

家紋 折りたたみ井筒
インターネットより

メビウスの帯に２回目の切れ込みを入れると、繋がった２個の円環が生じます。これを折りたたむと、左に見る２組の八角形が生じます。

正六角形と正八角形の不思議な関係

ⓐ 正六角形を
二等分割すると 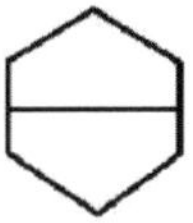 生じるかたちは  五角形 です！

ⓑ 正八角形を
二等分割すると 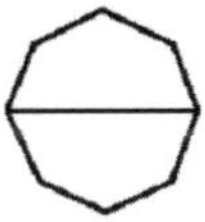 生じるかたちは  五角形 です！

六と八の密接な関係は、正多角形に限らず三平方の定理である$3^2+4^2=5^2$にも現われています。このような図形現象を世界で初めて提起したのは、日本列島の縄文人です。宮崎興二・Ｖ・Ｌ・ハンセン両氏がいう「文字より前にかたちがあった」を文字通り実践していたのは縄文人です。それも六と八の関係の産みの親である［X形とﾕ形の相即不離の関係］に気づいていた**縄文人の幾何学**は、驚嘆に値するものがあります。

作図・説明文：筆者 大谷幸市

ります。それは、図 109 に示すとおり、切れ込みを入れる前のメビウスの帯には六角形が現われており、さらにメビウスの帯に最初の切れ込みを入れて生じる帯には変則八角形が生じています。このようなメビウスの帯の状況を踏まえて、川久保氏は、メビウスの帯と六角形・八角形との図形的な関係を指摘すべきではないでしょうか。

[補遺]　フランスのポアンカレに始まるといわれる現代幾何学の一分野であるトポロジー（位相幾何学）の啓蒙書において、「正八角形から生じる二つ穴のトーラス」という命題が取り上げられています。それによれば、正八角形を二等分割した五角形から２個の一つ穴のトーラスが生じ、この一つ穴のトーラスをアイデンティファイすると二つ穴のトーラスが生まれると解説されています(図110)。「アイデンティファイ」という言葉を使うことに異論はありませんが、「眼形の連鎖から母胎の意味をもつ壺形を形づくる正逆Ｓ字トンボ、および正多角形を形づくる正六角形・

図 110

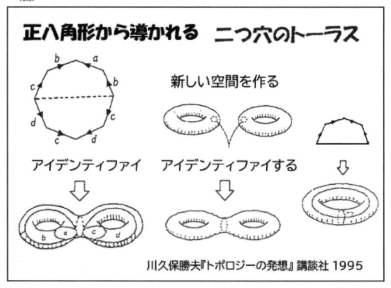

正八角形を導くことができる」という縄文人の幾何学(図 109「メビウスの帯と多角形の不思議な関係」参照)をもって説明すれば、トポロジー初心者にはより解りやすいと思います。

メビウスの帯と双曲図形 ( )( ) と楕円図形 (0) の関係

　私たちはエッシャーのメビウスの帯に見るとおり、メビウスの帯が①裏と表が区別されない現象と②折りたたむと六角形・八角形などが生じる現象をもっていることを知ることができました。①の現象はヨコ並びの眼形 ⦅⦆⦅⦆⦅⦆ の 0 形と X 形の相即不離の関係(区別がつかないほど密接な関係)につながるものがあります。

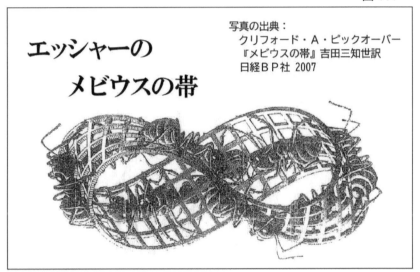

図 111

大森貝塚の土器と寺改戸遺跡の注口土器の意味

　大森貝塚から出土した土器に描かれる円環は、180 度の反転が確認されます。これがメビウスの帯とすれば、縄文人は、ドイツのアウグスト・フェルディナント・メビウスの発表(1865 年)よりおよそ 3000 年遡ってメビウスの帯に気づいていたことになります。

第 9 章　180 度反転の意味　　221

図112

メビウスの帯の誕生原理と不思議な現象

細長い紙片など

| A | B |

右図の紙片Bの変化に注目してください。aの普通の円環では正常なBですが、bにおいては反転したBとなっています。このように180度反転しているのが、メビウスの帯の最大の特徴です。180度の反転は、ものの誕生に必要不可欠な要素です。

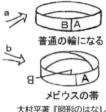

普通の輪になる

メビウスの帯

大村平著『図形のはなし』
日科技連より

以上から、細長い紙片などの両端のAとBは、表裏一体となり、新しいかたちを生みだしています。メビウスの帯の場合、円環の連鎖は無限に続きます。すなわち、メビウスの帯は、① 両性具有、②180度の反転、③永遠の継続性という「三大要素」をもっています。

この三大要素は**生命誕生の原理**になくてはならない要素です。

説明文：筆者 大谷幸市

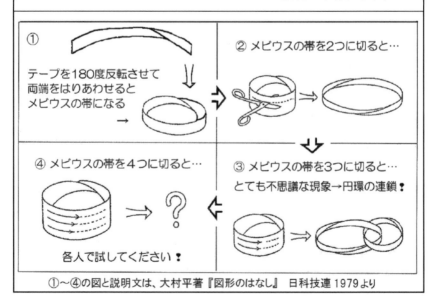

① テープを180度反転させて両端をはりあわせるとメビウスの帯になる

② メビウスの帯を2つに切ると…

③ メビウスの帯を3つに切ると…
とても不思議な現象→円環の連鎖！

④ メビウスの帯を4つに切ると…
各人で試してください！

①〜④の図と説明文は、大村平著『図形のはなし』 日科技連 1979より

図 113

壺形を作る メビウスの帯としめ縄

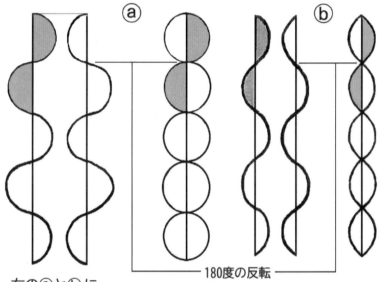

180度の反転

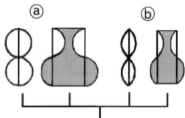

右のⓐとⓑに
　①両性具有
　②180度の反転
　③永遠の継続性
の三つの条件を与えると
メビウスの帯が生じます。
これを理解しないかぎりわ
が国に伝えられるしめ縄の
もつ意味を知ることはでき
ないでしょう。私たちは、
しめ縄が母胎の意味をもっ
ていることを知ることがで
きました！

かたちは相違してもメビウス
の帯であることは間違いあり
ません。2本のメビウスの帯
は母胎の意味をもつ壺形を形
づくっています。

作図・説明文：筆者 大谷幸市

図 114

メビウスの帯を折りたたむ→六角形

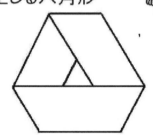

メビウスの帯を折りたたむと生じる六角形

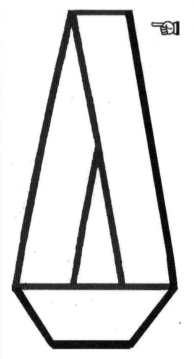

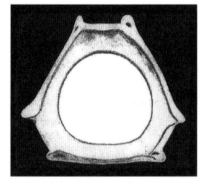

福島県大畑貝塚出土浅鉢　縄文中期

メビウスの帯を折りたたんで生じる六角形(右上)と縄文人が作った浅鉢のカタチ(右下)を見比べて見てください！ 酷似していることがおわかりいただけるものと思います。

縄文人がトポロジー的発想法を知っていたことは、図118に見る異形同質の土器を造っていたところに発見されます。

六角形の作図・説明文：筆者 大谷幸市

図 115

貴重な存在の縄文土器です。この六角形には、メビウスの帯と正多角形の意味が隠れています‼

| 一つカタチで
二つの意味をもつ | 正多角形
メビウスの帯 | > 六角形の縄文土器 |

説明文：筆者 大谷幸市

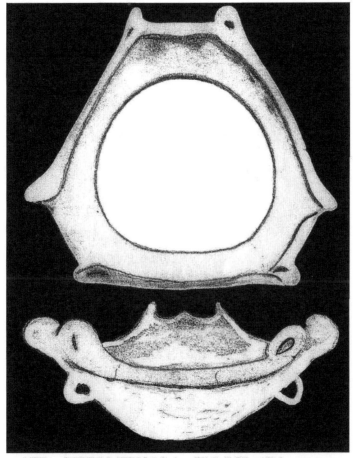

浅鉢　福島県大畑貝塚出土　縄文中期　高さ 16.1cm

第9章　180度反転の意味　225

図116

わが国の歴史を塗り替える注口土器

　この注口土器は、縄文時代後期に出現して以来、その後姿を消し、江戸時代になって再現され、現代に至ると伝えられています。〰〰〰（∞∞∞∞）形と ⋈（∞）形が同時に描かれているところに、この土器のもつ謎が隠されているようです。

注口土器(表)　加曾利B１式　縄文時代後期
東京都青梅市寺改戸遺跡　青梅市郷土博物館蔵　高さ12.7cm

タイトル・説明文：筆者 大谷幸市

図 117

異形同質の関係

青梅市郷土博物館の
注口土器

メビウスの帯

注口土器に描かれる 形は180度反転する円環、すなわち、メビウスの帯と考えて間違いないと思います。因みに、注口土器には、しめ縄状文様が描かれています。

注口土器　縄文時代後期　加曾利BⅠ式
（裏）　東京都青梅市寺改戸遺跡出土
写真提供　青梅市教育委員会

作図・説明文：筆者 大谷幸市

第9章　180度反転の意味　227

図 118

注口土器と異形同質の関係にある土器

縄文人は、生命誕生の原理につながる「異形同質の関係」を土器や土偶に文様を描き、造形を施しておりました。それらのかたちの源泉は、「円形の連鎖→眼形の連鎖」から始まっております(第5章の図68〜図69、第10章参照)。

タイトル・説明文：筆者 大谷幸市

← 東京・青梅市
寺改戸遺跡出土
の注口土器
青梅市郷土博物館蔵

a 表

a 裏

a 注口土器
大洞B式　縄文晩期　高さ 17.9cm
北海道 北斗市茂辺地出土
東京国立博物館蔵　重要文化財

b 注口土器
宝ヶ峯式　縄文後期
宮城県斎藤報恩会
自然史博物館蔵
a・bは『名宝日本の美術1
原始美術』小学館 昭和57年掲載

図119

形をもつ縄文後期の土偶

ⓐ180度反転して
いない ∞ 形

ⓑ180度反転して
いる ∞ 形
（メビウスの帯）

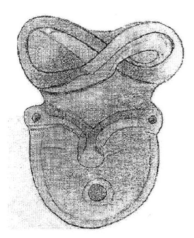
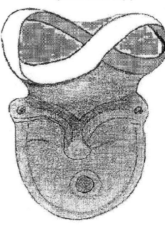

　上図の長野県大花遺跡出土の土偶の被る∞形をメビウスの帯と説明してきましたが、知人から「この土偶の∞形には180度の反転が確認できない」と指摘されました。これは、この土偶を製作した縄文人のミスによるものと考えられます。なぜ、縄文人は、∞形を造形していたのでしょうか。縄文人がメビウスの帯を知っていたことに変わりはないと思います。

作図修正・説明文：筆者 大谷幸市

図120

ねじれた８字形はメビウスの帯

８字形を描く漆椀 埼玉県寿能遺跡出土　縄文後期
（８字形は実物、椀は想定図）

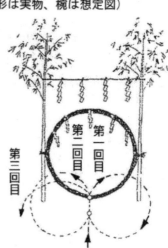

８の字形にくぐり抜ける茅の輪

神社における茅の輪を８字形にくぐりぬける行事には、180度のねじれを作りだすメビウスの帯の原理が発見されます。

写真・画像の出典：（インターネット・http：//www.shinmeisya.or.jp/html/tinowa01.html）

タイトル・説明文：筆者 大谷幸市

図121

なぜ、8の字形に見えるのでしょうか

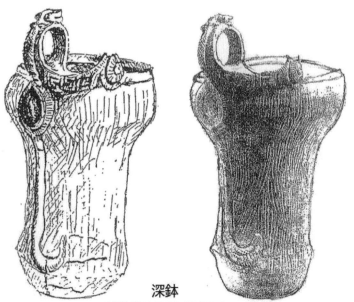

深鉢
山梨県塩山市柳田遺跡出土
縄文時代中期　国立歴史民俗博物館

8の字に見える理由

図の土器には「蛇を持つ土器」という名称がつけられています。確かに8の字形に蛇が這うのが確認されます。しかし、8の字形に対する説明がありません。

8の字形は中央あたりでねじっています。メビウスの帯と考えて間違いないでしょう。8の字に見えるのは、この土器を作った縄文人は、現代の私たちが「メビウスの帯」と呼ぶ現象を知っていたからであると考えられます。東京都大森貝塚出土の土器に描かれる180度反転する円環は、それを裏づけています。

タイトル・説明文：筆者　大谷幸市

∞ 形に中心線を引くと ～ 形と ～ 形（正逆Ｓ字トンボ）が生じます。180 度の反転をもつ正逆Ｓ字トンボは、「同質でありながら異形の二者の合体によって新しいかたちが生まれる」という「ものの誕生原理」をもっています。その新しいかたちのところへ「壺形」を入れ替えることができます。すなわち、壺形は母胎の意味をもつことができます。

　　以上を裏づけているのが大森貝塚出土土器に描かれる ～ 形であり、東京都青梅市の寺改戸遺跡の注口土器です。正逆Ｓ字トンボに見る ～ 形と ～ 形への 180 度の反転はらせん形 ～～～ を形成します。らせん形は永遠の継続性をもっています。

　　後者の寺改戸遺跡の注口土器には、∞∞∞∞ 形と ～ 形が紐で結ばれ同じ向きに描かれています（第９章、図116～図117）。さきのメビウスの帯に発見される@表裏一体の図形現象と⑥円環の連鎖の意味を導くには、寺改戸遺跡の注口土器に描かれる ∞∞∞∞ （二重らせん構造）のもつ「同質でありながら異形の二者の合体によって新しいかたちが生まれる」という概念が必要になります。

　　二重らせん構造が@正逆Ｓ字トンボによる母胎の意味をもつ壺形を作り、その超強靭性と永遠の継続性は⑥正六角形の集合体から生じていることを、縄文人が理解していたことは、斜格子文の項でのべてきました。

　　縄文草創期の斜格子文を描く土器と縄文後期の注口土器に描かれるメビウスの帯は、二重らせん構造によって結ばれています。寺改戸遺跡の注口土器以外にも、長野県大花遺跡の土偶など ∞ 形を造形する土器・土偶があります。

縄文人のクラインの壺

　　「縄文うずまきの会」の講演会へ参加していただいた橋本さんという女性から現代のトポロジーにいうクラインの壺に酷似する皿型土器が長野県茅野市尖石考古館に陳列されています」という情報をいただきました（2017 年）。さっそく現地、尖石考古館へ飛び、それがクラインの壺であると確信しました（同行者石浦薫さん）。人間の鼻にイメージされる穴と

目にイメージされる二つの穴の存在が決め手になりました。

　ところで、∞形に中心線を引くと２個の正逆Ｓ字トンボ◯◯による壺形🏺が生じます。この正逆Ｓ字トンボは、第６章の図73に見るように180度の反転が確認されます。正逆Ｓ字トンボとメビウスの帯は、新しい形を生みだす①両性具有、②180度反転を共有しています。両者

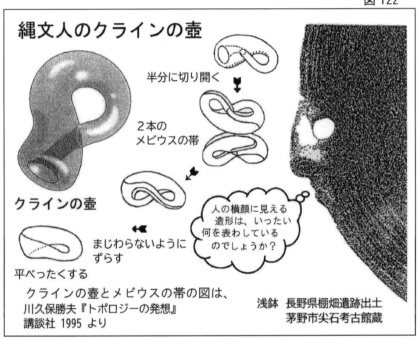

図122

から生みだされるカタチは壺形🏺です。ここに壺形が母胎の意味をもつ根拠が発見されます。つまり、壺形は「二重らせん構造の上に載るＤＮＡ」(図74)と同様に、「同質でありながら異形の二者の合体によって新しいかたちが生まれる」という生命誕生の原理をもつ二重らせん構造から生まれているのです。繰り返しますが、二重らせん構造は、**生命誕生の原理**に不可欠な**永遠の継続性**をもっています。

第９章　180度反転の意味　　233

第 10 章

七宝文の幾何学

柿の蔕形 ❀ から生まれる七宝文 ❈

　かたちの素粒子）形の 180 度の反転から柿の蔕形 ❀ が生じます。この
かたち ❀ は、図 124 に見るように**一つかたちの中に二つのパターンをもっ
ています**（∞ 形と ○○ 形）。**これが柿の蔕形 ❀ の最大の特徴です**。

　日本列島の縄文人がこれに気づいていたであろうことは、縄文人が創
出した双眼 ◑ に ❀ 形が隠れているところに示されております。これに
気づいた時、この柿の蔕形 ❀ は、縄文人にとって極めて重要な文様で
あったと確信しました（第8章参照）。

　❀ 形は、自然界の柿の実の蔕に酷似しています（図 43 参照）。この柿の
蔕形 ❀ のタイル張りは、図 125ⓐの円形の連鎖に符合しています。続
いて、4 個の円形を繋ぐ ⋈ 形の外接円を連続して描いて行くと、◈ 形、
もしくは ✖ 形の連続形が生じます（図 124 参照）。これがナナメ並びの眼形
に基づく七宝文 ❈（図 125 参照）です。

　ところで、縄文時代草創期の豆粒文土器、同斜格子文土器・隆起線文
土器・爪形文土器、縄文時代早期〜前期の波状口縁をもつ土器の造形さ
れる文様をかたちの視点から考察すると、かたちの素粒子）形を礎とす
る造形であると認識されます。

　このかたちの素粒子）形は、縄文時代中期の土器（図 13〜図 14）や土偶（第
2章、51 ページ参照）に描かれていますが、縄文時代草創期の土器に描かれ
る斜格子文や縄文時代早期の土器に造形される波状口縁などは、かたち
の素粒子）形を出発点とする幾何学に基づいています。

　かたちの素粒子）形の 180 度の反転から生じる柿の蔕形 ❀ は、一つか
たちの中に二つのパターンをもっています。この柿の蔕形 ❀ の発展形
が同じ意味をもつ七宝文 ❈ です。柿の蔕形 ❀ から七宝文 ❈ が導か
れて、初めて円形と正方形に基づく天地・陰陽の概念を導くことができ
ます（図 125〜図 127 参照）。

　異形同質の関係にある ◈ 形と ✖ 形は合体して ❈ 形を形づくっってい
ます。換言すれば、両者 ◈ 形と ✖ 形は**相即不離の関係**で結ばれている
ことになります。

縄文人の幾何学は、豆粒文土器の ◯ 形から始まり、隆起線文土器の 〜〜〜 形へとアナロジーの連鎖を拡げ、斜格子文土器、波状口縁をもつ土器(らせん形＋正多角形)、縄文時代前期の京都市北白川遺跡出土浅鉢と福井県鳥浜貝塚出土浅鉢に描かれる文様(双曲・楕円図形による正六角形と正八角形の表現)は、現代の幾何学を凌駕するところ大なるものがあります。

縄文時代中期に至って、かたちの素粒子「)」形を描く土偶や土器、および ⊗ 形を描く土偶や土器が出現します。縄文人の造形の最たるものは双眼 ❶ です。この双眼 ❶ には柿の蔕形 ⊗ が隠れていました(第8章参照)。図 123 は縄文晩期の壺です。この壺に描かれるかたちは、◯ 形と ロ 形が確認されるところから ⊗ 形がイメージされます。

図 123

縄文晩期の壺　亀岡式土器　高さ22cm
国学院大学蔵

土器の出典：『縄文のわざと道具』小林達雄　毎日新聞社 1989より
図版の説明文：筆者　大谷幸市

ところで、かたちの素粒子)形の 180 度反転の繰り返しによって生じる柿の蔕形 ❀ の中心部分の ⌑ 形に外接する円形を描くと、❀ 形が生じます。縄文人が ❀ 形を創出することができたのは、かたちの素粒子)形の 180 度の反転の繰り返しから柿の蔕形 ❀ が生じる図形現象を発見していたからではないでしょうか。柿の蔕形 ❀ は、一つかたちの中に二つのパターンをもっています。

```
柿の蔕形❀ ┌ ∞-χ形を媒介とする連続円文
           └ ∞-⌑形を媒介とするひょうたん形
```

　同質でありながら異形の二者であるχ形と⌑形は、それぞれ同形同質の２個の円形〇を繋ぎ ❀ を生みだしています。❀ 形を柿の蔕形と名づけました。この ❀ 形は、**一つかたちの中に二つのパターン** を形づくっています。

　わが国独自の文様と言われる七宝文 ❀ は、この柿の蔕形 ❀ から生じるカタチです。なお、七宝文 ❀ は**天地・陰陽の図**を形づくっています (図128)。

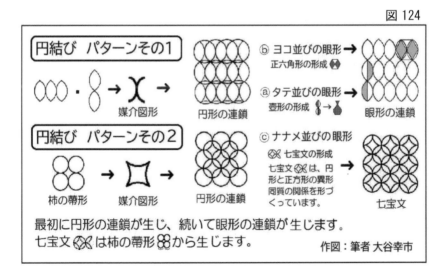

図 124

最初に円形の連鎖が生じ、続いて眼形の連鎖が生じます。七宝文 ❀ は柿の蔕形 ❀ から生じます。　　　　　作図：筆者 大谷幸市

第10章　七宝文の幾何学　　239

Ҳ 形と 口 形の特別な性質

縄文人が Ҳ 形と 口 形の存在に気づいていたことは、これまで、繰り返し述べてきました。加えて国学院大学蔵の壺の ⬡ 形は、縄文人が七宝文を知っていたことを裏づけています。

柿の蔕形 ８８ の４個の円形を結ぶ 口 形は ∞ を生みだしています。ひょうたん形の 口 形は、第３章の図33の虎塚古墳壁画に見る ●● 形をつなぐ Ҳ 形に該当します。繰り返しますが、このように Ҳ 形と 口 形は、ともに媒介者の役割を果たしています。図124に示す Ҳ 形と 口 形のもつ特別な性質に縄文人は気づいていました。

かたちの素粒子）形の180度の反転から生じる柿の蔕形 ８８ (口眼に隠されたかたち)は、二種類の円形の結び方をもつ ∞ 形と ◯◯ 形をもっています。図124はその二種類の円結びのパターンを表わしています。図に見るとおり Ҳ 形と 口 形は、①眼形の連鎖と②七宝文の連鎖を形づくっております。いずれにしても Ҳ 形と 口 形が媒介図形の役割を担っていることに変わりはありません。

「円結びのパターンその１」からは、母胎の意味をもつ壺形 🝐 と正多角形を象徴する正六角形 ⬢ が生じ「円結びのパターン その２」からは、天地・陰陽を表わす七宝文 ⬖⬗ が生じています。このパターンが、縄文人を始めとするわが国古代人が培ってきた**幾何学の集大成**です(図126参照)。

縄文人が七宝文 ⬖⬗ から宇宙創成の原理と生命誕生の原理という二つの原理を導くことができたのは、七宝文 ⬖⬗ が「**一つ形の中に二つの意味(パターン)をもっている**」からにほかありません。このパターンが、この後で述べる「**となり合せの存在**」、換言すれば「**一部と全部の関係**」です(石浦薫の「はじめに」参照。

出雲大社の神紋

円形の連鎖から生みだされる ８８ 形は、それぞれ Ҳ 形と 口 形を媒介に

∞ 形と○○形を形づくっています。繰り返しますが、88 形は「柿の蔕」にそっくりです(図43)。この柿の蔕形 88 は、①タテ並びの眼形→ 🏺 壺形、②ヨコ並びの眼形→ ⬡ 正六角形、③ナナメ並びの眼形→七宝文 ⊗⊗ の産みの親です。

　これをお読みになった読者の脳裏には、縁結びの神様である出雲大社がイメージされていることでしょう。この出雲大社には、正六角形 ⬡ の中に正八角形 ✳ の骨組を描く神紋 ✳ があります(第5章、図70参照)。正六角形 ⬡ と正八角形 ✳ は、宇宙創成の原理と生命誕生の原理の統一理論の構築になくてはならないかたちです。

七宝文の形成

　七宝文 ⊗⊗ は、図 125 に示されるかたちから編みだされたものと考えられます。その原形は、かたちの素粒子)形の 180 度の反転の繰り返しから生じる円形の連鎖、すなわち柿の蔕形 88 です。

　円結びは、二種類のパターンがあります(図 124 参照)。円結びパターン①の眼形の連鎖からタテ並びの眼形 ∞∞∞ とヨコ並びの眼形 ⋈⋈⋈⋈ のタイル張りが生じ、壺形 🏺 と正六角形 ⬡ が導かれます。

　円結びのもう一つのパターンは、いわゆる七宝文と呼ばれる 4 個の眼形による ◈ と ⊠ を基本形としています。図 125 の©の七宝文をじっと見つめると、◈ 形の集合体に見えたり、⊠ 形の集合体に見えたりと、二つのかたちが行ったり来たりします。

　◈ 形と ⊠ 形は、それぞれ 2 分の 1 の ⟩ 形を共有しあい、⊗⊗ 形を形成しています。換言すれば、同質でありながら、異形の二者である◈ 形と ⊠ 形は、合体して ⊗⊗ 形を生みだしています。七宝文 ⊗⊗ は「一つかたちの中に二つのパターンをもっています」。これは石浦薫氏が指摘する後藤新平が到達していた「**となり合せの存在→一部と全部の関係**」に結ばれています。

図 125

七宝文 しっぽうもん の形成過程

ⓐ 円形の連鎖
かたちの素粒子）形の180度の反転の繰り返しによる円形の連鎖の形成

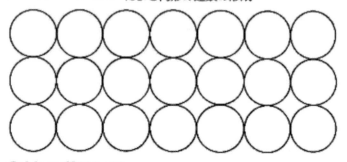

ⓑ 柿の蔕形 → ひょうたん形・連続円文の形成

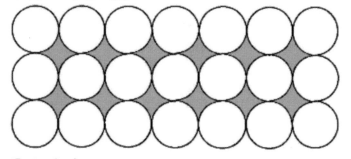

ⓒ 七宝文 上図ⓑの◆形に外接円を描く → 形の誕生

作図：筆者 大谷幸市

図 126

形と形の不思議な関係

ヨコ並びの眼形 ◇◇◇◇◇ において、○形とχ形は相即不離の関係をもっております。これを受け継ぐ◇形とχ形は、ヨコ並びの菱形文 ◇◇◇◇◇ を形づくっています。

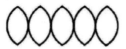 →

双曲図形＋楕円図形＝◇◇◇　　菱形文＋向かい三角文＝◇◇◇

○形とχ形は、相即不離の関係を維持しています。縄文人がこのような図形現象に気づいていたことは、前述してきました。この○形とχ形の特別な性質は、七宝文 ◇◇ にも現われております。これは極めて重要です。

形はとをつなぎ ……連続形(継続性)を生みだしています

形はとをつなぎ ……連続形(継続性)を生みだしています

異形同質の 円形○ と正方形□ の組合せをもつ 七宝文 ◇◇

ⓐ → 4個の○形から円形○が形づくられ、その中心部分に◇形が確認されます。

ⓑ → 4個の○形から木葉形✿が形づくられ、その外郭に正方形□を想定することができます。また、中心部分には✻形が確認されます。

χ形と◇形は、異形同質の関係を結ぶ ○○ 形と○○ 形を形づくります。他方、異形同質の関係を維持する ⟩形と⟨形は合体して ◇形と✿形を作ります。七宝文 ◇◇ は、◇◇◇◇形における○形とχ形の相即不離という特別な性質を受け継ぎ、宇宙創成と生命誕生の原理を同時に導くことができる［○＝天・□＝地］と［✿→✻＝陰・◇→◇＝陽］を内包しています。

作図・説明文：筆者 大谷幸市

第10章　七宝文の幾何学

図127

七宝文 ✣ の謎

七宝文の特徴である天地（○・□）・陰陽（✣・✣）は、
✣ ⇨ ✣ ⇨ ◫ 形から導くことができます！

① 円形＝ ⊕天⊕ ⇦  ⇨ 〔地〕＝正方形

② ✣ 陰 ⇦ 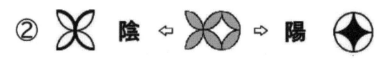 ⇨ 陽 ✦

 天を表わす ✧ 形の外郭は、円形○
です。この中に4個の) 形による
◇ 形が現われています。

 地を表わす ✣ 形の外郭は、正方形
□です。この中に4個の) 形による
✗ 形が現われています。

✗形を媒介に永遠の継続性をもつ　　◇形を媒介に永遠の継続性をもつ
✣✣✣ 形が形成されています。　　　✣✣✣ 形が形成されています。

七宝文✣は、天地・陰陽、すなわち宇宙創成と生命誕生
の原理を内包しています（一つ形で二つの意味を柿の蔕形❀と共有
しています）。さらに、七宝文は永遠の継続性を併せもってい
ます。ここに、七宝文✣の存在意義が発見されます！

作図・説明文：筆者 大谷幸市

図 128

天地・陰陽の図
一つかたちの中に
二つのパターンをもっている

上図はインターネットより転載しました

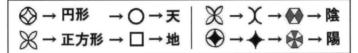

七宝文 ❈ に 天地・陰陽 を想定することができます?

上記の◇形と❈形は、異形同質の関係を維持し、新しいパターンである❈形を生みだしています。❈形は、永遠の継続性を内包し、「**天地・陰陽**」→ 宇宙創成と生命誕生の**統一理論**の構築を可能にしています。

縄文人の発想法　森羅万象をかたちで表わす

[天照大神と大日靈尊の正体]

小論、第14章の図160〜図167をご参照ください。

作図・説明文：筆者　大谷幸市

第10章　七宝文の幾何学　　245

図 129

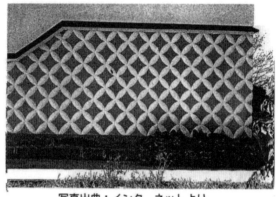

土蔵にデザインされた七宝文

写真出典：インターネットより

図 130

自然界を記述する言語が　**幾何学である！**

V・L・ハンセンは、その著作『自然の中の幾何学』
（井川俊彦訳 ㈱トッパン 1994)の「あとがき」において、
つぎのように書いています。

……「自然界を記述する言語が幾何学である」と
いうことであった。ちょっとみただけでは不思議
な現象も、この言語を使って解読することができ
るのである。この世界を構成している形や模様を
説明するものが幾何学であり、それを抽出したも
のが幾何図形である。

V・L・ハンセン『自然の中の幾何学』井川俊彦訳 ㈱トッパン 1994 より

　このような4個の眼形「()」に拠る海鼠紋（＝七宝文）について、イン
ターネット「ウィキペディア」は、「形が永遠に連鎖し繋がるこの柄に、
円満、調和、ご縁などの願いが込められた 縁起の良い柄 です。また 人の

御縁や繋がりは、 七宝と同等の価値がある事を示している柄でもあります」
と説明されています。なお、七宝は、仏教では金・銀・瑠璃（るり）・瑪瑙（め
のう）・玻璃（はり）・珊瑚（さんご）・シャコという７個の宝石の意味をもってい
るとインターネットは書いています。わが国の古代人は、七宝文が、
７個の宝石に例えられ、さらに正六角形と正八角形をつなぐ意味を併せ
もっていることに気づいていたと考えられます。

縄文人の幾何学の原点

　七宝文は、◈形と✳形が相即不離の関係に置かれており、一つかた
ちの中に二つの意味［✖✖ → ◫（円形・正方形、陰・陽の関係）］を持っている
ことに気づかなければ形成されることはなかったと思います。七宝文の
形成過程において、X形と◇形を導くことができます（図68〜図69参照）。

　**縄文人の幾何学の原点は、かたちの素粒子 ）形の180度の反転から生じ
る柿の蔕形❀、 すなわち［柿の蔕形 ❀ ＝連続円文 ∞ とひょうたん形
○○ の組合せ］にあるということになります。**

　わかり易く言い直せば、柿の蔕形 ❀ は一つかたちの中に二つのパタ
ーンをもっています。図式 ∞+○○=❀は、二つの円形を結ぶX形と◇
形は、かたちの素粒子）形と共に、縄文人の幾何学の原点に位置するか
たちであると認識することができます。加えて、縄文人は、双眼 ◉ が
柿の蔕形❀を内包していることにも気づいておりました（図94参照）。

縄文人のかたちの素粒子）形とインドのウパニシャッドとの関係

　石浦薫氏は「後藤新平の一部と全部の関係」（『後藤新平の会』会報第 26
号 2022年7月）の中で、インドのサンスクリットで書かれるウパニシャッ
ドの「近くに座す、隣りに座す」、「隣り合わせの存在」と日本列島の
縄文土器に描かれる「）」形（第2章、図 13、縄文時代中期の長野県富士見町の藤
内遺跡出土の深鉢）との関係性を指摘されています。

ところで、「)」形を描く土器が作られた縄文中期は、約4500年前〜約5500年前であり、紀元前10世紀〜紀元前5世紀のウパニシャッドとは、約4000年ほど日本列島における縄文の歴史が先行しています。日本とインドは、仏教を介して結ばれていることを考えると、縄文土器に描かれる**かたちの素粒子)形**とウパニシャッドの**となり合せの存在**の語源との関係は、無視できないものがあります。以下の4例は、インターネットより引用したインド「ウパニシャッド」の情報です。

・ウパニシャッドは、宇宙の本質(ブラフマン)と自我の本質(アートマン)が同一であると悟ることで、解脱を図ります。
・ウパニシャッドも仏教もジャイナ教もやり方は違っても全部、輪廻転生から解脱を図っています。
・ジャイナ教は徹底的な苦行と禁欲、不殺生によって、カルマを浄化しようとします。
・仏教は瞑想を行ない、自我を含むあらゆる現象に不変の本質がないと直観的に理解することによって、解脱を図ります。

縄文人は、なぜ土器に「)」形を描いたのでしょうか(第2章、図13〜図14参照)。「)」形の180度反転形は「(」形です。異形同質の関係を維持する「)」形と「(」形は、合体して◊形とχ形などを形づくります。両者の合体形は一体化されています。つまり、◊形、もしくはχ形をヨコ並びに描くと◊◊◊◊◊形、もしくはχχχχχ形が生じます。これらのパターンは、永遠の継続性をもっています。

ここにウパニシャッドと仏教にいう「輪廻転生」の概念を読み取ることができます。永遠の継続性は、◊形とχ形のもつ特別な性質から生じる現象です。この輪廻転生は永遠の継続性を背景にもつ言葉です。つまり、ヨコ並びの眼形　◊◊◊◊◊◊　を描くと◊形の隣りには必然的にχ形が生じています。この現象を筆者は「相即不離の関係」と名づけました。

248

このような図形現象の上に縄文人が土器に描いていたかたちの素粒子「)」形の意味が発見されます。かたちの素粒子)形の180度の反転から生じる()形と✗形は、となり合せの関係を維持しております。

　縄文人の発見した「)」形のもつ意味、**となり合せの存在**は、インドのウパニシャッドに年代的に先行しています。その後において、日本人が仏教を受容したのは、輪廻転生に死生観を説く仏教の教えに、縄文人が組み立てていた「)」形の概念を重ね合わせていたと考えられます。

　お釈迦様は、日本列島の縄文人が土器に描いていたかたちの素粒子)形の180度の反転の繰り返しから生じる柿の蔕形 ❈ から生じる**となり合せの存在**に気づいておりました。お釈迦様は、これを「ある人から聞いたところ…」と表現していると考えられます。このようなところに6世紀の日本人が仏教を受容した根拠が認められるのではないでしょうか(神仏習合理論)。ウパニシャッドに言う「宇宙の本質(ブラフマン)と自我の本質(アートマン)が同一であると悟ることで、解脱を図る」はわが国の七宝文 ❈ がもつ天地・陰陽の図に完全に符合しています。

わが国独自の文様〈七宝文 ❈ の意味　その1〉

　七宝文の基本形は、❈ 形と考えられます。4個の眼形()は、同じナナメ並びの眼形❨の180度の反転によって生じるかたちを基本に形づくられています。つまり、❀形と ❈ 形は、**異形同質の関係**を維持しております。この ❀ 形と ❈ 形は、○(円形)と□(正方形)に置き換えることが可能です。以上から、異形同質の○と□は、合体して円方図＝◙・方円図＝▣ という新しい形を生みだすことができるわけです。七宝文創出者は、現代の幾何学でさえ未だ到達されていない円形○と正方形□の異形同質の関係の物証である ❈ 形→ ◙ 形を編みだしていたのです。ここに、縄文人を始めとするわが国古代人が七宝文と名付けた ❈ 形の存在意義が強く認識されます。

　縄文時代草創期の豆粒文土器は、眼形()を基に造形されています(小論の「はじめに」と「第2章」で触れています)。他方、七宝文 ❈ は、❨ 形の180度の反転に拠る円形○と正方形□を形づくっています。豆粒文土器と七

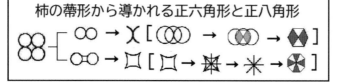

宝文は、同じかたちの素粒子)形から生まれたかたちです。

文字より前にかたちを活用していた縄文人を始めとするわが国古代人の優れたところは、繰り返しますが、**思想の伝達方法**に上記に示す図式を取り入れていたところに発見されます。七宝文 ✺ は、一つかたちの中に**一部**[✺ 形と ✺ 形]と**全部**[✺]をもっています。

一つかたちの中に二つの意味を同時にもつかたちは、七宝文 ✺ の産みの親である柿の蔕形 ✽ の他に探し出すことはできないでしょう。七宝文 ✺ から①**天地→宇宙創成の原理**と②**陰陽→生命誕生の原理**を同時に読み取ることができます。

小論をお読みいただいた石浦薫氏から、次のような一文をいただきました。

明治政府の神仏分離令が 1868 年に発令されてから 156 年経過。ここに、日本文化を統合した縄文思想の金字塔(七宝文 ✺)が打ち建てられていることが判明。一つかたちの中に二つの意味をもつ七宝文 ✺ は、大自然の法則(神道)と生命誕生の原理(仏教)を繋ぐ唯一のパターンです。

明治政府の指導者は、縄文人の末裔とはとても考えられません

　明治政府による神仏分離令は、明治元年(1868年)に発令されました。これによって、仏教徒は弾圧されました。これが廃仏毀釈です。このような法令の施工により、江戸時代まで続いた神仏習合思想は破滅の危機を迎えることになります。

　◈◈形は分離し、◈形と◈形は宙に舞いあがり、意味不明のまま彷徨していたはずです。ここに縄文人が一万年以上の歳月の上に培い、築き上げてきた天地・陰陽、すなわち宇宙創成と生命誕生の統一理論は、明治政府の富国強兵政策に置き換えられてしまい、日清、日露戦争、さらに第二次世界大戦へと向かい戦乱への道を歩むことになります。結果、1945年(昭和20年)8月6日広島に、同年8月9日長崎に原爆が投下され多くの人が犠牲になってしまいました。

　聖徳太子の掲げた「**17条の憲法**」は、縄文人の七宝文◈◈にのっとり「和の精神」を貫いております。明治政府の「神仏分離令」とは、いったい何者でしょうか。神と仏は、七宝文◈◈の基に習合され、初めて**となり合せの存在**として意味が生じるのであって、分離状態では、その実態を把握することはできません。

　かたちの素粒子)形は180度の反転を繰り返し柿の蔕形◈◈を形づくります。つまり柿の蔕形◈◈は、円形の連鎖を形づくり、さらに眼形の連鎖を形成し、母胎の意味をもつ壺形🝑の形成とものの誕生を解く上でなくてはならない正六角形◈を生みだしています。他方、七宝文◈◈は宇宙創成と生命誕生の統一理論を生みだしています。

　わが国の古代人が選択し創出した思想は、◈◈形に織り込まれた神仏習合思想です。わが国の古代人が、国の象徴としてきた七宝文◈◈を投げ捨てることは、とても考えられません。縄文人が1万有余年培ってきたかたちの上に構築される神仏習合理論を否定する神仏分離令を出した明治政府の指導者は、縄文人の考え方を何も受け継いでおりません。彼らは縄文人の末裔ではありません。神仏分離令は、全体に目を向けず、自分のことしか考えない一方通行の政策です。

第10章　七宝文の幾何学　　251

ところで、仏教が伝えられた時代の日本列島の古代人は、仏教が縄文人の培ってきた幾何学、つまり「**となり合せの存在＝一部と全部の関係**」を内包していることに気づいていたと考えられます。このように考えることによって、神仏習合（日本土着の神祇信仰＝神道と仏教信仰＝日本の仏教が融合し一つの信仰体系として再構成された宗教現象(インターネット「ウィキペディア」より)）が、千年以上受け継がれてきた意味がよく理解されます。

　縄文人が大自然との共生を主眼に置いていたことは、彼らが製作した土器や土偶に描いていたらせん形〰〰や渦巻文◎◎に拠って知ることができます。らせん形や渦巻文は、かたちの素粒子）形に基づく①両性具有、②180度の反転現象、③永遠の継続性をもち同質でありながら、異形の二者の合体によって新しいかたちが生れるという法則性をもっています。この法則性は、**森羅万象の誕生**に必要不可欠です。

　以上から、◈形の集合体である七宝文は、フランスの数学者のブノワ・マンデルブロのいう図形の一部と全体が自己相似になっているフラクタルなかたちを呈しています。ここに七宝文◈は、ⓐ天地→**宇宙創成の原理**とⓑ陰陽→**生命誕生の原理**を同時に読み取ることができ、**天地・陰陽の図**と呼ぶことができるわけです（前掲図128参照）。

わが国独自の文様〈七宝文◈の意味　その２〉

　わが国独自の文様と伝えられる七宝文(海鼠紋)は、土塀や土蔵に数多くデザインされています。右の七宝文◈を注視すると◈形…と✲形…が行ったり来たりします。七宝文◈は♪形の180度の反転に拠るパターンの繰り返しです。

七宝文→天地・陰陽の図

　このパターンから◈形✲形との合体形が形成され、そこに円形〇と正方形□の異形同質の関係が成立しています。七宝文◈は、ナナメ並びの眼形𝄞の180度の反転によって生じるかたちを基本に形づくられています。つまり、◈形と✲形は**異形同質の関係**を維持しております。

図131

180度の反転の繰り返しから生じる柿の蔕形から生じる
七宝文がもつ重要な意味とは…

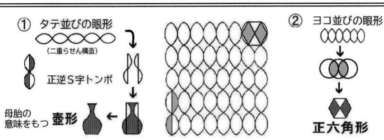

① タテ並びの眼形（二重らせん構造）　正逆S字トンボ　母胎の意味をもつ 壺形

② ヨコ並びの眼形　正六角形

③ 4個の眼形◯によって円形と正方形が形づくられているところが、七宝文の最大の特徴であると認識されます。このような図形現象は、円形◯（曲線）と正方形□（直線）が異形同質の関係に置かれていることが明確に証明されています。

① タテ並びの眼形 → 壺形
② ヨコ並びの眼形 → 正六角形
③ ナナメ並びの眼形 → 七宝文 → ◯□ → 前方後円形

上記の①〜③は、同質でありながら異形の2者の合体から新しいかたちが生みだされています。宇宙創成の原理と生命誕生の原理を内包する七宝文から前方部に2個の正多角形に特徴的な角度をもつ前方後円形が生みだされています。

日本土着の神祇信仰（神道）と仏教信仰（仏教）が融合し一つの信仰体系として再構築された現象を神仏習合と言います。神と仏の融合は、両者が同形同質、あるいは異形同質の関係に置かれていることが最前提となります。わが国独自の文様である七宝文なくして、この両者、すなわち、神と仏を結ぶことはできません。ここに、七宝文のもつ意味の重要性が発見されます！

七宝文は、円形◯と正方形□の異形同質の関係をもつ唯一のかたちです。

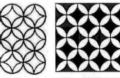

天地・陰陽の図

タイトル・作図・説明文：筆者 大谷幸市

第10章　七宝文の幾何学　253

この ◈ 形と ✖ 形は、○（円形）と□（正方形）に置き換えることが可能です。以上から、異形同質の○と□は、合体して円方図＝◎・方円図＝▣ という新しい形を生みだすことができるわけです。七宝文創出者は、現代の幾何学でさえ未だ到達していない円形○と正方形□の異形同質の関係の物証である ✖ 形→▣ 形を編みだしていたのです。ここに、縄文人を始めとするわが国古代人が七宝文と名付けた ✖ 形の存在意義が強く認識されます。

　縄文時代草創期の豆粒文土器は、眼形◖を基に造形されています。他方、七宝文 ✖ は、٤ 形を基に6個の眼形◖から形成されています。この七宝文 ✖ と、およそ1万2500年前に造られた◖形をもつ豆粒文土器は、同じ眼形◖から生じるかたちです。

　文字より前にかたちを活用していた縄文人を始めとするわが国古代人の優れたところは、繰り返しますが、**思想の伝達方法**として、上記に示す図式を取り入れていたところに発見されます。七宝文 ✖ は、一つかたちの中に**一部**[◈ 形と ✖ 形]と**全部**[✖]を同時にもっています。

　一つかたちの中に二つの意味を同時にもつかたちは、七宝文 ✖ の産みの親である柿の蔕形 ✿ 以外に探し出すことはできないでしょう。すなわち、七宝文 ✖ から①**天地→宇宙創成の原理**と②**陰陽→生命誕生の原理**を同時に読み取ることができます。

　ところで、石浦薫氏は、神仏習合について、つぎのように述べていました。

　　聖徳太子以来、日本の精神風土は神仏習合をベースとしてきた。　それを明治政府は、神仏分離令によって破壊した。その結果、わが国は太平洋戦争へと突入した。それが現代日本の実状である。古来よりの縄文思想の発見は、**神仏習合を取り戻す復興運動**である。

第 11 章

縄文人の発想法

第1節　挫折していた縄文研究

異次元に踏み入る有効な方法論はあるのでしょうか

　磯前順一氏は、その著『記紀神話と考古学』「第四章　土偶論の視座」（角川学芸出版、2009）の中で、縄文人の信仰内容の究明に関して、つぎのように書いています。少し長い引用になりますが、ご容赦ください。

　　その後、1980 年代後半から 1990 年にかけて八重樫純樹・小林達雄を中心とした「土偶とその情報」研究会が組織され、1980 年前後から急増していった行政発掘の資料を、型式研究に収斂させるべく、コンピューターを駆使したデータベース処理によって一万点を超える土偶の情報収集が推し進められた。その研究は『土偶研究の地平　一〜四』（勉誠社 1997〜2000 年)に結実することとなり、各地域の実態に即した型式変遷がより具体的に把握されるようになった。しかし、その研究の総括として、代表者である小林が次のように述べざるを得なかったことを見落としてはならない。［以下は磯前順一氏が引用した小林達雄氏の所感です（筆者注)］

　　土偶の観念技術の具体的な内容を把握することは困難である。しかも努力を重ねさえすればその困難を克服して、いずれは正体を明かすことができるという期待も容易ではないのだ。それが縄文人の世界観にかかわるからであり、いまの我々にとっては縄文人の物質文化から世界観を理解することは到底なし難いことなのである。努力があればよいというものではなく、少なくとも現代では、その異次元に踏み入る方法論がないのだ。
　　このような観念の解釈問題をめぐる研究者の当惑は土偶研究だけのものではなく、直接には物質的な生産行為にはかかわらず、観念との関係をもっぱらとする遺物や遺構について全体的に当てはまることである。たとえば、藤木強・小林達雄他編『縄文文化の研究　九　縄文人

第11章　縄文人の発想法　　257

の精神文化』(雄山閣出版、1983) では、おもな諸形式の遺物論や遺構論が網羅されているにもかかわらず、「縄文人の精神文化」に関する総論の執筆は事実上断念されている。

　ここで筆者の見解を述べれば、結局のところ、厖大なデータ集積をとおして明らかになったことは、そのデータ処理をおこなう研究者自身の枠組み次第で土偶の背後に潜む観念は多様な図柄を描きえるものだということであった。

　「過去に、土俗学や民族学、宗教学などそれぞれの分野の研究者が、自分の分野の知識を土台に、勝手な解釈を施してきた遺物の代表が「土偶」であった」(傍点は磯前) というような、いささか清算主義的な総括が、土偶研究の行き詰まるたびに繰り返されてきたのもまた、実はそのような考古資料と観念の関係のあいだに横たわる溝が避けられないものであるが故なのである。もはやそれを型式研究の推進のみによって充当すべきとは言いがたい状況にあることは、1920 年代の甲野や八幡に始まり、1990 年代の「土偶とその情報」研究会にいたる約 80 年におよぶ土偶研究の歴史が如実に物語っているところといえよう。むろん、考古学が先史社会の実態をふまえた学問である以上、型式研究は依然として欠かすことのできないものである。しかし、従来の型式研究から宗教観念を探ろうとする試みが座礁したことが明らかな以上、問われるべきは、どのようなかたちで型式から観念を探るべきなのか、その問いの立てかたを吟味することであり、同時に型式研究とは一体何なのか、型式の内実をきちんと検討することなのである。

上記で磯前順一氏は、ほぼ 30 年前の縄文考古学の研究状況をのべておられます。現在(2020 年～2021 年)においても、その状況は変化していないように思います。

　小林達雄氏の「いまの我々にとっては縄文人の物質文化から世界観を理解することは到底なし難いことなのである」として「その異次元に踏

み入る有効な方法論がない」という発言を受けて、磯前順一氏の「従来
の型式研究から宗教観念を探ろうとする試みが座礁したことが明らかな
以上、問われるべきは、どのようなかたちで型式から観念を探るべきな
のか、その問いの立てかたを吟味することであり、同時に型式研究とは
一体何なのか、型式の内実をきちんと検討することなのである」と問い
かけています。

縄文思想の出発点

　縄文人は土器や土偶に）形を描いていました。その出発点は、）形の
180度の反転の繰り返しから生じる88形に置かれていたと考えられます
（図68〜図69）。繰り返しますが、この88形には、∞（連続円文）→ χ 形
と ∞（ひょうたん形）→ ⋈ 形が隠れています。これを図式で表現すれば、

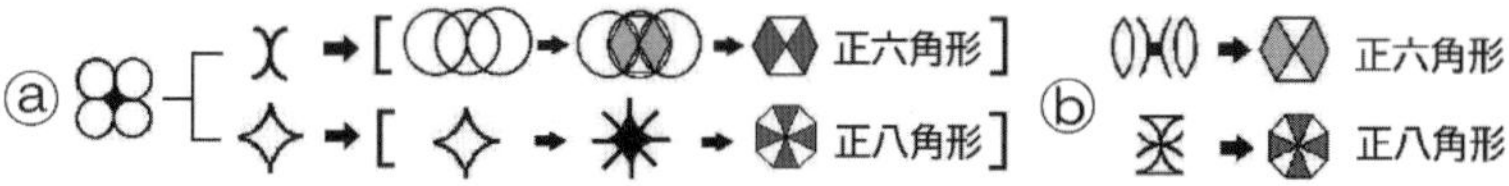

となります。**このように正六角形と正八角形が登場し、正多角形という図形
が歴史に介入するところが、日本文明が基本的な面で中国の文明と異なると
ころであり、日本文明と西欧文明の相違するところでもあります。上図なくして、
わが国の歴史の核心に触れることはできないでしょう。**

　縄文時代草創期の縄文人が興味をもっていたしめ縄（二重らせん構造）は、
双曲図形 ()() 形、楕円図形(◌)がもつ特別な性質、つまり、ヨコ並びの
眼形 ◌◌◌◌◌ を描くと、◌ 形のとなりに必然的に χ 形が生じるという図
形現象が存在します。この性質をダイレクトに受け継いでいるのが、χ
形と ◇ 形です。この図式を踏まえ、縄文人は正二十四角形が正六角形
と正八角形の組合せから生みだされていることを知り得たと考えられま
す。正六角形に対し、線分の二等分割を施すと五角形が生じ、同様に正
八角形に対し、頂点による二等分割によって五角形が生じるという図形
現象を知ることができたと考えられます（図109参照）。
　このような縄文人の幾何学は、現代の幾何学を凌駕するところ大なる

ものがあります。それは、双曲図形 ()()、楕円図形 (◊) から導かれる図式(上図)が如実に物語っています。縄文人をして正多角形は、永遠の継続性を教えてくれるだけではなく、森羅万象の誕生に関わる重要なかたちでもあったわけです。波状口縁をもつ土器を製作していた縄文人はこれに気づいておりました。

そのキーワードは三内丸山遺跡の巨大木柱の間隔に示される「4m20cm」がもっています。これについては、第 15 章の「青森県三内丸山遺跡の巨大木柱遺構」を、是非、お読みいただきたいと思います。

縄文人は狩猟・採集・漁労を行い、みずからの生活を守っていました。現代の私たちより、森や川、海と接する機会が多かったことは容易に想像されます。それだけに自然観察力も優れていたと考えられます。たとえば、 ⑥ ・ ◎ 形の渦巻きは貝殻やカタツムリや羊歯植物のゼンマイやワラビに見いだされます。蔓科の植物は 〜〜〜らせん形の茎をもち、多くの魚類は () 形(眼形)をもっています。

このように私たちの周りを見渡しただけでも、縄文人が土器や土偶に施していた文様と一致するものが数多くあります。中でも特に注目されるのが、渦巻文と綾杉文の組合せをもつゼンマイです。

後世の和琴(わが国固有の弦楽器)のかまぼこ形の弦を張る本体の裏には綾杉文 ≪≪≪≪ が彫られております。このような組合せは、[渦巻文 ◎ ◎ ＝曲線図形]と[綾杉文 ≪≪≪≪＝直線図形]と捉えることができます。このようなカタチを楽器に造形すれば、良い音がでることを経験的に知っていたのではないでしょうか。これに比定されるものがひょうたん形 ∞ のバイオリンやビオラ・チェロであると思います(楽器とカタチとの関係)。

縄文人の作った土器や土偶を自然界の動植物に照合し、カタチの視点から縄文人の発想法を考える必要があるのではないでしょうか。このような縄文人の発想法は、縄文草創期の斜格子文に発見されます。

ⓐ 縄文人が描いていた斜格子文から正六角形が導かれます。

ⓑ 縄文人が土器や土版・岩版に描いていたヨコ並びの眼形から正六角形が導かれます。

図 132

| 自然界の不思議な現象 | 渦巻文(曲線)／綾杉文(直線) の組合せ |

縄文中期の長野県棚畑遺跡出土の土器に描かれる 形と 形には渦巻文と綾杉文がイメージされます。このような「渦巻文＋綾杉文」の組合せは、植物のゼンマイに現われております。

← 深鉢　長野県棚畑遺跡出土
　　　　縄文中期
　　　　茅野市尖石考古館蔵

| ゼンマイの渦巻文 | と | ゼンマイの綾杉文 |

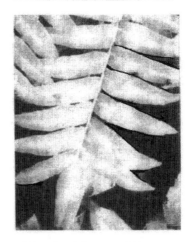

ゼンマイの写真はインターネット「ウィキペディア」より
図版製作・説明文：筆者 大谷幸市

第11章　縄文人の発想法　　261

以上のⓐとⓑは、斜格子文が眼形の連鎖から導かれることが示されています。なお、正六角形はヨコ並びの眼形に発見される特別な性質を受け継いでいます。すなわち、形において、形と形は相即不離の関係に置かれております。このような相即不離の関係は、正六角形の形→形の図式の上に受け継がれています。

さて、自然界の草木の花も、昆虫の蜂や海中のアマミホシゾラフグに負けてはいません。花弁の眼形とその数から生じる正多角形 の組合せは、双曲・楕円図形と多角形の組合せをもっています。同様にこの組合せは、みかん橘(たちばな)の実にも現われています(後述の第 15 章参照)。

インターネットが表現する神祇信仰、原始神道に対し、V・L・ハンセンと宮崎興二の両氏が指摘する「自然界を記述する言語が幾何学である」を想定すると、わが国の神道は、大自然の摂理を意味し、神道と仏教との深い関係が強く認識されることでしょう。

第2節　超難問！縄文の歴史考察

未開民族について

現在の歴史学では、未開民族という表現は使用されていないと聞きました。インターネットは、つぎのように書いています。

> 言語はあるが文字をもたない人間集団をさして用いられた用語。かつては文化をもたない、あるいは文化の程度が低い集団とみなされていたが、現在では否定されており、未開民族の語は用いられなくなった。これは、人類社会であるからには、なんらかの文化をもち、またその文化に優劣はないという認識が定着したためである。

ⓐ　縄文人は文字をもっていなかった。

ⓑ　縄文人は狩猟・採集・漁労で生活の糧を得ていた。

上記の二つの状況は、縄文文化がどのようなものであったかを考える上でいまだに足かせになっていることは、否定できません。私の研究発表会(2016年)で「縄文人は現代人が見逃してきた幾何学の知識をもっていたと考えられます」と発言した直後、50人を超える講演会参加者の内、7～8人が会場から黙って出て行ってしまいました。旧態依然の歴史観をもつ人たちが、まだまだいるのだと感じました。

　松木武彦氏(国立歴史民俗博物館教授)は、中日新聞に「歴史への冒険」と題して、土偶の造形に関してつぎのように書いています(2016年8月22日中日新聞夕刊から要点を引用)。

　土偶とは、いうまでもなく、人の形をした縄文時代の造形だ。(中略)……。「ヴィーナス」も「ライオンマン」も、妖怪好きには仲間に入れられそうである。

　人間の姿をしていながら、どこかで人間とは異なるものを妖怪に含めていいなら、私たち人間にはない力の表現だ。もしくは神や幽霊のように、外見は人間と変わらなくても、能力や行動に人間との違いをみせるものもある。妖怪、神、幽霊、あるいは宇宙人のような架空の存在を創り出し、語り合い、造形するのは、ホモ・サピエンスに共通した脳の特性からくる、古今東西の人類に共通した行為だ。考古学者が「スーパー・ナチュラル・ビーイング(超自然的存在)」と呼ぶこうした存在は、ときに恐れられ、ときにあがめられ、ときにはそれと交感する力が一部の人に託されたりして、社会の複雑化や階層化に大きな役割を果たしてきた。あるいはまた、癒しや娯楽の対象として、文化を豊かに彩る存在にもなってきた。(中略)……。

　超自然的存在は、スマホで捕まえられる遊びの相手にもなれば、その名をかたって人を殺す名目にもなる。文化に巣くって社会を動かすのだ。妖怪ウォッチと並べ置くことによって、縄文の人々にとっての土偶の役割を洞察しなおしてみるのも有意義だろう。

　松木武彦氏は、土偶と「妖怪ウォッチと並べ置くことによって、縄文

の人々にとっての土偶の役割を洞察しなおしてみるのも有意義だろう」の言葉で締めくくっています。ところで、縄文の考古学を専門とする日本の歴史学者、考古学者である松木武彦氏が、以下に掲げる『土偶研究の地平 1〜4』（勉誠社）をお読みになっていないはずはありません。

超難問の出現

小林達雄氏は『土偶研究の地平 1〜4』（勉誠社 1997〜2000）の中で、つぎのようにのべています。

　　土偶の観念技術の具体的な内容を把握することは困難である。しかも努力を重ねさえすればその困難を克服して、いずれは正体を明かすことができるという期待も容易ではないのだ。それが縄文人の世界観にかかわるからであり、いまの我々にとっては縄文人の物質文化から世界観を理解することは到底なし難いことなのである。努力があればよいというものではなく、少なくとも現代では、その異次元に踏み入る有効な方法論がないのだ。

これを知る松木武彦氏は、縄文人の創った土偶と人類に共通する脳の特性による「妖怪・神・幽霊、あるいは宇宙人のような架空の存在」という発想を得たのではないでしょうか。

縄文人は格差のない情報交換を行っていた

同じ長野県から出土した縄文のヴィーナス（縄文中期、棚畑遺跡）と仮面の女神（縄文後期後半、長野県中ッ原遺跡出土）、それに遮光器土偶をカタチの上から比較検討し、考察するという方法をとっていたならば、小林達雄氏の「縄文人の物質文化から世界観を理解することは到底なし難いことなのである」という発言は避けられたのではないかと思います。

二つの考古学的遺物を比較する場合、最初に具体的なものを連想することは避けなければなりません。それらが異形同質の関係をもつカタチ

であるかどうかを確認することが肝要です。たとえば、仮面の女神は顔面に三角形が造形されています。縄文のヴィーナスは、頭部が円形で渦巻文が描かれています。同様に遮光器土偶の顔面や頭部を見ると三角形や五角形をもつものがあることに気づきます。円形と正多角形の関係は、縄文人の発見していたヨコ並びの眼形から生じる正六角形の図形現象につながっています。渦巻文はフィクションではありません。①同質でありながら、同形の二者の合体によって新しいかたちが生じる、②永遠の継続性という幾何学的な法則性をもっています。

　遮光器土偶の胴体には渦巻文が描かれています。ハート形土偶や坂上遺跡出土の土偶の胴体は ）（ 形です。これが双曲図形であることは否定できません。つまり、）（ 形は、双曲・楕円図形に属し、ヨコ並びの眼形 ⬡⬡⬡⬡⬡ は渦巻文（⬡⬡⬡⬡⬡⬡）に結ばれます。

　特に ❤ (ハート形)は、「蜻蛉の臀呫の如くにあるかな」と『万葉集』に詠われています。イトトンボの雌雄の交尾はハート形を作っています（図 133）。正逆S字渦文の合体形 ❀ もハート形を作ります。さらに、この正逆S字渦文を合体させると傘松形文様 ））））） が生じます。この傘松形文様は三角縁神獣鏡に造形されています。）形は縄文人のかたちの素粒子に結ばれています。

　各種土偶の顔面と頭部のカタチに見る△・○・◊形などは幾何学の範疇にあります。縄文人は、特に二重らせん構造 ∞・正逆S字渦文 ❀ と正多角形 ✳ の組合せに関心を寄せていたところが注目されます。

　縄文人の造形した土偶や土器に描いた文様解読のキーワードは曲線図形と直線図形の組合せにあります。この意味を認識することが重要です。縄文人は、柿や桃などの実のなる草木の花を観察して ❁ 形(曲線図形)から ⛰ 形(直線図形)が生じる経緯を観察していたと考えられます。これについては、「はじめに」で書いてきました。

　キキョウの蕾は、みごとな五角形を呈し、五つの ◊ 形(眼形)の花弁は五角形を作っています(それらは極めて正五角形に近い形です)。一般的に植物は花を咲かせ実がなり、そこに種子が生じています。蜜をだす花もあります。これは新しい生命の誕生と存続のためになくてはならないパター

図133

蜻蛉の臀呫の如くにあるかな
（あきづ）（となめ）（ごと）

『記・紀』は、わが国を「あきづ、トンボの国」と呼んでいました。

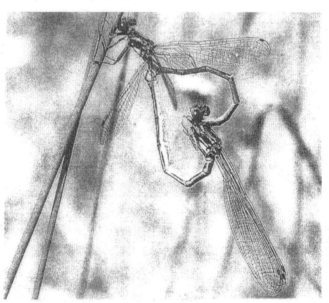

この図は http://ja.wikipedia.org/wiki より

♡形を形づくるイトトンボの交尾（左がオス）

「あきづしま」は大和にかかる枕詞です。大和は「大いなる和」と解釈できます。イトトンボの雌雄の交尾は、❤ハート形を形づくっています。また、白鳥の雌雄も寄り添って❤形を作っています。

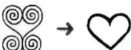

異形同質の関係を維持する正逆S字渦文は合体して❤ハート形を生みだしています。

タイトル・説明文：筆者 大谷幸市　　写真：動物ライター・写真家 鈴木欣司

図134

縄文のヴィーナス

左巻き渦巻と右巻き渦巻は生命誕生の原理である「同質でありながら異形の二者の合体によって新しいかたちが生まれる」という意味をもっています。

女性像とされる土偶にとって母胎の意味は必要不可欠です。理に適っています。

頭部の◎形と〰形は、まさに、そのことを裏づけているといえるでしょう！

長野県茅野市棚畑遺跡出土
縄文時代中期

写真出典：『歴史発掘3 縄文土器』
藤沼邦彦 講談社 1997

正逆S字渦文が重ねられる土偶「縄文のヴィーナス」は、大谷幸市著『あきづしま 大和の国』彩流社 2008 参照。

頭上の渦巻文

後頭部の凹凸

説明文 筆者 大谷幸市

第11章 縄文人の発想法

図 135

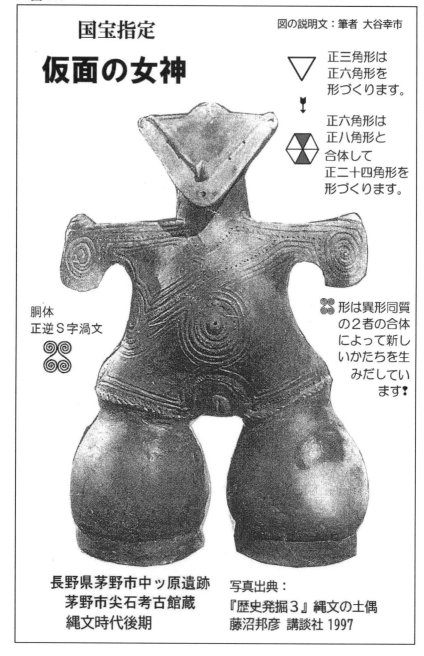

図 136

縄文人の考えた 遮光器土偶の造形法

 形と  形と 形

五角形　　正逆S字トンボ　　正逆S字渦文

宮城県大崎市田尻
恵比須田遺跡出土
遮光器土偶
縄文時代晩期

遮光器土偶を形づくる主なカタチ
1、頭部→五角形（正多角形）
2、両眼→正逆S字トンボ
3、胴体→正逆S字渦文

頭部への五角形と胴体部分への正逆S字渦文の挿入は、筆者大谷幸市が行ないました。

注目

縄文人が選択した両眼の ⊂⊃ 形と胴体の 🌀 形は、同質でありながら、異形の二者の合体によって新しい生命が生れるという意味をもっています。他方、正六角形と正八角形を二等分割すると、それぞれ五角形が生じます。この正六角形と正八角形は合体して正二十四角形を生みだします。

縄文人が動植物、特に植物の花に生命誕生の原理を読み取っていたことは、繰り返し述べてきました。ここに正多角形の意味があります。縄文人を始めとして弥生人、古墳時代人が正多角形を銅鐸や前方後円墳に表現していた理由が発見されるわけです。

(作図・説明文：筆者 大谷幸市)
遮光器土偶写真出典：
『歴史発掘3 縄文の土偶』
藤沼邦彦 講談社 1997

『遮光器土偶と縄文社会』金子昭彦
同成社 2001

図 137

青森県つがる市亀ヶ岡遺跡出土の遮光器土偶 縄文時代後期
図像の出典：『歴史発掘3 縄文の土偶』藤沼邦彦 講談社 1997

三角形と正逆S字渦文に拠る土偶の画像は、
大谷幸市著『あきづしま 大和の国』2008より

図138

渦巻文から生まれる ♥ ハート形

ハート形は「同質でありながら、異形の二者の合体によって新しい生命が生れる」という生命誕生の原理をもっています。

ハート形と正逆S字渦文による造形、およびタイトル・説明文は筆者大谷幸市『あきづしま 大和の国』2008参照。

上図はhttp://ja.wikipedia.org/wikiより

♥形を形づくる
イトトンボの交尾

ハート形土偶
群馬県・郷原遺跡出土
高さ30.5cm

土偶の画像出典：
藤沼邦彦『歴史発掘3 縄文の土偶』
講談社 1997

第11章 縄文人の発想法

図 139

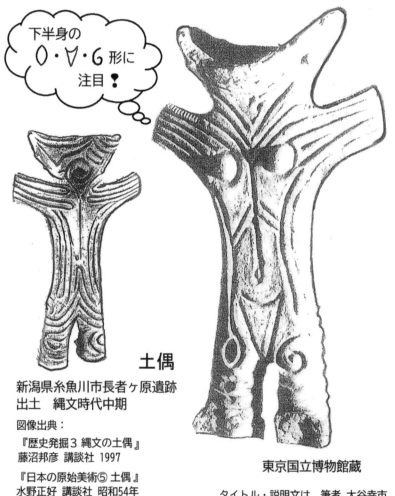

図 140

> かたちの素粒子）形に拠るかたちは、
> いのちの誕生につながっています!!

A　ⓐ・ⓑ・ⓒは、一筆書きで描くことができます。
　　三者は異形同質の関係に置かれています。

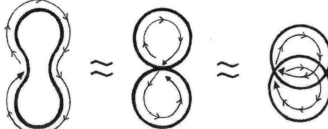

ⓐ ひょうたん形　　ⓑ 連続円文　　ⓒ ヨコ並びの眼形作図法に
　　　　　　　　　　　　　　　　　　生じているかたち

B　新しいかたちを生みだす　→　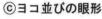
　　媒介図形

ⓐひょうたん形　　ⓑ連続円文　　ⓒヨコ並びの眼形

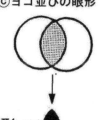

同質でありながら、異形の三者である ■・✗・● 形は、それぞれ2個の円形を結び新しいかたちを生みだしています。さらに、これらのカタチから正六角形と正八角形が生じ、その合体形である正多角形は天地・陰陽、つまり、生命誕生と宇宙創成の原理に繋がっています。

タイトル・説明文、および作図：筆者 大谷幸市

第11章　縄文人の発想法　　273

図 141

聖婚の意味

ニニギノミコト
コノハナノサクヤビメ

神武天皇即位前紀は、つぎのように書いています。

　　六合を兼ねて都を開き、八紘を掩ひて宇にせんこと、亦可からずや。観れば、夫の畝傍山の東南の橿原の地は、蓋し国の墺区か。治るべし。

　これまで、「六合と八紘」に対し、「6と8の関係」を指摘する研究者は、誰一人としておりませんでした。ここに言う「6と8の関係」とは、縄文前期の浅鉢に描かれる正六角形と正八角形の文様です。

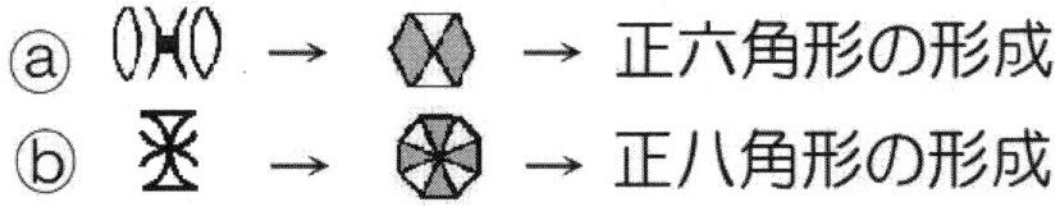

　　ⓐ ◯)(◯ → ⬡ → 正六角形の形成
　　ⓑ ✳ → ⊛ → 正八角形の形成

　上記の文様は、わが国独自の文様と言われる七宝文◈ に受け継がれています。縄文前期の浅鉢に描かれる ◯)(◯・✳ の由来は、縄文草創期の円形丸底土器と方形平底土器、すなわち、円形◯と正方形□に始まっています。

　縄文人は双曲・楕円図形のもつ特別な性質に「同質でありながら、異形の二者の合体によって天地・陰陽が生れる」という法則性を読み取っていました。これが先に言う◈・✳、つまり、七宝文◈ の意味です。

　縄文人の知恵を受け継いだわが国の古代人は、正六角形と正八角形に特徴的な角度をもって天地創造・陰陽 (生命誕生の原理) のランド・スケープとして、この地上に現わしていたと考えられます (図173～図175)。

文責：筆者 大谷幸市

ンであると考えられます。言い換えれば、植物の花は、この段階で正多角形を形づくっているわけです。昆虫の蜂、魚のアマミホシゾラフグも、それぞれの生命誕生に関わる巣・産卵床に正多角形に近いかたちを造形しています。

わが国独自の文様　七宝文の意味

縄文人に始まるわが国古代人の培ってきた幾何学の優れたところは、円○・方□・円と方の合体形を以下に示す形で表わしていたところに発見されます。

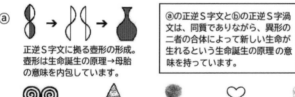

上図において、4個の眼形()は、✕形と¤形を形づくり、○（曲線）と□（直線）を結んでいます。七宝文は、幾何学の基本である円形と正方形の異形同質の関係を生みだし、永遠の継続性をもつところに、その特異性が認められます。

今からおよそ1万2500年前の日本列島の縄文人は、豆粒文土器を形づくっていました。この豆粒文土器は眼形()をもち、かたちの素粒子)形に基づく図式「(」+「)」=「()」に対し、同質でありながら、異形の二者の合体によって新しい生命が生れるという**生命誕生の原理**を読み取ることができます。

続いて、縄文時代草創期の縄文人は、ⓐ 斜格子文土器、ⓑ 波状口縁をもつ土器を創出していました。ⓐの斜格子文の原形は「眼形の連鎖」であることが判明し、この眼形の連鎖から壺形と正六角形を導くことができます。そして、ⓑの波状口縁からは「らせん形と正多角形」という図形が生じていることが解りました。

なお、壺形と正六角形、換言すれば、曲線図形と直線図形を生みだすかたちは、眼形の連鎖です。この眼形の連鎖は、① タテ並びの眼形 と ② ヨコ並びの眼形、③ ナナメ並びの眼形 によって構成されていると考えることができます。

第11章　縄文人の発想法　275

東京都中原遺跡の出土土器(第8章、図104)には、波状口縁と双眼が造形され、曲線図形と直線図形の融合する 形が描かれています。それらには正多角形が確認できます。東京・青梅市の寺改戸遺跡出土の注口土器(第9章、図116～図117)には、折りたたむと六角形が生じるメビウスの帯がしめ縄とともに描かれています。なお、この注口土器は、現代のトポロジー(位相幾何学)の視点から見ると二つ穴 ∞ をもっていることが解ります。

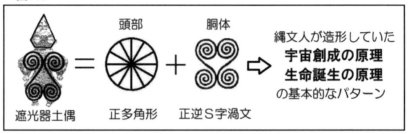

図142

　自然界の一員である縄文人が、ヨコ並びの眼形から正六角形が生じることに気づき、正六角形と正八角形の合体形である正二十四角形、つまり、正多角形が**宇宙創成の原理・生命誕生の原理**に関わるかたちであると認識していたとしても何ら不思議ではありません。

第 12 章
縄文時代から弥生時代へ

第1節　銅鐸に描かれる文様と絵画

かつて、私は銅鐸の眼形について、つぎのように書いていました。

　「銅鐸は音を出す機能をもっていた」ことは先学によって研究されています。とすれば、その底部は眼形ではなく円形であったとしても、音を出す機能に差し支えがなかったはずです。また円形よりも眼形の方が高度な設計と製作技術が必要になります。しかし、実際の銅鐸は眼形を呈しています。ならば眼形でなければならなかった特別な理由が存在していたことになります。

　梅原末治・藤芳義男・椚国男各氏は、銅鐸の眼形の図やその設計法について書いていますが、なぜ眼形構造を施したのか、その理由に触れる研究は見当たりません。この眼形が銅鐸の基本的な形状を決定づけていることを考えると、なぜ、この問題が放置されてきたのでしょうか、納得できません。
　銅鐸に描かれる渦巻文についても、眼形と同じことが言えると思います。銅鐸にはおびただしい数の渦巻文が描かれていますが、研究者は、なぜか無言のままです。故佐原眞氏は、銅鐸の文様と絵画について、つぎのように書いています。

　藤森栄一氏は、流水文は水だ、袈裟襷は水田を表している、銅鐸は水でわりきれる、と書いている（藤森 1964）。その文章の巧みさは、読む者をしてなるほどとうなずかせる力をもっている。しかし、原始・古代の紋様の意味を論じることは、むしろ文学の領域の仕事である。私自身は、紋様の意味に挑戦する意志はない。しかし、紋様の性質、働きには関心がある。第一、絶対多数の銅鐸が紋様をそなえる事実は、紋様を飾ることが銅鐸の果す機能にとって必要だったことを意味しよう。このことは、鋳造の失敗で紋様がうまく出なかった場合には、鉄

鏨で紋様を刻み彫って補い、紋様を少しでも完全なものに近づける努力のあとがうかがえる実例が数多いことからもわかる。紋様が完全であって、初めて銅鐸はその機能を果すものと理解されていたのだ、と考えたい。

　紋様の具体的な働きとしては、酒井龍一氏も説くように、銅鐸の外周をとりかこむ鋸歯紋には、古墳時代の盾の鋸歯紋にも似て邪悪なる神霊や敵を寄せつけない威力が期待された可能性もある(酒井1978)。

　絵画を飾る銅鐸は、およそ40個。銅鐸全体の一割に過ぎない。銅鐸にとって絵画は必須のものではなかった。このことは、右にあげた紋様の場合とは違って、鋳損じで絵画がよくみえなくても絵画を補刻したものがない事実からもいえる。絵画は、銅鐸にとって、あくまでも二義的なものにすぎなかった。しかし、紋様とは違い、絵画はたいてい何を表わしたかがわかる。銅鐸の働きに邪悪なものを描くはずはないから、銅鐸の絵の解釈に成功すれば、銅鐸の用途・意義の理解は一歩前進できるだろう。

佐原氏の意見を、以下にまとめてみました。

銅鐸の文様に対して、

　ⓐ　紋様が完全であって、初めて銅鐸はその機能を果すものと理解されていた。

　ⓑ　私自身は、紋様の意味に挑戦する意志はない。しかし、紋様の性質、働きには関心がある。

銅鐸の絵画に対して、

　ⓐ　銅鐸にとって絵画は必須のものではなかった。絵画は、銅鐸にとって、あくまでも二義的なものにすぎなかった。

　ⓑ　銅鐸の絵の解釈に成功すれば、銅鐸の用途・意義の理解は一歩前進できるだろう。

筆者(大谷)は、銅鐸に描かれる渦巻文の意味がわからなければ、銅鐸の性質・機能はわからないと思います。佐原氏の発言は続きます。

　　弥生人が銅鐸の紋様を重視し、絵はそれほどでもなかったことがわかります。—中略

　　しかし、銅鐸の謎を解こうとする我々にとっては、紋様よりも絵の方がずっと大切です。なぜならば、紋様は、何の意味をもったのか、単なる飾りかわからないからです。

　佐原氏は、上記の理由を掲げ文様より絵の方が大切であるとのべています。銅鐸に描かれる「流水文」が水を表すものなのか、「袈裟襷文」が水田の畔を意味するものかどうかの判定は、難しいところがあります。何が描かれているのかは、絵の方が文様よりわかりやすいことは、誰もが認めるところでしょう。しかし、銅鐸には流水文や渦巻文のほかに鋸歯文・綾杉文・斜格子文・重弧文などが描かれています。これらがどのような関係で結ばれているのか。眼形との関係など総合的に検証することが求められます。

　岡本健一氏は、その著『古代の光』の中で、「文様意匠はすべて何らかの思想がその奥に流れている。古代において思想をもたない文様は存在しない」という井上正氏(『蓮華紋』)の意見を紹介しています。

　この意見に、私は賛同したいと思います。らせん形は、①サインカーブ〜〜〜、②サイクロイド〜〜〜、③スパイラル(〇〇〇〇〇〇〇)という三つのパターンを一つかたちの中にもっています(第2章、図20〜図21)。佐原氏は、これに関しては、何も指摘されていません。続いて、佐原氏は、つぎのようにのべています。

　　紋様は主観的な解釈を招きやすいという面をもっている。その主観的な解釈は、一つの紋様に対して、いくつもの解釈が生れてくる。それらはフィクションであり、文学の領域の仕事である。

図 143

銅鐸に描かれる文様と絵画

岡山県足守銅鐸
（あしもり）

大阪府神於銅鐸
（こうの）

神戸市神岡４号銅鐸

銅鐸の写真：三木文雄『銅鐸』柏書房 1989 より

佐原氏は、このように考えたから、藤森氏の「流水文は水だ。袈裟襷は水田を表わしている……」という発言に対して、主観的な解釈とみなし、文学の領域の仕事である、とズバリ切り捨てたわけです。しかし、藤森氏の見解は、たとえ論拠が示されていなくても、文様の意味を解く一つのヒントを与えている可能性があります。流水文や渦巻文は、ともに水が引き起こす現象にみいだされ、それらが銅鐸に描かれていることから、銅鐸を作った人が、銅鐸と水を結んでいた可能性は十分に考えられます。水を音で聞く水琴窟はわが国の文化遺産の一つです。

　他方、銅鐸の絵は、鹿、鳥、スッポンなどの動物やトンボ、カマキリ、トカゲなどの昆虫、小動物、弓をもつ人物、臼を突く人物など、私たちの人間の生活に身近な具体的なものが描かれています。確かにこれらは抽象的な文様より誰の目にも容易に理解されます。それらを結ぶ要素を見つけることができれば、ストーリー性を考えることは可能ですが、ここに「主観」という大きな隘路が待ち構えております。主観的解釈を招く点において、絵は文様よりそれらの共通点をみつけることは厳しいものがあると考えられます。

　たとえば、昆虫や小動物、臼を突く人物などが描かれているところに、私たちはのどかな田園風景を連想し、豊作を期待する予祝の祈りを捧げたであろう弥生人の姿を結ぶことができます。しかし、そういった祭りごとに対して渦巻きは、どのような意味をもっていたのでしょうか。さらに音を出す銅鐸との関係はどのように説明されるのでしょうか。銅鐸に描かれる絵画・渦巻文・音を出す機能という三つのことがらが、同時に整合性をもって説明される必要があります。

銅鐸に描かれる渦巻文

　このように銅鐸には、①文様と絵画の意味、②眼形構造、③土中埋納という未解決の問題が残されています。この視点から考察し究明することが求められています。

　ところで、佐原眞氏が著した『銅鐸の絵を読み解く』(1997年)に流水文・袈裟襷文・鋸歯文・直弧文の文字は見えても、「渦巻文」という三

文字は見あたりません。本のタイトルからすれば、やむを得ないかも知れませんが、銅鐸研究者でもあった佐原氏自身が、弥生人が銅鐸の渦巻文を重視していたと指摘しているにもかかわらず、銅鐸に数多く描かれている渦巻文にまったく触れていないということは、とても考えられないことです。

　双頭渦文や正逆Ｓ字渦文は、拡張性と収縮性を表すかたちをもっています。ところで、**鏡像現象**の最もわかりやすい説明方法の一つは、正Ｓ字渦文◉◉を鏡の前に置くことであると思います。この場合、鏡に映るのは逆Ｓ字渦文◉◉です。◉◉形は左巻き→右巻き、◉◉形は右巻き→左巻きであることが一目瞭然にわかります。これらは、合体して❀形（ハート形）を形づくります。すなわち、同質でありながら、異形の二者である正逆Ｓ字渦文は、合体して新しいかたちを生みだしています。このようなパターンは、**生命誕生の原理**に結ぶことができます。

　渦巻文はフィクションではありません。かたちで思想を表していた縄文人は正逆Ｓ字トンボ [🜚→🜛] と同様に正逆Ｓ字渦文 [◉+◉=❀] に生命誕生の原理を託していたと考えられます。

　佐原氏は、流水文、袈裟襷文に「何の意味をもったものなのか、単なる飾りかわからない」とのべていますが、渦巻文に対しても同じように考えておられるのでしょうか。鋸歯文に触れたところで、「三角形を連ねる奈良時代の隼人の盾と共通します」と書いています。この「隼人の盾」には鋸歯文のほかに銅鐸に描かれているものと同じ逆Ｓ字渦文が描かれています。佐原氏は、隼人の盾に描かれる逆Ｓ字渦文を見ているは

図144　平城京跡の井戸から出土した「隼人の盾」
　　　　（奈良国立文化財研究所蔵）

出典：『かたちの謎解き物語』日本文化を〇△□で読む
宮崎興二（株）彰国社　2006

284

ずです。とすれば、意識的に「渦巻文」についての発言を差し控えたのではないか、このように考えざるを得ません。

　執拗に佐原氏の発言を追ってきましたが、この段階で佐原氏の真意が読めてきました。銅鐸製作者が、「鋳造の失敗で紋様がうまく出なかった場合には、鉄鏨で紋様を刻み彫って補い、紋様を少しでも完全なものに近づける努力のあとがうかがえる実例が数多い」と指摘しているのは佐原氏です。このような文様修正の痕跡のある銅鐸を実際に手に取り観察することができた佐原氏が、文様の重要性に気づかないはずがありません。佐原氏の書いた文言を読むかぎり気づいていたと思います。

　このように考えてきたとき、論文を書く時の留意点をのべられた「古代史の海」代表であった秦政明氏の言葉を思いだしました（季刊『古代史の海』第５号巻頭言、1996）。

　　文献なり考古史料から閃いた発想を裏付けるために、都合の良い資料だけを収集して論文にされる方々がおられる。自分の発想に不都合な資料を克服してこそ研究の名に値することを忘れないでほしい。あと一言、分からないことを判らないという勇気を持ちたい。

眼形の意味

　銅鐸に描かれる渦巻文の謎が解けました。残された問題は、銅鐸の眼形構造です。現在、銅鐸のはじまりと考えられている朝鮮式小銅鐸から聞く銅鐸、見る銅鐸に至るまでに共通する要素は、その眼形構造です。

　絵画は出土した全銅鐸に描かれているわけではありません。一方、眼形はさきに触れましたが、すべての銅鐸に共通する要素です。銅鐸という祭器を作ろうと考えていた人は、最初にこの眼形部分を構想していたはずです。

　銅鐸が音を出す機能だけを目的に作られた祭器とすれば、その眼形構造は、絶対的に必要とされません。その後に作られた音を出すことを目的とする梵鐘や半鐘の本体構造は円形です。音を出すためには眼形より作りやすい円形で十分にその機能を果すことができるからです。このよ

図145

銅鐸に描かれる渦巻文の意味

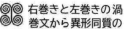 右巻きと左巻きの渦巻文から異形同質の関係を読み取ることができます。

↑ 上記の正逆S字渦文は、異形同質の関係と共に継続性が表現されています。

渦巻文はフィクションではありません！

ⓐ 斜格子文
ⓑ 鋸歯文
ⓒ 綾杉文
の意味とは？

↑ 神戸市桜ケ丘６号銅鐸
インターネットで各種の銅鐸の写真を見ることができます。

三木文雄著『銅鐸』柏書房㈱ 1983

同じ銅鐸に描かれる直線による①斜格子文、②鋸歯文、③綾杉文と曲線の渦巻文は、**眼形の連鎖**から導かれる**壺形**と**正六角形**とアナロジーの連鎖で結ばれています。

直線と曲線の組合せに注目！

←
浜松市伊場遺跡出土
渦巻文を描く司祭服
（国立歴史民俗博物館蔵）

図版の説明文：
筆者 大谷幸市

図146

銅剣・銅矛・銅戈文化圏と銅鐸文化圏

武器型祭器の銅剣・銅矛・銅戈と銅鐸の出土状況に見る ◎ 形は、偶然の一致によって生じたかたちとは、とても考えられません（前掲図8参照）。
説明文：筆者 大谷幸市

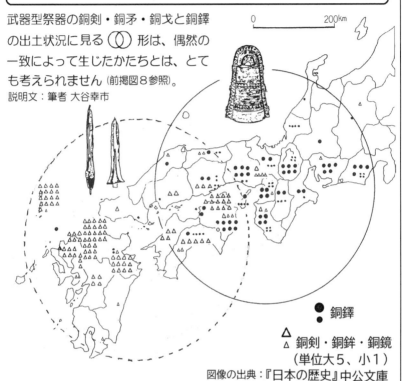

● 銅鐸
△ 銅剣・銅鉾・銅鏡
（単位大5、小1）
図像の出典：『日本の歴史』中公文庫

縄文人の幾何学を受け継ぐ弥生人

◎ 形に生じている眼形 () 形の中心線に沿って出雲―岡山―徳島が続いています。これらの地域からは、銅矛と銅鐸が出土しています。これも偶然の一致とは考えにくいものがあります。銅矛と銅鐸に見られる一つ穴のパターン→⌂は、アナロジーの連鎖で結ばれており、両者が異形同質の関係で結ばれていることが示されています。このような銅矛と銅鐸の配置図は、縄文人の幾何学に立脚し策定されたものと考えられます。
説明文：筆者 大谷幸市

第12章　縄文時代から弥生時代へ　　287

うに考えると、眼形には重要な意味が付与されていると考えられます。

前著『古代渦巻文の謎』の段階では、銅鐸の眼形構造は、二つの円弧によって形づくられるものと考えておりました。これは間違ってはいませんが、眼形には、別の意味があることがわかりました。それは、円形の連鎖から生じる眼形の連鎖です（第5章の図 53 参照）。この眼形の連鎖は、二重らせん構造 ∞∞∞ のタイル張りの中に眼形の連鎖が生じていると言い換えることができます。

第2節　銅鐸と水の関係

太陽の象徴化

太陽は、私たちの住む大地へ光と熱を照射し、生きとし生けるものの生命の根源です。このような太陽の類比は、どのように結ぶことができるのでしょうか。最初に思いつくことは、太陽の形状からイメージされる円形です。つぎに光があります。森の樹木や雲の切れ目から射し込む太陽光線、薄暗い洞窟に射しこむ太陽の光は、至極印象的な光景です。太陽の存在を強く感じることができます。鏡に反射する光も印象的です。つぎのような記述が『古事記』応神天皇条に書かれています。

　　　新羅国に一つの沼ありて、名は阿具奴摩（あぐぬま）といふ。この沼の
　　辺に一つの賤（いや）しき女昼寝（おみなひるい）したり。ここに日の耀虹
　　（ひかりにじ）の如くその陰（ほと）の上を指しき。

『記・紀』に登場する天照大神（以下、アマテラスと記す）は、一つに太陽神の性格が付与されていることは定説化されています。『古事記』は、「この鏡はもはらわが御魂として、わが前を拝くが如いつき奉れ…」と記し、アマテラスと鏡の結びつきを記しています。鏡は円形をもち、その磨き抜かれた鏡面は太陽光線を反射し、顔などを映す機能をもっています。

二つの要素である①円形、②太陽光線を反射することから、鏡は太陽の象徴であると考えることができます。

水の象徴化

　水は太陽とともに、生きとし生けるものにとってなくてはならないものです。特に稲作農耕を始めた弥生時代において、稲の生長を左右する日照降雨のバランスが保たれることは、何ものにも増して重要です。

　太陽の光は目で見ることができます。水の音は耳で聞くことができます。このように太陽と水は人間の感覚に作用し感知されます。天の雲間の太陽光線、暗闇の洞窟に差し込む太陽光線は、その存在が確認される現象であり、雨だれの音、川のせせらぎの音などは、それぞれの旋律によって聞き分けられます。水琴窟やシシおどしは、「水の音」で静寂さをより強く感じることができます。

　ところで、銅鐸に音をだす機能を想定すると、以下に示す銅鏡と銅鐸の関係が導かれます。

　　ⓐ　太陽＝鏡＝円形→太陽の光は目で見ることができます。
　　ⓑ　水＝銅鐸＝眼形→水の音は耳で聞くことができます。

　太陽と水の関係は、自然界の動植物に限らず、人間社会においても重大問題です。日照降雨のバランス、すなわち、干ばつと洪水に対応する貯水池・堤防の築造は、統治者の行うべき必須の事業です。

銅鐸と雷雨

　天空がピカッと光り、しばらく経ってドドーンと雷鳴が轟き、やがて雨が降ってきます。ときに雹（ひょう。積乱雲から降る氷の塊。大きさは豆粒ぐらいから鶏卵ぐらいにおよぶ。雷に伴うことが多い。岩波版『国語辞典』より）が降ってきます。

　このような雷雨現象は、必ず稲光と雷鳴がとどろき、降雨をもたらします。「降雨は光と音を伴ってもたらされる」、このように言い換える

図147

縄文人の優れた発想法と造形力

わが国の古代人は、水琴窟を造っていました。水琴窟やシシおどしは、水の音によって静寂さを演出する装置です。このような「水を音で感じる」という古代人の発想法は、すばらしいものがあります。

タイトル・説明文：筆者 大谷幸市

ことができます。他方、光→目は太陽に、音→耳は水に結ぶことができます。太陽と水は、生きとし生けるものにとって無くてはならない存在です。『記・紀』において、水はなぜか火を伴って、太陽に対峙します。

太陽（＝天照大神）・火（饒速日命）・水（長髄彦）は、目（視覚）・鼻（嗅覚）・耳（聴覚）、つまり、人間の感覚器官に見立てられ、土器に描かれています（第14章、図168）。

銅鐸に造形された眼形

2個の眼形 ∞（もしくは連続円文 ∞）に一本の中心線を引くと、正逆Ｓ字トンボが生じます。この正逆Ｓ字トンボは「同質でありながら、異形の二者の合体によって新しい生命が生れる」という生命誕生の原理に適合するかたちをもち、壺形を形づくっています［∞→♪♫→🏺］。ここに、新しい生命を育む**母胎**の意味をもつ壺が生まれています。これを発見したのは、日本列島の縄文人です。

日照りに際して雨乞いを行い、また洪水忌避を願い豊作を心から願っていた人たちは、この雷雨現象をどのように感じとっていたのでしょうか。時に雷雨は、人や農作物、樹木や森に棲む小動物などの生命を奪ってしまいます。「イナビカリ」は、「稲光」と表記されます。また「稲妻」とも呼ばれています。『広辞苑』によれば、稲妻とは「稲の結実の時期に多いところから、これによって稲が実るとされた」と解説されています。

ⓐ 銅鐸には音を出す機能がある。
ⓑ 銅鐸には光輝を意識した形跡（表面処理）がある。

という銅鐸研究の成果を考慮する時、銅鐸製作者が稲妻および雷雨現象を想定し、銅鐸に「光と音」の意味を織り込み製作していた可能性は高いと考えられます。

銅鐸の二面性

　雨が降らなさすぎることによる干ばつ、降りすぎることによる洪水は、自然災害です。この意味で水は諸刃の剣です。稲作農耕を基本とする農業社会に生きてきた弥生人にとって、最大の脅威は、この干ばつと洪水でした。日照降雨のバランスが保たれることこそ、稲作農耕民の切なる願いです。

　弥生時代の農業共同体の人たちは、銅鐸を創出し、雨乞いや洪水忌避の儀式などを通して必死の祈りを捧げたであろうことは想像に難くありません。銅鐸本体の眼形構造と、その鐸身に描かれる斜格子文・流水文・渦巻文・鋸歯文・綾杉文は、かたちの素粒子）形から導かれるパターンでした。

第3節　銅鐸の眼形の意味

　わが国の歴史は眼形〇形から始まっていました。弥生時代といえば、銅鐸という祭器が想起されます。久野邦雄氏は、その著『青銅器の考古学』(学生社、1999)の中で、銅鐸について、つぎのように書いています。

　　銅鐸は一般的には日本で稲作が始まった弥生時代に、農耕祭祀に使用されたと考えられている。その形状は中空で裾広がりの「身」の部分と、吊り下げるための「鈕」からなっている。

　「身」には両側に偏平な「鰭」とよばれるものがつけられており、「鰭」を取れば寺院の梵鐘に似ているといえます。銅鐸研究の先駆者である梅原末治(1893〜1983)の『銅鐸の研究　図録篇』(木耳社、1985)には、放物線の銅鐸本体の写真・図とともに眼形が掲載されています。現代の研究者は、どうして銅鐸の基本となる**眼形**〇に言及しないのでしょうか。

　ある考古学者は、銅鐸に描かれるいろいろな文様を「呪縛のための弧

線」、「辟邪のための鋸歯文」と表現されています。弧線と鋸歯文が、どのような経緯で「呪縛と辟邪」に結ばれるのかについては、まったく言及されていません。

　縄文時代の歴史に目を向ければ、縄文人が法則性をもつ曲線図形に執着していたこと、銅鐸に描かれる斜格子文が縄文時代草創期の土器に始まり、弥生時代の銅鐸から古墳時代の装飾壁画まで継続して描かれていたことに気づいていたはずです。銅鐸や装飾壁画に描かれる鋸歯文、綾杉文はこの斜格子文から生じる文様です。

二重らせん構造 ∞∞∞∞ について

　今からおよそ１万 2500 年前の縄文人は、かたちの素粒子）形の存在に世界で最初に気づいていました。それは、◯形が連想される土器に貼られた◯形の粘土粒から始まっています。縄文人の優れたところは、一つカタチで二つの性質（両性具有の現象）をもつかたちの素粒子）形が 180 度反転して新しいカタチが生じるという、幾何学を大自然の動植物などから学んでいたところに発見されます。このような幾何学は、かたちの素粒子）形やヨコ並びの眼形 ∞∞∞∞∞ を土器や土偶に描いているところに示されています（第２章の図 13〜図 14、第５章の図 52）。さらに、かたちの素粒子）形は、∞∞∞∞ 形を作ります。このかたちは永遠の継続性をもっています。これを私は「しめ縄状文様」と呼んできました。この文様は、わが国のシンボル的存在であるしめ縄 〰〰〰〰〰 にアナロジーされます。

　しめ縄は、「同質でありながら、異形の二者の合体によって新しいかたちが生れる」という意味をもっています。上記の「かたち」のところへ「生命」という二文字を入れ替えると生命誕生の原理に変身します。複雑な数式を使わなくても、縄文人は、しめ縄というかたちの上に、

　　ⓐ宇宙創成の原理—同質でありながら、異形の二者の合体によって
　　　　　　　　　　　新しいかたちが生れる
　　ⓑ生命誕生の原理—同質でありながら、異形の二者の合体によって
　　　　　　　　　　　新しい生命が生れる

を導いていたと考えられます。かたちの素粒子)形から生じる 〜〜〜 形を水鏡の前に置くと、〜〜〜 形が映し出されます。これらの合体形が、二重らせん構造 ∞∞∞∞ です。これがいわゆるしめ縄です。

　二重らせん構造は、万物の根源的存在であると言っても過言とはならないでしょう。縄文人は二重らせん構造と「異形同質の関係」を結ぶ多くのかたちを1万有余年にわたって作り続けてきました。これを私はアナロジーの連鎖と呼んできました。

　今からおよそ5500年前(縄文中期)の八ヶ岳西南麓に住む縄文人は「双眼」を創出しています。双眼 には、シンプルなかたちの中に連続円文 ∞ とひょうたん形 ○○ が隠れています(第8章参照)。

　ところで、島根県の荒神谷遺跡から数メートル離れたところに、銅剣358本、銅矛16本、銅鐸6個が出土しています。なお、344本の銅剣の茎、および銅鐸には鋳造後に×印が刻まれており、同県加茂岩倉遺跡出土の銅鐸に刻まれた×印との関連性が注目されています。

　銅鐸文化圏と武器型祭器文化圏の異質性を強調する研究者は、上記の状況に対し、どのように説明されるのでしょうか。神庭荒神谷遺跡の背景には、巨大なしめ縄を掲げる出雲大社が存在しています。しめ縄は同質でありながら、異形の二者の合体によって新しい生命が生れるという生命誕生の原理をもっています。異形同質の文化圏という視点をもつことは、わが国の真実の歴史を究明するために必要であると思います。

銅鐸の眼形

　梅原末治氏の『銅鐸の研究　図録篇』を見ると、放物線を描く銅鐸の身と眼形が気になります。特に眼形には大きさの違いがあるように思えてなりません。眼形の大きさを知るには、水平と垂直の二本の中心線を引き眼形との交点を直線で結ぶと菱形 ◇ が生じます。この菱形の ◇ 形の頂角を基準にすると、わかりやすくなります。

　分度器を使って数多くの銅鐸の眼形の図を集め、菱形 ◊ の角度を集計し得ることができたことは、銅鐸に見いだされる眼形角度とその割り

図 148

銅鐸から読み取れる新しい歴史観

梅原末治による絵の復元
（1968年）

この銅鐸には、七宝文の基本形である₹形が描かれています！

銅鐸の画像出典：
歴博フォーラム
『銅鐸の絵を読み解く』
国立歴史民俗博物館
小学館 1997より

縄文から受け継がれる銅鐸の眼形と文様

　これまでの銅鐸研究において、見落とされてきた問題があります。それは銅鐸の眼形構造です。銅鐸は、なぜ ◯ 形なのか。その眼形に水平と垂直の２本の中心線を引くと、菱形文 ◇ が生じます。この ◇ 形の角度を計測すると、正多角形に特徴的な角度を示す事例が多数確認されました。

　銅鐸を製作した弥生人は、先人（縄文人）が発見していた正六角形 ⬢ が生じる図式［ ◯ - ◯◯ - ◯◯◯ - ⬢ ］を知っていたからこそ、正多角形に特徴的な角度をもつ眼形構造を造ることができたものと考えられます (タイトル・説明文：筆者 大谷幸市)。

図 149

眼形作図法　1

60°の眼形

B円の中心は、A円の円周上に求める。

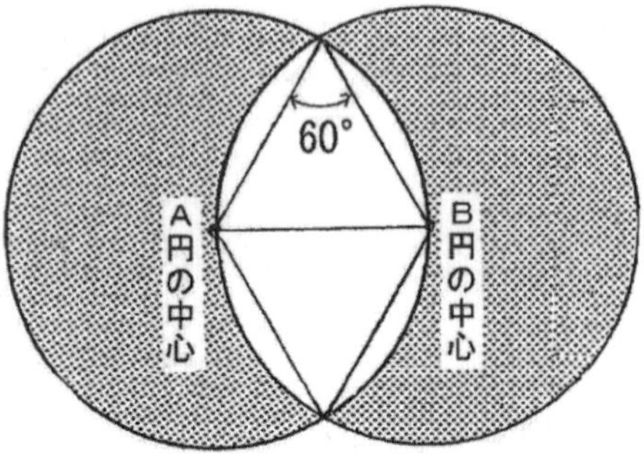

60°

A円の中心

B円の中心

正六角形に特徴的な眼形角度

67.5°の眼形

A円の半径を5等分し、A円の中心から5分の4のところにB円の中心を求める。

67.5°

A円の中心

B円の中心

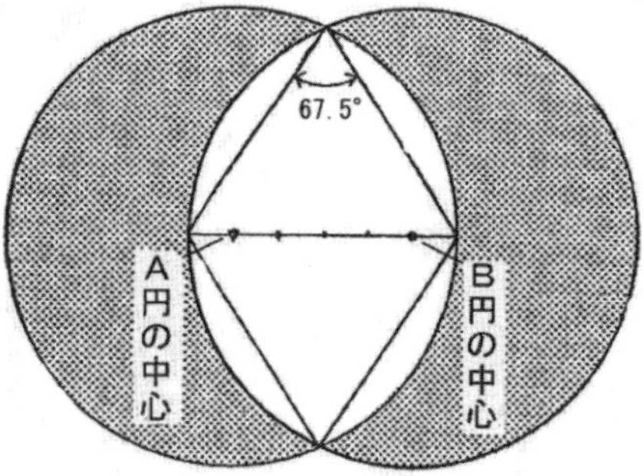

正八角形に特徴的な眼形角度

70°の眼形

A円の半径を3等分し、A円の中心から3分の2のところにB円の中心を求める。

70°

A円の中心

B円の中心

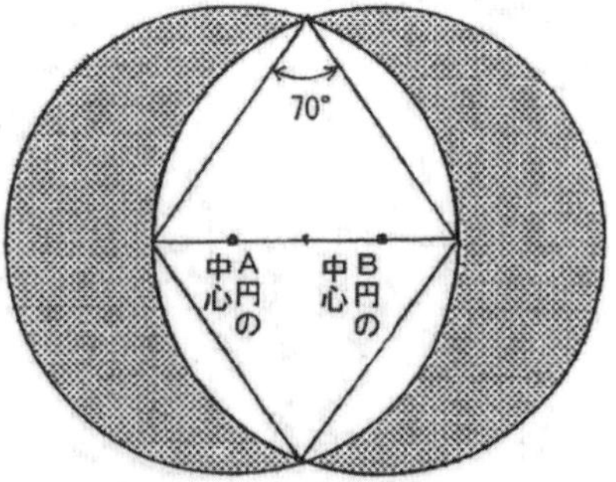

正九角形に特徴的な眼形角度

作図・説明文：筆者　大谷幸市

図150

眼形作図法 2

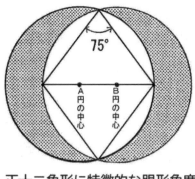

正十二角形に特徴的な眼形角度

75°の眼形

◀ A円の半径の2分の1のところにB円の中心を求め2個目の円を描く。

80°の眼形

A円の半径を3等分し、その3分の1のところにB円の中心を求める。

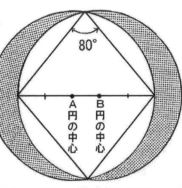

正十八角形に特徴的な眼形角度

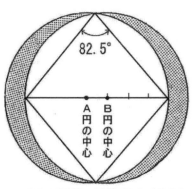

正二十四角形に特徴的な眼形角度

◀ 82.5°の眼形

A円の半径を4等分し、その4分の1のところにB円の中心を求める。

作図・説明文：筆者　大谷幸市

図 151

正多角形に特徴的な角度をもつ銅鐸の眼形

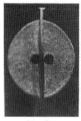

ⓐ 愛知県小坂井町
　　伊奈3号銅鐸

ⓑ 愛知県小坂井町
　　伊奈1号銅鐸

銅鐸の写真：三木文雄『銅鐸』柏書房 1983　　眼形角度作図 筆者 大谷幸市

銅鐸の眼形は、縄文時代草創期の豆粒文土器の( )形を
受け継いでいると考える方に蓋然性が認められます。

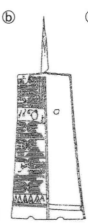
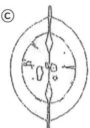

神戸市桜ケ丘出土1号銅鐸

図ⓐ・ⓑ・ⓒは、三木文雄著『銅鐸』
柏書房 1983 より転載。
ⓓの眼形角度、および説明文は筆者
大谷幸市。

図 152

銅鐸の眼形角度

大阪府八尾市
恩智銅鐸 68.5°

広島県
福田銅鐸 75°

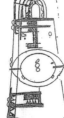

静岡県浜松市
永田1号銅鐸 67.5°

兵庫県淡路島
慶野組銅鐸 75°

愛知県
田峯銅鐸 70°

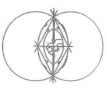

奈良県
秋篠1号銅鐸 58°

香川県
大麻山銅鐸 67.5°

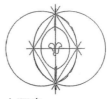
大阪府
鹿谷寺銅鐸 67.5°

梅原末治『銅鐸の研究 図録編』(大岡山書店 昭和2年)には、上図に見る「銅鐸本体と眼形部分」に基づく数多くの銅鐸資料が収録されています。

図153

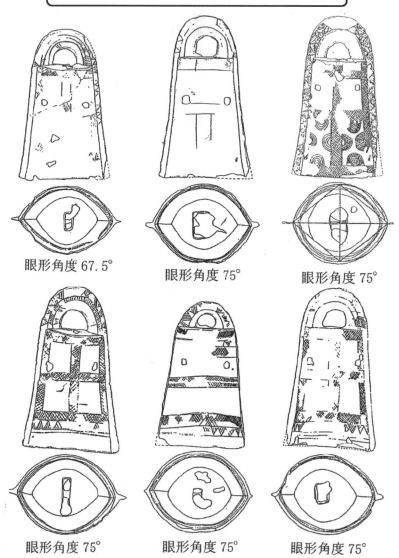

出す方法です。

　細長い棒とヒモ(縄)があれば、整地した地表での作図が可能です。正多角形の図形を知っていた縄文人が左記に示す正六角形から正二十四角形までの正多角形に特徴的な角度を知っていたとしても不思議なことではありません(かたちとしての角度の認識)。小数点以下の細かい数値までは把握できなくても左記の七個の角度をかたちの上から認識することは困難ではありません。銅鐸の角度群を見てください。小数点以下の数値をもつ正多角形に特徴的な眼形角度が確認されます(図149～図153)。

銅鐸の眼形作図法

　銅鐸の眼形は、二つの円弧によって形づくられています。二つ目の円の中心は、その半径を基準単位にして割り出すことができます。一つの例を示せば、つぎのようになります。

　図149～図153において、二つ目の円の中心を最初の円の中心から、その半径の五分の四に求めB円を描き二本の中心線を引くと菱形が生じます。この菱形の角度を測ると、67.5度という角度が得られます。

　作図は、つぎのように行います。まず、二つ目の円の中心を設定しやすいように、便宜的に三と四で割り切れる任意の長さの半径の円を描きます。今、半径六センチを選択しました。この円を仮にA円とします。つぎに、二つ目の円の中心を下記に示す6点と決め、A円と同じ半径の円を描きます。この二つ目の円をB円とします。

　以上をまとめるとつぎのようになります。
　ⓐA円の円周上の点をB円の中心とする‥‥‥‥‥‥‥‥‥‥‥‥‥‥→60度
　ⓑA円の中心からその半径の5分の4の点をB円の中心とする→67.5度
　ⓒA円の中心からその半径の3分の2の点をB円の中心とする→70度
　ⓓA円の中心からその半径の2分の1の点をB円の中心とする→75度
　ⓔA円の中心からその半径の3分の1の点をB円の中心とする→80度
　ⓕA円の中心からその半径の4分の1の点をB円の中心とする→82.5度

ここで、特に注目されることは、①60 度、②67.5 度、③75 度、④78.75 度、⑤82.5 度という五つの菱形の角度です。これらの角度は、それぞれ①円接正六角形、②円接正八角形、③円接正十二角形、④円接正十六角形、⑤円接正二十四角形に特徴的な角度であることです（銅鐸に現われている眼形に対し、菱形文を作図し計測した結果、作図によって得られる眼形角度は、一部の銅鐸を除いて、図 151〜図 153 に示す正多角形の角度に一致しております）。

　このような円接正多角形に特徴的な角度は、15 度と 22.5 度を基準角度とし、円を二十四等分することによって容易に割り出す（作図）ことができます。なお、眼形の下限は 60 度に置かれ、上限は 82.5 度におかれていたものと考えられます。

第 13 章

吉備と出雲を結ぶ
特殊器台・特殊壺

出雲へ持ち込まれた吉備の立坂型特殊器台・特殊壺

　出雲へ持ち込まれた吉備の特殊器台・特殊壺に関して、近藤義郎氏は、次のように書いています。

　　これは吉備出身の娘あるいは息子のような人物が西谷三号、および同四号の連続する二代の首長と今日風にいうと養子あるいは嫁、入り婿のような親族関係を結んだことを仮定して、その人物の死にあたり、吉備で製作した特殊器台・特殊壺が運ばれて供えられた、と僕達は考えている。出雲に移り住んだ吉備の首長の親族は、出雲で死んでも吉備の方式で少なくとも祭祀の一部が行なわれたのである（近藤義郎著『前方後円墳と弥生墳丘墓』青木書店 1995）。

　これに対して、島根大学の渡辺貞幸教授は、次のようにのべています。

　　西谷三号墓の被葬者は、四隅突出型墳丘墓を造ることで山陰各地の地域集団と連帯する一方、古志の集団ともつながりを持ち、また、四隅突出型墳丘墓分布圏の外の集団である吉備の勢力（その中心は恐らく楯築墳丘墓の被葬者であろう）とも外交関係を結んでいたらしい（「山陰弥生シンポジウム」2004）。

　近藤義郎氏は、吉備と出雲西谷との埋葬祭祀に相違はあっても、両者に「養子・嫁・入り婿」という親族関係を仮定し、吉備で製作した特殊器台・特殊壺は、出雲へ運ばれて供えられたと述べています。
　他方、渡辺貞幸氏は、「出雲西谷の四隅突出型墳丘墓と吉備の墓制は相違しても、外交関係を結んでいたらしい」と両者の関係を指摘されています。

双方中円墳 🐟 と四隅突出型墳丘墓 🐢 の意味
　近藤・渡辺両氏は、吉備の特殊器台・特殊壺が出雲西谷の四隅突出型

墳丘墓へ持ち込まれた理由を述べていますが、それらがどのような意味を持ち、どのようなつながりをもっているかについては、何も触れていません。

　双方中円墳、特殊器台・特殊壺、四隅突出型弥生墳丘墓は、以下に示す**かたち**を持っています(後掲図155−2〜図156参照)。

ⓐ吉備の特殊器台・特殊壺＝ ▮ ・ 🏺
ⓑ吉備の双方中円墳＝ 🔶 ・ ⬡
ⓒ出雲の四隅突出型墳丘墓＝ ✳ ・ ◫ ・ ◆

　吉備の双方中円墳 ⬡ の特徴的なかたちは、楕円図形(◯)であり、出雲の四隅突出型墳丘墓 ◫ の特徴的なかたちは、双曲図形()() です。このような双曲・楕円図形の特質をもつ**かたち**は、これまで述べてきた縄文人の幾何学に現れていました。

①🎋 → 🎋 → 🏺　②◯◯◯◯◯ → ⊗ → ✦　③▱ → ✳ → ✴

　なお、特殊器台▮・特殊壺🏺は、普通器台▨・普通壺🍶から導かれる**かたち**です。このように考えられるわけは、普通器台・普通壺と特殊器台・特殊壺は、二種類のらせん形 [◯◯◯◯◯ ・ ⬡⬡⬡]から生じるかたちをもっています。加えて、円形の連鎖(◯◯◯◯◯)・眼形の連鎖(⬡⬡⬡)と四隅突出型墳丘墓 ◫ (柿の蔕形)は、同じ**かたちの素粒子)形**を産みの親とする**かたち**です(第5章・第6章参照)。

①普通器台・普通壺＝円形の連鎖 ◯◯◯◯◯ → 🎋 → ▨・🎋 → 🍶
②特殊器台・特殊壺＝眼形の連鎖 ⬡⬡⬡ → 🎋 → ▯・🎋 → 🍶

「ウィキペディア」の特殊器台・特殊壺、四隅突出型墳丘墓

　インターネット「ウィキペディア」は、四隅突出型墳丘墓に対し、

図 154

特殊器台の円筒形は、安定するらせん形

ⓐ 立坂型特殊器台に描かれる文様

①しめ縄状文様

②綾杉文

③鋸歯文
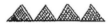

弥生時代後期後葉(2世紀初頭〜3世紀中頃)
岡山県落合町中山遺跡出土の
立坂型特殊器台・特殊壺

写真出典:『前方後円墳と弥生墳丘墓』
近藤義郎 青木書店 1995

ⓑ 特殊器台の円筒形(）は、安定した継続性を維持するらせん形(）であると思います。

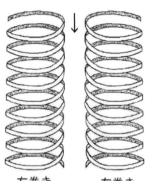

右巻き　　左巻き

写真出典:『うずまきは語る』
千田稔 福武書店 1991

　特殊器台の円筒形 は、(）→ で表わすことができます。同時に → 形を表わしています。他方、特殊壺は、図式 ８→ ⋈ → 🏺 で表わすことができます。

　以上から特殊器台の円筒形に対し、安定した継続性をもつらせん形（＝渦巻（ ））が推定されます。これは特殊器台に載る壺形 ８→ ⋈ → 🏺 と特殊器台に描かれる → 形によって裏づけられています。因みに普通壺の図式は ８→ ⋈ → 🏺 です。

　なお、特殊器台と管玉（くだたま）は、葦・竹と同じ円筒形を共有しております。すなわち、『記・紀』の書き記す「みすまるの珠」に対し「安定した左巻き渦巻と右巻き渦巻の合体形」を想定することが可能です。

作図・説明文：筆者 大谷幸市

図 155-1

立坂型特殊器台に描かれる文様の意味

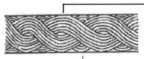

立坂型特殊器台に描かれる文様 で注目される箇所は、ⓐ 〇 形・ⓑ X 形の2ヶ所です。〇形とX形は、強靭性と永遠の継続性をもつ正六角形を形成します。

ヨコ並びの眼形 → 

タテ並びの眼形  → 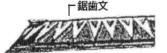 正六角形

立坂型特殊器台は、葦や竹に見る円筒形をもっています。この円筒形（ ）の意味は、その器台に描かれる安定したらせん形 → ∞∞∞ 形に現われています。

B 鋸歯文

図Bは鋸歯文と呼ばれている文様です。この文様の△形は、◇ 形とX形を作り、さらに正六角形 ⬢ を形づくります。この ⬢ 形は、二重らせん構造から導かれる斜格子文に現われております。◇形とX形のもつ特別な性質に現代の幾何学者は、気づいておりません。およそ1万年前の縄文人は明確に把握しておりました。強靭性をもつハニカム構造をもつ正六角形は、◇形とX形の特別な性質を受け継いでいます。
縄文人は、⬢形を生みだすしめ縄（二重らせん構造）に生命誕生の原理を読み取っていたと考えられます。

C 鋸歯文  綾杉文

近藤義郎箸『前方後円墳と弥生墳丘墓』青木書店 1995に掲載される画像を基に製作しました。
特殊器台以外の図形、および説明文は筆者大谷幸市に拠るものです。

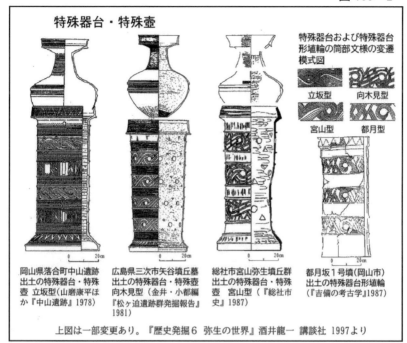

つぎのように書いています。

　四隅突出型墳丘墓は、弥生時代中期以降、おもに中国山間部・山陰・北陸の各地方で採用された墓制で、方形墳丘墓の四隅がヒトデのように飛び出した特異な形の墳丘墓である。中国山間部・山陰のものは貼石や列石といった配石構造を有する。

　インターネット「ウィキペディア」は、出雲の四隅突出型墳丘墓は「方形墳丘墓の四隅がヒトデのように飛び出した特異な形の墳丘墓」であると表現していますが、筆者(大谷幸市)は、かたちの素粒子)形の180度の反転の繰り返しから生じる柿の蔕形に基づくかたちであると考えております(図156参照)。

第13章　吉備と出雲を結ぶ特殊器台・特殊壺　　309

図 156

双方中円墳と四隅突出型墳丘墓の関係

ⓐ 吉備の双方中円墳に特徴的なカタチは「()」形です。
ⓑ 出雲の四隅突出型墳丘墓に特徴的なカタチは「口」形です。

ⓐの「()」形とⓑの「口」形に共通する幾何図形は双曲図形()()、楕円図形(○)です。

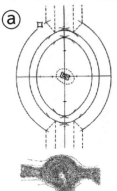

ⓐ

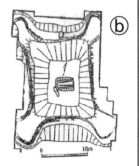

ⓑ

吉備の双方中円墳と出雲・西谷の四隅突出型墳丘墓は、幾何学の双曲図形()()と楕円図形(○)なくして、それらがどのような意味をもっているのかを導くことができません。
日本列島の縄文人は、この特別な性質をもつ双曲・楕円図形に気づいておりました。

香川県の双方中円墳

出雲・四隅突出型墳丘墓
宮山Ⅳ号墓

香川県の双方中円墳 ─┐
出雲・四隅突出型墳丘墓 ─┘ 画像出典： 森浩一編 探訪『日本の古墳』
西日本編 有斐閣選書R 昭和56年

─── 墳丘墓を除く以下の作図・タイトル・説明文：筆者 大谷幸市

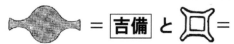
　＝ 吉備 と 口 ＝ 出雲 の結びつき

〜〜 形と 口 形の産みの親は、かたちの素粒子)形です！

吉備の ∞∞∞ → 〜〜 双方中円墳と出雲・西谷の ❀ → 口 四隅突出型墳丘墓は、「)」形を介して結ばれています。

① かたちの素粒子)形の180度の反転の繰り返しから生じるかたち

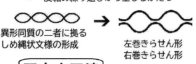

異形同質の二者に拠るしめ縄状文様の形成

左巻きらせん形
右巻きらせん形

双方中円墳

② かたちの素粒子)形の180度の反転の繰り返しから生じるかたち

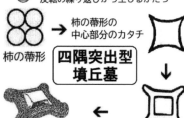

柿の蔕形

柿の蔕形の中心部分のカタチ

四隅突出型墳丘墓

柿の蒂形 ⊗ の中心部分のかたちは、▱形を呈し、四隅突出型墳丘墓の 〼 形に酷似しています。▱形は何のヒントもなく思いつくことはできません。

　他方、吉備の双方中円墳は、しめ縄状文様 ◯◯◯ → ◇◇ から生じるかたちを呈しています。そのかたちは出雲西谷の双曲図形 〼 に対峙する楕円図形 ⇔ です。この段階で、縄文人の幾何学を考慮すれば、出雲の四隅突出型墳丘墓と吉備の双方中円墳は、図 156 に示すとおり、双曲図形（✗形）と楕円図形（❶形）に基づくものとの判断されます。

　このパターンは、縄文人をして培われた「となり合せの存在」、かたちで表わせば、第 10 章で述べてきた「一つ形の中に二つの意味をもっている七宝文 ⊗ 」ということになります。七宝文 ⊗ の産みの親は、かたちの素粒子）形の 180 度の反転の繰り返しから生じる柿の蒂形 ⊗ です。

　ところで、このかたちの素粒子）形の 180 度反転の繰り返しから生じるかたちには、ⓐ ⊗ 形とⓑ 〰 形のパターンがあります。ⓐからは ◯◯ 形（連続円文）と ◯◯ 形（ひょうたん形）が生じ、ⓑからはしめ縄状文様 ◯◯◯◯ が生じます。このパターンは、✗ 形を媒介とする ◯ 形の連続形です。

　この眼形の連鎖が円形の連鎖から生じていることは、第 5 章、図 53 に示してきました。これは、斜格子文の原形と同じです（図 30 参照）。斜格子文は、壺形 🍶 と正六角形 ⬡ を作る正逆Ｓ字トンボを同時にもつ「眼形の連鎖」を源泉としています。そのかたちは、宇宙創成と生命誕生の原理をもっています。縄文人の構築した「六・八」を媒介とする理論は、円形に基づいているため、茅の輪くぐりのように ◯◯ 形をぐるりとひと回りしています。瞬間、戸惑いますが前掲図 126（第 10 章）に示す円形の連鎖から眼形の連鎖が生じる図形現象は、幾何学に則っています。

　これは日本列島の縄文人が編み出した作図法です。これまでのわが国の歴史研究において、弥生時代に軸を置く論述が主流を占めており、わが国の基層文化は縄文にあったとする考え方は少数派です。

第13章　吉備と出雲を結ぶ特殊器台・特殊壺　　311

文字より前にかたちがあった〈パート3〉

　縄文人は、正多角形を形づくる草木の花や正六角形の蜂の巣などに生命誕生の原理を読み取っていました。このような縄文人の血を引く弥生人は、双方中円墳 〜 と四隅突出型墳丘墓 〜 をつなぐキーワードを学び取っていたはずです。縄文人は「一つ形の中に二つの意味をもつかたち」の存在に気づいておりました。これが海鼠紋、すなわち、柿の蔕形 ⊗⊗ から生まれた七宝文 ⊗⊗ です。

　七宝文 ⊗⊗ なくして、天地・陰陽、つまり、宇宙創成の原理と生命誕生の原理を同時に理論化することはできません。吉備の人たちは、この七宝文 ⊗⊗ に則って特殊器台・特殊壺を編み出していたと考えられます。吉備の特殊器台・特殊壺が出雲の西谷の四隅突出型墳丘墓へ供えられていたことは、四隅突出型墳丘墓を創出していた出雲西谷の人たちも、七宝文の意味を充分に理解していたからにほかありません。

　日本列島の縄文人の末裔は、七宝文 ⊗⊗ というかたちは、言葉に益して人々の心に訴える力をもっている、このように考えられていたと思います。だから、全国の土蔵や土塀に造形されたわけです。

柿の蔕形 ⊗⊗ に隠れている ∞ 形と⊂∞⊃ 形

　かたちの素粒子 ）形の180度の反転から生じる柿の蔕形 ⊗⊗ は、双眼 ◉ に隠れているパターンでした。この柿の蔕形 ⊗⊗ に対し、2個の円形を結ぶ✕形に視点を置くと、二組の連続円文 ∞ が視野に入ってきます。続いて、2個の円形を結ぶ◆形に視点を置くと、二組のひょうたん形 ⊂∞⊃ が視野に入ってきます。二組ずつの連続円文とひょうたん形は、異形同質の関係を維持しています。

　連続円文 ∞ の中心に3個目の円形を作図すると正六角形 ⬡形を産み出す ⊗⊗⊗ 形が生じます。このパターンは、吉備の立坂型特殊器台に描かれるしめ縄 〰 をフリーハンドで描くと ∞∞∞ となり、このかたちをタイル張りすると、斜格子文が生じます（図29〜図30参照）。

吉備の立坂型特殊器台・特殊壺は、吉備の双方中円墳 🐟 と出雲西谷の四隅突出型弥生墳丘墓 🜨 をつなぐ媒介者の役割を果たしていたのです。第6章、図75の①タテ並びの眼形・②ヨコ並びの眼形に見る眼形の連鎖は斜格子文の原形です。この眼形の連鎖には母胎の意味をもつ壺形 🍶 と正多角形を象徴する正六角形 ⬢ が生じています。斜格子文の産みの親であるしめ縄状文様 ∞∞∞ (二重らせん構造)は「同質でありながら異形の二者の合体によって新しいかたちが生まれる」という生命誕生の原理につながる意味をもっています。さらに二重らせん構造は、安定性と永遠の継続性をそのカタチの中にもっています。

　ミツバチが六角形の巣を作り、自ら体位を ∞ 形に動き周り、花の蜜のあるところを仲間に教えることができるのは、∞ 形と ⧓ 形→ ⬡ 正六角形の DNA をもっているからではないでしょうか。また、アマミホシゾラフグと名づけられた魚は、精巧な正多角形 ✳ の構図を描き、そのサークルの中心部分に産卵します(第8章の図99)。アマミホシゾラフグのメスとオスの行動は、生命誕生に繋がる正多角形という幾何図形のDNAをもっているとしか考えられません。

　蜂と魚、そして植物の花がつくるカタチは正多角形です。蜂や魚や植物は、このようなかたちを、なぜ造ることができるのでしょうか。現段階においては、**「森羅万象はみずからの誕生に密接に関わる正多角形のDNAをもっている」**という答えしか用意できませんでした………。

　この正多角形は、双曲・楕円図形の特別な性質から生まれています。この特別な性質は、柿の蔕形 🟐 を形づくる連続円文 ◯◯とひょうたん形◯⚬◯に現われている 𝖃 形と ◇ 形から受け継がれています。𝖃 形は正六角形 ⬢ を、◇ 形は正八角形 ✳ を形づくります。他方、縄文前期の京都市北白川遺跡出土浅鉢の文様から正六角形 ⬢ が導かれ、福井県鳥浜貝塚出土浅鉢の文様からは正八角形 ✳ が導かれます。

かたちの素粒子)形の180度の反転の繰り返しから生じる柿の蔕形🟐

図157

楯築弥生墳丘墓の弧帯文石

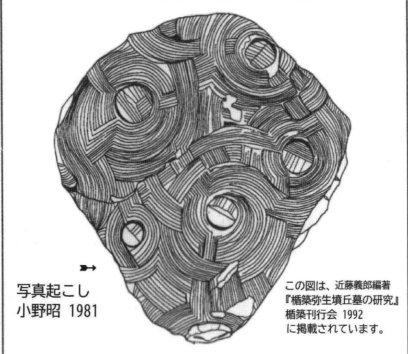

写真起こし
小野昭 1981

この図は、近藤義郎編著
『楯築弥生墳丘墓の研究』
楯築刊行会 1992
に掲載されています。

楯築弥生墳丘墓出土の弧帯文石

写真・画像の出典　近藤義郎編著
『楯築弥生墳丘墓の研究』
楯築刊行会 1992

0　　　40cm

の連続円文 ◯◯ から正六角形が導かれ、同ひょうたん形 ◯◯ から正八角形が導かれます。正六角形と正八角形は合体して、正多角形の基本となる正二十四角形 ✹ を形成しています。

　ⓐ蜂は、なぜ六角形の巣を作ることができるのでしょうか、ⓑアマミホシゾラフグのオスは、どうして精巧な正多角形の産卵床を作り、メスは、その中心へ卵を産み落とすことができるのでしょうか。ⓒ植物の花々に見る正多角形、ⓓ土星の渦巻く六角形など、正多角形という幾何学図形は、森羅万象の誕生にどのように繋がっているのでしょうか、という重大問題が改めて喚起されます。

〰〰 形と ◯◯ 形の関係

　立坂型特殊器台に描かれる 〰〰 形は、しめ縄と斜格子文の関係、つまり、両者が眼形を介して結ばれていることを示すために必要であった、このように考えられます。このしめ縄は立体的に描かれています。
　もう一つ楯築弥生墳丘墓には見逃すことができない文様があります。それは弧帯石に刻まれる ◯◯ 形です。これについて近藤義郎氏は、その著作『前方後円墳と弥生墳丘墓』（青木書店 1995）の中で、つぎのように指摘されています。

　　弧帯石の文様のなかでいちばん顕著で印象的なものは「Ｓ字形あるいは ⑥ 形に展開する文様」であるとして「弧帯石が早くも特殊器台のＳ字形文様を表出していた」

　近藤義郎氏が指摘される特殊器台のＳ字形とは、正逆Ｓ字トンボ 🙟 を例に引けばわかりやすいと思います。正逆Ｓ字トンボは180度反転しており、「同質でありながら異形の二者の合体によって新しいかたちが生まれる」という法則に適っています。つまり、正逆Ｓ字トンボは母胎の意味をもつ壺形 🏺 を形づくっています。
　このようなカタチからは、円形の茅の輪をくぐり抜けて生じる８の字形、すなわち、◯◯ 形が連想されます。茅の輪くぐりは、３回茅の輪を

廻ります。日本列島の縄文人は、３個のヨコ並びの円形→ヨコ並びの眼形から正六角形が生じる図形現象［⦿⦿⦿-⦿⦿⦿-◆◆］に気づいていました。

第 14 章

記紀神話に隠れているかたち

第1節　天地開闢(てんちかいびゃく)

天地・陰陽のかたち

『古事記』序文は、天地開闢に関して、つぎのように記しています。

臣安万呂言す。夫れ混元既に凝りて、気象未だ効れず。名も無く為も無し。誰か其の形を知らむ。然れども乾坤初めて分れて、参神造化の首を作し、陰陽斯に開けて、二霊群品の祖と為る。

[口語訳]　およそ宇宙の初めにあっては、混沌とした天地万物の根元がとうとう凝り固まりましたが、万物の生命のきざしと形は、まだはっきりと現われていませんでした。それは何とも名づけようもなく、どういう働きをしているのかもわかりません。誰がそのほんとうの形を知りえましょうか。しかしながらやがて天と地とが初めて分れますと、天之御中主神・高御産巣日神・神産巣日神の三柱の神が創造の初めとして現われ、また陰と陽とがその時別になって、伊耶那岐・伊耶那美の二神がすべてのものの生みの親となったのです(小学館版『古事記』)。

　『古事記』序文は、「夫れ混元既に凝りて、気象未だ効れず。名も無く為も無し」と記しながら、「誰か其の形を知らむ」として、いかにも天地万物の形を知っているかの如き筆使いです。『古事記』編者は、具体的な図形とか文様を脳裏に描きながら、その文字化を図っているようです。『古事記』編者の描くかたちは、いったいどのようなものでしょうか。

　「然れども乾坤初めて分れて、参神造化の首を作し、陰陽斯に開けて、二霊群品の祖と為る」を読み返すと、①造化三神と②二霊群品の神々は、「一つかたちで二つの意味をもつかたち」から導かれていると考えられ

第14章　記紀神話に隠れているかたち　　319

ます。その有力なかたちは、前掲図 124(第 10 章)の「円結びのパターン
その２」です。この七宝文 ⊗⊗ は、**一つかたちで二つの意味**を併せもっ
ています。

七宝文 ⊗⊗ ┌ ⬡ ＝天・✖ ＝地
         └ ✖ →Ⴟ＝陰・⬡ →ロ＝陽

　具体的に言えば、七宝文 ⊗⊗ は、⬡ →○(円形)、✖ →□(正方形)とჃ・ロ
→陰陽に分類できます。因みに、Ⴟ は ⊗⊗⊗⊗ 形を、ロ は ⊗⊗⊗⊗ 形
を形づくっています。『古事記』本文は、天地(宇宙創成)・陰陽(生命誕生)
を使い分けています。

　少し横道にそれますが、2010 年に奈良県纏向遺跡から出土した 2700
余個の桃の種の由来について、「中国の神仙思想の影響を受けた何らか
の祭祀に使われていたのでは………」とか「魔除け呪術」という考古学
者・歴史学者の意見が新聞紙上に見受けられました。

　桃の種のどのようなところに、そのように考えられるエビデンスがあ
るのでしょうか。①神仙思想、②呪術という表現(考え方)は、具体的な
根拠を示すことができないという難点があります。

　ところで、中国の『周髀算経』(戦国時代末期～前漢)には、「勾股(こう
こ)の法と矩(さしがね)を用いるの道」に、次のような記述があります。

　　数を取り扱う術は、まる「円」と四角「方」からでてくるものです。
　円は四角から生じ、四角はさしがね「矩」から生じるものなのです。
　さしがねは、九九・八十一という数の(乗法の)原理から生じるのです。
　……(中略)。正方形は、地に特徴的なものであり、円は、天に特徴的
　なものです。正方形の数がもっとも規準となるものであり、正方形に
　基づいて円の形が導き出せます(正方形に円を外接させた円方図、内接させた
　方円図参照)。

　これに対し、能田忠亮氏は、その著『周髀算経の研究』において『周

髀算経』の考え方がより原初であるとされています。しかし、理論的には、正方形の数は、どこまで行っても円形に近づくことはできても円形に至ることはできません。従って、原初であると言い切ることはできないと思います。

　かたちの素粒子）形の180度の反転の繰り返しから導かれる柿の蔕形 ⊗⊗ は、∞（連続円文）・◯─◯（ひょうたん形）を結んでいます。この ⊗⊗ 形から七宝文 ⊗⊗ が生まれ、◈→円形と ⊗→正方形による天地・陰陽の関係が導かれます（上記の図式参照）。すなわち、**七宝文 ⊗⊗ は「同質でありながら、異形の二者の合体によって新しい形が生れる」という宇宙創成と生命誕生の統一理論を同時に内包しています。**

　統一理論をもつ天地・陰陽の図は、縄文時代草創期の縄文人がその特別な性質を発見し、重大な関心を寄せていた双曲図形）（（）（）と楕円図形（（）から導かれています。この視点が重要です（第10章参照）。

造化三神、天之御中主神・高御産巣日神・神産巣日神

　『古事記』本文は造化三神について、つぎのように書いています。

　　天地初めて発けし時、高天原に成れる神の名は
　天之御中主神、次高御産巣日神、次に神産巣日神此三柱の神
　並独神成坐して身を隠したまひき。

　最初にのべておきますが『古事記』は、「隠蔽意図の計画性」をもつ歴史書である、と私は考えております。文章の中に意味あるカタチなどが隠されており、文字通り読み進んだとしても、『古事記』編者の意図を読み解くことはできません。どのような方法で隠蔽しているのか、最初にその方法を導きだすことが必要です。たとえば、天之御中主神は、その神名の頭に「天の」をもっております。この「天の」には、たとえば、図形の中心線というような意味が与えられていると考えられます。

つまり『記・紀』の書く神の正体が幾何学的に重要な意味をもつカタチや図形である可能性が高いと考えられるのです。

造化とは、「天地万物の創造」という意味をもっています。『古事記』本文の冒頭に登場する三神に「造化」が被せられているのは『古事記』編者が意識的に与えた表現であると思います。

わが国に伝統的な海鼠紋、つまり、七宝文は6個の()形を主体にX形と口形を媒介として、フラクタルな文様を形づくっております。七宝文の ⊕形と ⋈形は「)」形と、この180度の反転形である「(」形を共有し、双曲・楕円図形の両性具有と相即不離の特性を受け継いでいます。すなわち、⊕形と ⋈形は、X形と 口 形を媒介にして、◇◇◇◇◇ 形と◇◇◇◇◇◇ 形を作っている、このように理解することができます。

ところで、円形(○)と正方形(□)の異形同質の関係は、七宝文 ⋈ なくして立証することはできません。()形とX形・口形から形成される七宝文を見つめれば見つめるほど、天地創成と生命誕生を同時にもつカタチが他にあるだろうか、という想いに駆られます(第10章参照)。

現代の幾何学者が今もなお気づいていない6個の眼形()が形づくる七宝文 ⋈ の意味を、双曲・楕円図形の中に発見していた縄文人の幾何学には見習うべきものがあります。相即不離の関係を生みだしている柿の蒂形 ❀ の ∞(連続円文)・○○(ひょうたん形)に注目し、幾何学の一つの分野を切り開いた縄文人の図形能力には驚くばかりです。

造化三神の役割

『古事記』本文の冒頭に書かれる天之御中主神・高御産巣日神・神産巣日神は、どのような役割が与えられているのでしょうか。造化三神は一義として図158と図159に示す二種類の直角三角形の意味を与えることができます。

このように考えられるわけは、『記・紀』は「六と八の関係」を随所で書いています。正多角形における「六と八の関係」といえば、正六角形と正八角形による正二十四角形の形成をあげることができます。正二

図 158

造化三神の意味

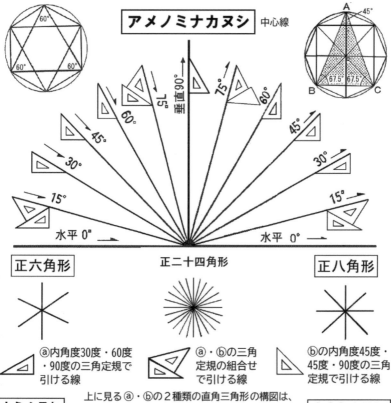

ⓐ △ = 30度・60度・90度の直角三角形
ⓑ △ = 45度・45度・90度の直角三角形

同質でありながら異形の二者の関係を結ぶ二種類の直角三角形は、合体して正二十四角形を形づくります。
　左記の2種類の直角三角形のⓐは、正六角形に、同ⓑは、正八角形に特徴的なかたちです。

アメノミナカヌシ　中心線

正六角形　　正二十四角形　　正八角形

ⓐ内角度30度・60度・90度の三角定規で引ける線

ⓐ・ⓑの三角定規の組合せで引ける線

ⓑの内角度45度・45度・90度の三角定規で引ける線

カミムスヒ
葦原中国

上に見るⓐ・ⓑの2種類の直角三角形の構図は、『記・紀』神話に登場する造化三神、つまり、天之御中主神・高御産巣日神・神産巣日神に比定することができます。

タカミムスヒ
高天原

ⓐ・ⓑの2種類の直角三角形が形づくる正二十四角形を最初に作図したのは、フェルマーと言われておりますが、上図の出典書籍は不詳のままです。なお、正二十四角形を形づくる2種類の直角三角形と正六角形・正八角形が結ばれること、『記・紀』神話の造化三神に結ばれるとする指摘は、筆者 大谷幸市です。

第14章　記紀神話に隠れているかたち　　323

図 159

正十二角形に現われている2種類の直角三角形

正六角形に特徴的な30度・60度・90度の直角三角形と正八角形に特徴的な45度・45度・90度の直角三角形は、正十二角形に現われています。この正十二角形は二つの底角が75度の二等辺三角形と3・4・5の比率をもつ直角三角形を内包しています。

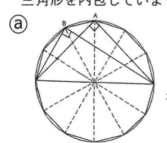

正十二角形に表れている
2種類の直角三角形

正十二角形に特徴的な
75度の作図法

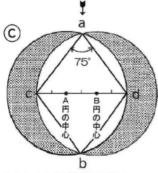

①Aを中心とする円を描く

②A円の半径の4分の2にB円の中心を求め円を描く。

③abcdを直線で結ぶと75°の角度をもつ菱形文が生じます。

組合せでいろいろな線が引ける

30°・60°定規　　組合せで　　45°定規で
で引ける線　　　引ける線　　引ける線

2種類の三角定規の組合せで
引ける線

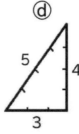 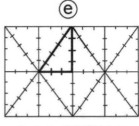

3・4・5の比率を　　3・4・5の比率をもつ
もつ直角三角形　　直角三角形から生じる
　　　　　　　　菱形文と向かい三角文

本図は前掲図158を基に作成しました
作図・説明文：筆者　大谷幸市

十四角形は二種類の直角三角形、もしくは長方形と正方形による正多角形の出発点と考えることができます（異形同質の二者による合体）。

図158において、アメノミナカヌシに垂直の中心線を仮定すれば、タカミムスヒに45度・45度・90度の内角度をもつ直角三角形を、カミムスヒに30度・60度・90度の内角度をもつ直角三角形を想定することができます。二種類の直角三角形は、異形同質の関係におかれ合体して新しいカタチを生みだすという役割をもっています。

オノゴロ島の聖婚

　『古事記』（小学館版）は「オノゴロ島の聖婚」と題して、つぎのように書いています。

　是に天つ神諸の命以ちて、記紀神話の伊耶那岐命・伊耶那美命二柱の神に、「是のただよへる国を修理り固め成せ」と詔りて、天の沼矛を賜ひて、言依さし賜ひき。故、二柱の神、天の浮橋に立たして、其の沼矛を指し下ろして画きたまへば、塩こをろこをろに画き鳴して、引き上げたまふ時、其の矛の末より垂り落つる塩累なり積りて島と成りき。是れ淤能碁呂島なり。

　其の島に天降り坐して、天の御柱を見立て、八尋殿を見立てたまひき。是に其の妹伊耶那美命に問ひて曰りたまはく、「汝が身は如何か成れる」とのりたまへば、答白へたまはく、「吾が身は成り成りて成り合はせざる処一処在り」とこたへたまひき。爾に伊耶那岐命詔りたまはく、「我が身は成り成りて成り余れる処一処在り。故、此の吾が身の成り余れる処を以ちて、汝が身の成り合はざる処に刺し塞ぎて、国土を生み成さむと以為ふ。生むこと奈何」とのりたまへば、伊耶那美命、「然善けむ」と答白へたまひき。爾に伊耶那岐命詔りたまはく、「然らば吾と汝と是の天の御柱を行き廻り逢ひて、みとのまぐわひ為む」とのりたまひき。如此期りて、乃ち、「汝は右より廻り逢へ。我は左より廻り逢はむ」と詔りたまひ、約り竟へて廻る時、伊耶那美命、先に「あなにやしえをとこを」と言ひ、後に伊耶那岐命、「あなにや

しえをとめを」と言ひ、各言ひ竟へし後、其の妹に告げて曰りたまはく、「女人の先に言へるは良からず」とのたまひき。然れどもくみどの興して、子の水蛭子を生む。此の子は葦船に入れて流し去てき。次に淡島を生む。是も亦子の例に入れざりき。

[口語訳]

　そこで天つ神一同の仰せで、伊耶那岐命・伊耶那美命の二柱の神に、「この漂っている国土をよく整え固めよ」という詔命が下されて、それとともに天の沼矛という玉飾りを施した聖なる呪器をお授けになって、漂う国土の修理固成をご委任なされた。それで二柱の神は天地の間に架けられた天の浮橋にお立ちになって、その沼矛を下界にさしおろし、かきまわされるのに、海水をコオロコオロとかき鳴らして、引き上げなさる時に、その矛の先からしたたる海水がだんだんに積もり固まって島になった。海水がおのずから凝り固まってできた島なので、これを淤能碁呂島というのである。

　両神はその島にお降りになって、聖なる御柱をお見立てになり、また結婚のための広い宮殿をお見立てになった。そこで伊耶那岐命が妹の伊耶那美命に尋ねて、「おまえの身体はどのようにできてきたのか」と仰せになると、伊耶那美命は「私の身体はだんだんに成り整ってきましたが、まだ整わないところが一か所あります」とお答えになった。さらに伊耶那岐命が「私の身体はだんだんに成り整ってきたが、できすぎたところが一か所ある。だから、この私の身体の余分なところを、おまえの身体の足りないところに刺し入れふさいで、国を生もうと思う。生むことはどうだろうか」と仰せになると、伊耶那美命は「それは結婚でしょう」とお答えになった。そこで伊耶那岐命は「それならば、私とおまえとこの聖なる御柱を巡り、出会って、聖なる結婚をしよう」と仰せになった。このように約束してから伊耶那岐命は「おまえは右から巡って会いなさい。私は左から巡って会おう」と仰せられて、約束をし終って御柱巡りをした時に、伊耶那美命のほうが先に

「何とまあ、すばらしい男性でしょう」と唱え、そのあとで伊耶那岐命が「何とまあ、美しい娘だろう」と唱え、おのおの唱え終わったらのち、伊耶那岐命がその妹に向かって、「女が男より先に唱えたのはよろしくない」と仰せられた。そうはいいながらも、聖婚の場所である八尋殿において御子を生むことを始めて、最初に生まれた子は水蛭子という不具児であった。この子は葦の船に乗せて流し捨てた。次に淡島を生んだ。これも不完全な島なので、子の数には入れなかった。

　天の沼矛をもったイザナギとイザナミは、海面に近い天の浮橋に立ち何が始まるのか気をもんでいると、天の沼矛を海水の中へさし入れ、かきまわしているようです。『記』は「天の」を使い微妙な表現を施していますが、沼矛の周りの海水は渦を巻き、このあとに正六角形が暗示されます。
　「矛の末より垂り落つる塩累なり積りて島と成りき。是れ淤能碁呂島なり」となっています。塩の結晶は六角形です。オノゴロ島に天の御柱が見立てられ、さらに八尋殿が見立てられます。
　　　　ⓐ塩の結晶＝正六角形
　　　　ⓑ八尋殿　＝正八角形
ここで使われる「見立てる」の意味は、「①ほかのもので表現する。②仮定する。③なぞらえる」が妥当であると思います。オノゴロ島に見立てられた八尋殿は、塩の結晶の正六角形に正八角形が加えられて「六と八の関係(6と8の関係)」が成立しています。
　正六角形と正八角形の次元を上げると正六面体・正八面体の双対関係になります。「天の御柱」、つまり中心点・中心線が重要な意味をもってきます。正八角形 ✳ は ✖ 形から生れています。この ✖ 形は対峙する①線分と②頂点を結ぶ二種類の二等分線から生じています。これによって正八角形の骨組である ✳ 形が生じ、正八角形が導かれます。
　ところで、「ヨコ並びの眼形から正六角形が生じる」という図形現象に気づかなければ「 ✴ 形→正八角形」の図式を導くことができません。さらに、八尋殿にさきだってオノゴロ島が見立てられたのは、正多角形

の幾何学、つまり、正六角形と正八角形の関係を『古事記』編者が知っていたからにほかなりません（ここに六角堂・八角堂を造った根拠があります）。

　『古事記』は「垂り落つる塩累なり積りて島と成りき」と綴っています。なぜ、ここで突然に「塩」が登場するのでしょうか。それは「塩の結晶」は、六角形を形づくっているからです。さらに、正六面体・正八面体の関係は、それぞれ中心の概念が重要です。たとえば、二本撚りのしめ縄を撚る場合、元になる基準点を固定することが必要です。これを行なわないと右撚り、左撚りとしっかりとしたしめ縄を撚ることができません。

天の御柱の意味

　オノゴロ島に見立てられた天の御柱には、「天の」がついています。この「天の御柱」のところで、イザナギ・イザナミは、お互いの体形について、イザナギノミコトが語り始めます。

　ⓐ「吾が身は成り成りて成り合はせざる処一処在り」
　ⓑ「我が身は成り成りて成り余れる処一処在り。故、此の吾が身の成り余れる処を以ちて汝が身の成り合はざる処に刺し塞ぎて、国土を生み成さむと以為ふ。生むこと奈何」

　その内容はイザナギノミコト・イザナミノミコトの「異形同質の関係」を確認した上で「汝が身は如何か成れる（おまえの身体はどのようにできてきたのか）」と具体的なかたちが語られ、「みとのまぐわい」が行われます。ここに二神の正体が隠されていることは、上記ⓐとⓑの「異形同質の関係」をもっているところに示されています。

　ところで『古事記』は、もう一つの確認作業を行なっています。それは、天の御柱を廻るに際して「汝は右より廻り逢へ、我は左より廻り逢

図 160

天の御柱を廻る イザナギ/イザナミ の意味

イザナギは
左回り

オノゴロ島 → 正六角形
天の御柱 → 正八角形
（異形同質の二者）

イザナミは
右回り

左撚りらせん形
右撚りらせん形
（異形同質の二者）

天地創造 ← みとのまぐわい → 陰陽誕生

イザナギ・イザナミの二神は、造化三神の後を受けて、オノゴロ島に見立てられた天の御柱をそれぞれ左右の方向から廻り、みとのまぐわいを行ないました。結果、生まれた水蛭子●・〜は、葦船〇に乗せられ、次の子の淡島✺も子の例に入れませんでした。

 正逆S字トンボ
（2本のメビウスの帯）
普通壺

天の御柱を周回するイザナギノミコト・イザナミノミコトに拠る二重らせん構造の軌跡 ➡ 以下の図ⓐに示す二重らせん構造から生じる壺のかたちは、弥生時代の普通器台・普通壺の壺形にそっくりです。 ➡ 母胎の意味をもつ **壺形の形成**

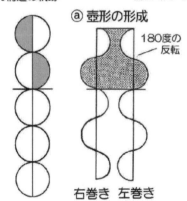

ⓐ 壺形の形成

180度の反転

右巻き　左巻き

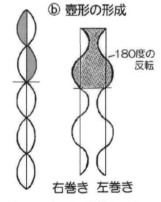

ⓑ 壺形の形成

180度の反転

右巻き　左巻き

作図・説明文：筆者大谷幸市

第14章　記紀神話に隠れているかたち　329

はむ」という指示が出されていることです。しめ縄 ▰▰▰▰ の二本の縄は、左撚りと右撚りになっているはずです。つまり、二本の縄を撚ってできあがるしめ縄は、「同質でありながら、異形の二者の合体によって新しいカタチが生れる」という法則性をもっています。『古事記』編者は、しめ縄の所有する生命誕生の原理を再確認しているわけです。

　この後で、イザナギとイザナミの「みとのまぐわい」から生れたヒルコは、「此の子は葦船に入れて流し去てき。次に淡島を生む。是も亦子の例に入れざりき」と書かれています。これに対し解説書は、つぎのように書いています。

　　イザナミノミコトが先に「あなにやしえをとこを」と唱えたために、
　　最初に生まれた子は水蛭子という不具児であった。この子は葦の船に
　　乗せて流し捨てた。次に淡島を生んだ。これも不完全な島なので、子
　　の数には入れなかった(小学館版『古事記』)。

　ヒルコと淡島は、なぜ「子の例に入れざりき」とされたのでしょうか。『古事記』は「水蛭子が不具児であった」とは書いていません。このような解釈は、『古事記』編者の意図から逸脱している様に思います。後述しますが、水蛭子 ◖ に現われている ⌣ 形は、◖ 形に現われています。

　イザナギとイザナミによる「みとのまぐわい」は、「同質でありながら異形の二者の合体によって新しい生命が誕生する」という生命誕生の原理を確認して行われています。

　『記・紀』神話には、言語や筋書の中にカタチが隠されていることは、前著(『縄文大爆発』(株)パレード出版 2015、『縄文人の知られざる数学』彩流社 2017)において指摘してきました。たとえば、水蛭子のかたちは ◖ 形と ⌣ 形が、葦船は ⬭ 形が、淡島は 🍇 形がそれぞれ推測されます。

　記紀解釈には、このような図形的視点が求められます。また、それらはどのように結ばれているのか、考察することが、『記・紀』神話を解

330

く重要なキーワードです。

上記の@と⑥に記される「みとのまぐわい」から生まれるのは人間とか動物の実際の子供ではありません。縄文人の思想を伝達する文字のかわりに見立てられたのは、図158〜図167に見るかたちだったのです。

大日靈尊 とは
（おおひるめのみこと）

『日本書紀』は、『古事記』の「此の子は葦船（あしふね）に入れて流し去てき」と書かれる「水蛭子（ひるこ）」は一転して「大日靈尊（おほひるめのみこと）」と表記されています。同じ「ヒル」でもニュアンスが相違しています。ヒルのヌルヌルした感触と吸血するヒルは、あまりよいイメージをもたれていません。『日本書紀』はイザナギ・イザナミを介して「大日靈尊」を登場させています。『日本書紀』の記す、この神の使命はどのようなものでしょうか。

「吾、あめのしたしらす珍の子を生まむと欲ふ」と言わしめて、
左の手に白銅鏡を持った時になり出づる神有す

池や小川に棲息するヒルは、図161に見る@ 〰 形と⑥ ◗ 形の二種類のカタチをもっています。⑥のカタチをもつヒルは二匹で ◐ 形を作ります。これに直径を引くと、そこに ⊕ 形が生じています。ヒルは円形（○）・勾玉形（ ◐ ）・直線（──）によるカタチ ⊕ 形を生みだしていることになります。これについては後述します。

円形は、母胎の意味をもつ壺形や正六角形が生じる眼形の連鎖の産みの親であり、縄文人にとってなくてはならないかたちでした。他方、太陽は生きとし生けるものになくてはならない存在です。

ヒルは、池や小川に棲息する小さな魚です。その中の一つのかたちである ◗ 形は、縄文人が作った勾玉にそっくりです。二個の勾玉は ◐ 形（円形）を形づくります。このようなところにヒルが「大日靈尊」と表記された理由があったと考えられます。わが国の古代人は、◗ 形に現わ

第14章 記紀神話に隠れているかたち　　331

図 161

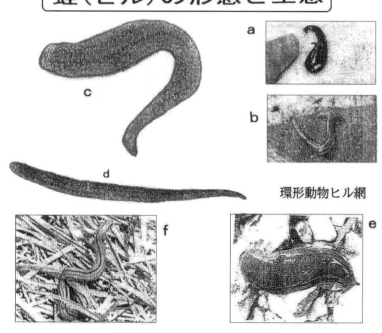

蛭(ヒル)の形態と生態

環形動物ヒル網

蛭(ヒル)の知られざる意味

ヒルは、環形動物ヒル網に属す生物の総称。体の前後端に吸盤を持つのが特徴である。環形動物一般に共通するが、体は細長い(前橋工科大学大学院、阿部泰宜氏製作)。ヒルは同時的雌雄同体。ヘモグロビンをもっているため、ヒルとヒトは同じ酸素供給システムをもっています。漢方では乾燥したヒルの生薬名を水蛭(すいてつ)と呼ばれています。人類は数千年前から水蛭を用いていたといわれております。

エジプト…ピラミッド内の壁画に古代人が水蛭を用いている物語を描くものがあるという。水蛭がもつ成分「ヒルディン」は近年世界で研究が行われているということです。ちなみに鹿児島県隼人町に蛭兒神社があります。

図像と説明文は、インターネット情報を基に纏めています(文責:筆者 大谷幸市)。

れている 〰 形が一つの円形の直径に位置し、二個の勾玉形を生みだしていることに気づいていたわけです（後掲図 167「図形の三種の神器」参照）。

『記・紀』編者がヒルを登場させたのは、ヒルがもっている、

①両性具有の現象
②らせん形と勾玉形
③人間と同じ赤い血液

という３点にあったと考えられます。『記・紀』編者が、この場面でもっとも必要としたのはヒルの形態に見られる 〰 形と ◐ 形ではないでしょうか。二匹のヒル（オスとメス）は合体して円形 ◐ → ⊕ を形づくります。イザナミは左の手に鏡をもっています。この鏡は円形です。二つの勾玉形を含む ⊕ 形は、大日霊尊の正体であると思います。

大自然の摂理

正六角形に極めて近い巣を作る蜂、複雑な正多角形の産卵床を造形するアマミホシゾラフグ、餌を得るために自家発電する魚など、いずれも生命に関わる特異な能力をもっています。

私たち人類は、民族を超えて死者に花をたむけます。この花は眼形()から正多角形が生じる現象をもっています。この現象が生命誕生に密接に関わっていることは、繰り返しのべてきました。

地球・太陽・月の位置関係から日食や月食という天体現象が生まれます 。地球から見る太陽と月は〇（円形）形だけではなく🌙形を生みだしています。森羅万象、それらが作りだすかたちは、いろいろな意味をもっています。いずれにしても双曲図形()()形、楕円図形(()形)は、「ものの誕生」に関わっています。

昆虫や魚が作りだすかたちや、花に現われるかたちが大自然の摂理とすれば、およそ１万 2500 年前の縄文人に始まる双曲図形()()形、楕円図形(())の幾何学は、大自然の摂理の一角を占めていることになります。

図 162

『日本書紀』神代上第五段に書かれる

| 湯津爪櫛・タケノコ・ブドウ・泡 | の意味

ⓐ 縄文時代の櫛に表現される曲線図形と直線図形

Ⅱ形を介して描かれる
渦巻文と直線

（第8章、東京・中原遺跡
出土土器に描かれる文様
参照）

タイトル：筆者 大谷幸市

赤漆塗りの
縄文の櫛

約7000年前
石川県七尾市
　三引遺跡出土

ⓑ タケノコと竹のかたち
　　の関係

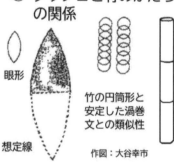

眼形

想定線

竹の円筒形と
安定した渦巻
文との類似性

作図：大谷幸市

ⓒ ブドウの実と泡からイメー
　ジされるカタチ

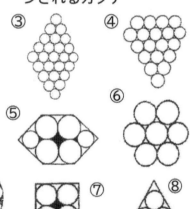

蓮の花托

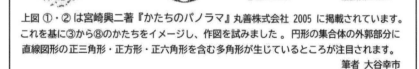

上図 ①・② は宮崎興二著『かたちのパノラマ』丸善株式会社 2005 に掲載されています。
これを基に③から⑧のかたちをイメージし、作図を試みました。円形の集合体の外郭部分に
直線図形の正三角形・正方形・正六角形を含む多角形が生じているところが注目されます。

筆者 大谷幸市

図 163

オタマジャクシはカエルの子

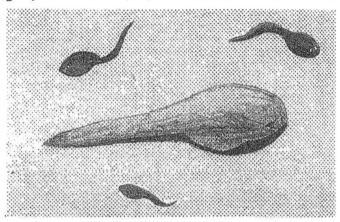

カエルは変態動物です！
オタマジャクシ→カエル

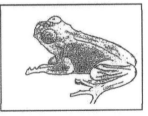

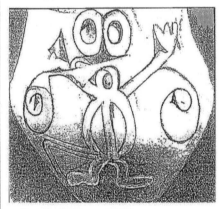

有孔鍔付土器 縄文中期
長野県富士見町藤内遺跡出土

縄文人は、なぜカエルを土器に描いていたのでしょうか？
左図の◎◎形と◎形・◎形、◯形は、◐形と異形同質の関係で結ばれています。

オタマジャクシとカエルは、インターネットより。タイトル・説明文：筆者 大谷幸市
土器出典：『古代史発掘2 縄文土器と貝塚』講談社 1979

図164

諏訪大社前宮祠のひしゃく○─形とオタマジャクシ◗形との類似性

写真提供：筆者 大谷幸市

図 165-1

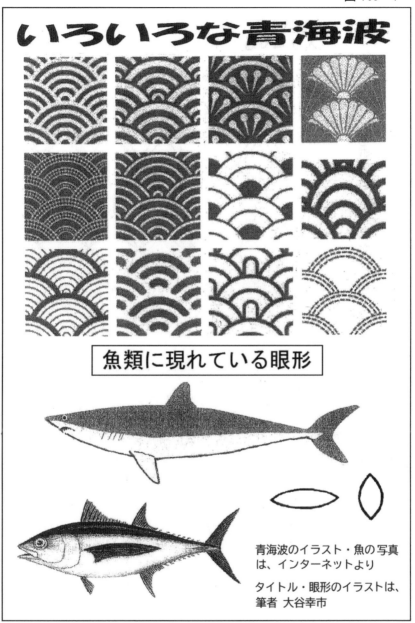

第14章 記紀神話に隠れているかたち

円形の連鎖から眼形の連鎖を経て、母胎の意味をもつ壺形と宇宙創成と生命誕生の原理を内包する正六角形と正八角形による六・八理論、すなわち、縄文人の幾何学は、蜂のハニカム構造とアマミホシゾラフグのミステリー・サークルに並ぶかたちを刻んでいることになります。

水蛭子(ひるこ)・葦船(あしふね)・淡島(あわしま)

　水蛭子は前述のとおりです。葦船は 葦の葉から ◯ 形が、淡島からは、泡の集合体 🍇 が連想されます。これらのかたちは、縄文人の発見したかたちの素粒子)形に基づく生命誕生の「同質でありながら、異形の二者の合体によって新しいかたちが生れる」に適合します。『古事記』の記す水蛭子・淡島・葦船のかたちは、つぎのようになります。

　　ⓐ　水蛭子— ● 字形・ ∿ 形(図 161 参照)
　　ⓑ　淡島—— 泡の集合体 🍇 　(図 162 参照)
　　ⓒ　葦船—— ◯ 　　形(図 166 参照)

オタマジャクシはカエルの子

　カエルは変態動物です。オタマジャクシはカエルの子といわれるオタマジャクシは、● 形をもっています。縄文人はヒルやカエルの子のオタマジャクシが勾玉形 ● をもっていることに気づいており、☯ 形は万物の根源的存在を表わしている、このように考えていたのではないでしょうか。☯ 形は陰陽太極魚と呼ばれていたと指摘する研究者がいます。

『古事記』と『日本書紀』の天地開闢

　『古事記』編者の脳裏には、双曲図形と楕円図形と同じ「となり合せの存在」の関係をもつ６に対応する正六角形・正六面体と８に対応する正八角形・正八面体があったのではないでしょうか。続いて『古事記』編者は、正六角形と正八角形の合体による正二十四角形の形成を想定し、アナロジーの連鎖による「六・八理論」の構築を推し進めて行きます。

図解が続きます。縄文人を始めとするわが国古代人の幾何学に触れた時、そのユニークさに驚嘆の念を覚えることでしょう。その神髄に触れると、やめられなくなります。最初に、『古事記』編者の想定した天地の形を考えてみたいと思います。

　『古事記』序文は「乾坤初めて分れて、参神造化の首を作し」と書き、天之御中主神・高御産巣日神・神産巣日神の三神が天地創成に関わっていることを暗示しています。『古事記』編者の想定する造化三神は、一義として図158に示す二種類の直角三角形が形づくる正二十四角形が推定されます。アメノミナカヌシは文字通り高天原系のタカミムスヒと葦原中国系のカミムスヒの二神を分ける中心線に位置していることになります。『日本書紀』は、天地開闢をどのように書いているのでしょうか。読んでみることにします。

　古に天地未だ剖れず、陰陽分れざりしとき、渾沌れたること鶏子の如くして、溟涬にして牙を含めり。其れ清陽なるものは、薄靡きて天と為り、重濁れるものは、淹滞ゐて地と為るに及びて、精妙なるが合へるは博り易く、重濁れるが凝りたるは竭り難し。故、天先づ成りて地後に定まる。然して後に、神聖、其の中に生れます。故曰はく、開闢くる初に、洲壌の浮れ漂へること、譬へば游魚の水上に浮けるが猶し。時に、天地の中に一物生れり。状葦牙の如し。便ち神と化為る。国常立尊と號す。―後略―

　ところで、「天は円であり、地は方である」とする、いわゆる天円地方説は、中国から伝えられた宇宙観と考えられてきました。この場合、円形と正方形が「同質でありながら異形の二者」であることが証明されて、初めて円形と正方形の合体、および、天地・陰陽との結びつきのパターンを掲げることが許されるわけです。

　わが国の古代人は七宝文（天地・陰陽の図）を家紋などに描き残して

図 165-2

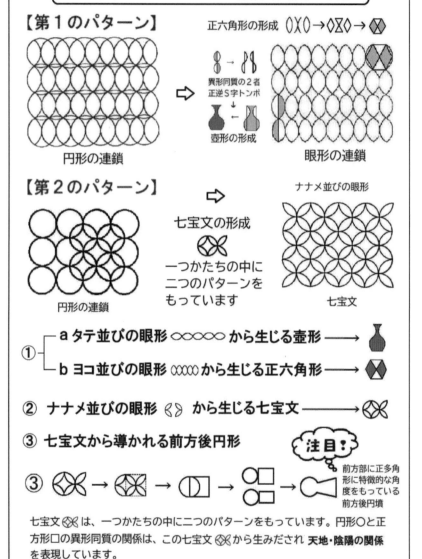

おります。この七宝文 ◈ は、円形と正方形の異形同質の関係を証明する唯一のかたちです。この七宝文 ◈ に優るかたちを他に見つけることはできないでしょう。このように言い切れるのは、七宝文 ◈ 、つまり、◈ 形と ✖ 形は、✗ 形と ◇ 形を介し、**となり合せの存在**(相即不離の関係)を作りだしているからです(図165−2参照)。

　さきに『古事記』序文を読んで、わが国古代人が何を根拠に天地開闢を記述していたのかということが、少しずつわかってきました。

　ところで、『古事記』と『日本書紀』に書かれる天地開闢神話は、表現の違いこそありますが、『古事記』は造化三神のほかに脂・くらげを、『日本書紀』は鶏子(とりのこ)・游魚(あそぶいを)をそれぞれ書き綴り、葦牙(あしかび)は『記・紀』に共通して記述されています。

宇摩志阿斯訶備比古遲神と国常立尊の誕生

ⓐ 『日本書紀』—天地の中に一 物生れり。状葦牙の如し
　　　　　便ち 神と化為る。国 常 立 尊と號す。

ⓑ 『古事記』——次に国稚く浮べる脂の如くして、くらげなす
　　　　　ただよへる時、葦牙の如く萌え騰る物に
　　　　　因りて成れる神の名は、宇摩志阿斯訶備
　　　　　比古遲神、次に天之常立神。

　『日本書紀』は天地が定まった時に「神聖(かみ)」が生れたと書き、「天(あま)の」に属す表現が登場しています。そのありさまは、「たとえば水中に浮かぶ魚のようであったが、そのとき、天と地の間に一つの物が生まれた。その形は葦牙のようであった」と書かれています。

　ところで、『記・紀』はともに「葦牙(あしかび)」に神の称号を与えております。この葦牙に ◖◗ 形を想定すれば、かたちの素粒子)形の180度の反転から生じる柿の蔕形 ✖ が想起されます。続いて、◈ と ✖ (七宝

文)が思いだされます。この ◈ には二つの角をもつ ▰ 形が認められます。他方、✸ に X 形が確認されます。この ◈ 形と ✸ 形は、ⓐ ✸✸✸✸ とⓑ ✸✸✸✸ のパターンを生みだしているところが注目されます。

　上図のⓐとⓑに見いだされるフラクタル性は、４個の眼形を生みだしている X 形と ▰ 形から生じる図形現象です。◈ は「○＝天」に、✸ は「□＝地」にアナロジーの連鎖で結ばれています。ここで、『日本書紀』の記す「天地の間にある一物」、つまり「葦牙(あしかび)」とは、４個の眼形による ◈ 形と ✸ 形をつなぐ「X 形と ◇ 形」ということになります。

　日本列島の古代人が創出していた ◈＋✸＝✸ (七宝文)は、ⓐ円形と正方形の異形同質の関係を証明するかたちであり、同時にⓑ天地・陰陽 (宇宙創成と生命誕生)の統一理論の図解でもあります(第10章参照)。

　　　　　[◈＝円形　○→天] 　[✸ ＝ X → ▰ →陰]
　　　　　[✸＝正方形□→地] 　[◈ ＝ ▱ → ✚ →陽]

『日本書紀』の記す「天地の中の一物」とは、七宝文(天地・陰陽の図)の基本形である ✸ 形が想起されます。この ✸ 形は「一つ形の中に二つの意味」をもっています。これが国常立尊ということになります。

なぜ、葦なのか

　『日本書紀』編者は、「神聖」を先行させ、「神」を後続させています。このような事例は、『記・紀』の随所の記述に見られる「天の御柱」や「天香久山」の「天の」に連動するものと考えられます。つまり、「天の…」には、造化三神の神名の頭に「天の」がつけられているように中心線など幾何学的に重要な意味をかたちで暗示する表現法と考えられます。水の上を浮かぶ魚とは、マグロや鯛の背鰭、もしくは尾鰭は ◀ 形を呈し、その尖った部分をもって葦牙(あしかび)と表現したものと考えられます。

　余談ですが、最初の動物と考えられる海や川、池の魚は、上下・左右・前後から見ても楕円図形の ◖ 形が確認され、同様に尾鰭や背鰭に双

曲図形の◀形が確認されます。七宝文 ⊗⊗ を形づくる ◈ 形と ※ 形は、まさに Ⅹ 形と ■ 形にアナロジーの連鎖で結ばれています。『記・紀』の記述を読み直すと、『記・紀』編者は、以上のかたちを脳裏に浮かべながら、記述していたのではないか、と考えられます。

『記・紀』に共通して記される葦牙(あしかび)とは、かたちの素粒子)形に基づく Ⅹ 形と ■ 形(第8章の図 97〜図 98 参照)であると考えられます。この葦牙は、『日本書紀』巻第一「神代上第一段(本文・一書第一〜第二)」に記されています。

川原に生える葦と真菰の葉は 〜 形をもち、それらを撚って強靭性と永遠の継続性をもつしめ縄を作ることができます。このように記紀神話は、幾何学の法則に従い、自然界の動植物に見立てられている、このように考えられます。

天地開闢の具体的なかたちは、『日本書紀』の書く「鶏子と牙」に表れております。鶏子はヒヨコではなく卵を念頭におくと、楕円図形(◖)が予想されます。「溟涬にして牙を含めり」も同様に考えれば「溟涬にして」は「わずかとか小さい」と解釈されます。つまり、七宝文の ◈ 形に現われている ■ 形の四隅はわずかに牙のように突出しております。これに対し「 ■+)↴ 」形を予想すれば、「牙」に隠されたかたちが鶏子と同じ ◈ 形に見いだすことができます。◈ 形は4個の ◖ 形と1個の ■ 形をもっています。このあと『日本書紀』は「天地の中に一物生れり。状葦牙の如し。便ち神と化為る」と書いています。この「葦牙(あしかび)」に「 ■+)↴ 」形を想定することができます。

七宝文 ⊗⊗ は、円形 ◈ と正方形 ※ が密接につながっていることが明快に示されております。縄文人は思想をかたちで表現していました。他方、記紀神話は、その逆で文字で綴ったストーリーの中に、かたちを忍ばせている(隠している)ことになります。

[補注]『記・紀』は、葦を宇摩志阿斯訶備比古遅神と表記しています。このあとも多くの神々が登場しますが、造化三神の天之御中主神は幾何学の中心線、高御産巣日神と神産巣日神は、高天原系(8の系統)・葦原

図 166

なぜ、葦舟なのか

ⓐ 「葦」は『古事記』・『日本書紀』の冒頭に登場する神であり、
ⓑ 「葦」は ▭ 形の「茎」と ⌒ 形の「葉」をもっています。

紀元前4500年～紀元前3500年 福井県若狭町
鳥浜貝塚に属すユリ遺跡の丸木舟 ↓

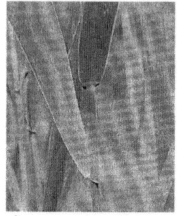

↑ ⌒ 形をもつ葦の葉

葦の写真は、インターネットより

⌒ 形をもつ **ユリ遺跡の丸木舟**　ユリ遺跡から出土した丸木舟
上野晃氏撮影

344

中国系（6の系統）と二種類の直角三角形の意味を併せもっている、このように考えられます。ウィキペディア（インターネット）は、わが国の神道について、次のように書いています。

**　神道は、日本の宗教であり、心でもある。教典や具体的な教えはなく、開祖もおらず、神話、八百万の神、自然や自然現象などに基づく多神教、自然と神とは一体として認識され、神と人間を結ぶ具体的作法が祭祀であり、その祭祀を行う場所が神社であり、聖域とされた。**

　縄文人は海に棲息する魚が◯形と）（形、双曲・楕円図形を持っていることに気づいていました。彼らの観察眼は野山の草木に咲く花へと向かいます。◯形の5枚の花弁は⬠形を作り、同様に6枚の花弁は⬡形を、8枚の花弁は✳形を形づくっていることに気づいていました。

　正多角形を象る花は木の実や果実に変身します。このようなパターンは、植物の生存能力の高さを物語っています。それは、蜂やアマミホシゾラフグに劣ることなく、正多角形や双曲図形)（)・楕円図形(◯)が花や種子に現われております。古来日本人は、桜や桔梗の花を愛しんできました。その理由は、桜と桔梗の蕾や花が正五角形であるところ（正多角形の範疇の代表）に最大の要因があったと考えられます。正五角形と正七角形は、縄文人が構築していた「六・八理論」の正六角形を生みだし、正八角形を導いています。それらの密接な関係の上に現れております。

　縄文人は土偶の造形に「◯形と✳形」、すなわち「双曲図形)（)楕円図形(◯)と正多角形」の関係を自由自在に使いこなしていました。「◯形（眼形）と✳形（正多角形）」は、眼形の連鎖から母胎の意味をもつ壺形🏺と永遠の継続性をもつ正六角形⬡が産み出される現象をもち、さらに、七宝文⬡⬡を生みだしています。一つ形で二つの意味をもつ七宝文⬡⬡は、①天地・②陰陽の図式を形づくっています。

天地・陰陽の関係　┏天→[◉＝◯]・地→[✕＝□]
　　　　　　　　　┃　　　　円形　　　　　　正方形
　　　　　　　　　┗陰→[✕＝ꭕ]・陽→[◉＝◇]

縄文人は、永遠の継続性 ◇◇◇◇◇ …をもち、一つ形で二つの意味をもつ七宝文 ◈ に対し、宇宙創成と生命誕生の統一理論を構築していました。縄文人をして1万有余年の永きにわたって殲滅戦を行うことなく縄文コミュニティを築くことができたのは、七宝文 ◈ が、魚や昆虫の蜂、草木の花のもつ[◊（眼形）と ✳（正多角形）]を共有していたからであると考えられます。縄文人は、魚や昆虫、草木の花とともに生きることの喜びを感じとっていたのではないでしょうか。

三種の神器の意味

弥生時代を代表する銅鏡と銅剣は、縄文時代に創出された勾玉を含んで三種の神器とされてきました。三種の神器は、天皇の皇位継承の際に行われる大嘗祭に登場する伝世されてきた宝物と解説されています。

多紐細文鏡と銅剣が、朝鮮半島を経由して渡来人によって日本列島へ持ち込まれたものであることは、それらの出土状況から検証されています。鏡・剣・勾玉の結びつきに関しての検証は、これまで行われておりません。その意味は依然として不明のままです。

「勾玉」と「鏡・剣」が作られた年代差は、何千年という開きがあります。これらに共通する要素とは、いったい何でしょうか。その答えは、縄文時代と弥生時代・古墳時代をつなぐ**斜格子文**がもっているはずです。

縄文時代草創期の土器に描かれる斜格子文は、およそ1万有余年経た弥生時代の銅鐸、福岡県の王塚古墳壁画に描かれています。この意味をさらに掘り起こすと、斜格子文は生命誕生に関わるDNAをもつ二重らせん構造に基づくものであることがわかりました。

タテ並びの眼形 ∞∞∞ に垂直の中心線を引くと正逆S字トンボが生じ、この正逆S字トンボは、壺形 〈 ⑧→州→ ⚱ 〉を生みだしています。ところで、ヨコ並びの眼形 ∞∞∞∞ を描いて気づくことは、◊ 形のとなりに必然的に X 形が生じていることです。それは「あたりまえの図形現象ですよ」との反論が予想されますが、◊ 形のとなりに必然的に存在する X

形の重要性は、図式〈 ◯◯◯→◇Ⅹ◇→⬡ 〉に示されています。◯◯◯ 形から正六角形 ⬡ が生みだされています。換言すれば、正六角形 ⬡ を形づくる2個の菱形文◇と1個の向かい三角文Ⅹは、◯◯◯ 形の◯形とⅩ形と同じ相即不離の関係を結んでいることになります（ ◯◯◯→◯Ⅹ◯→⬡ ）。

　以上から◯形とⅩ形の関係を**となり合せの存在**と呼ぶことができます。ところで、正六角形 ⬡ は、◇形のとなりにⅩ形が生じており、双曲・楕円図形の性質をそのまま受け継いでいることが解ります。縄文時代草創期(今からおよそ1万2500年前)の縄文人は、このような図形現象に気づいておりました。このような視点を現代の幾何学は持ち合わせていません。

柿の蔕形 ⊛ は生命誕生の原理をもっている

　かたちの素粒子)形の180度の反転の繰り返しから ⊛ 形が生じます。これを柿の蔕形と言います(第4章の図43、第5章の図68・図69参照)。この柿の蔕形の特徴は、4個の円形が Ⅹ形・⋈形 を介して ⊛ 形を形づくっているところに発見されます。

　私たちが住む自然界には、この柿の蔕形 ⊛ と同様に、たとえば、植物の桜の花、桔梗の蕾や花には正五角形(第1章、図1)、昆虫の蜂の巣は正六角形、つまり、ハニカム構造(図41)のかたちなどが現われています。

　このように私たちが住む自然界、それもそれぞれの生存に関わる重要なところに正多角形をはじめとする幾何学図形が現われていることに、日本列島の縄文人は気づいておりました。

　柿の蔕形 ⊛ には、二つの観点があります。その一つは、① Ⅹ形に視点を合わせて ⊛ 形を見ると二個の ∞(連続円文)が確認されます。その二つは、同様に② ◇形に視点を合わせて見た場合は、二個の ◦◦(ひょうたん形)が目に入ってきます。この柿の蔕形 ⊛ は、 Ⅹ形・◇形 を媒介に四個の円形によって、∞ 形と ◦◦ 形が形づくられていることになります。

　これを言い換えれば、連続円文とひょうたん形は「同質でありながら異形の二者は合体して新しいかたちを生みだしている」ことになります。

この「かたち」のところへ「生命」の二文字を置き換えると、生命誕生の原理が生じていることが解ります。

眼形の連鎖から生まれる壺形と正六角形と七宝文

七宝文は、わが国独自の文様の一つです。七宝文は円形の連鎖から導かれています。前掲図 126（第 10 章）に見るように円形の連鎖の描き方によって眼形の連鎖の方向性がⓐ水平と垂直とⓑ左右斜めの二種類のパターンが生じていることが解ります（図165-2 参照）。

　　ⓐ水平と垂直方向の眼形の連鎖－タテ並びの眼形 とヨコ並
　　　　　　　　　　びの眼形 の集合体
　　ⓑ左右斜め方向の眼形の連鎖――七宝文 の集合体

上のⓐとⓑは、［X形・◇形］から導かれるパターンです。これは「縄文人の幾何学」というべき日本列島の縄文人が重大な関心を寄せていたかたちです。縄文人は、この［X形・◇形］から壺形・正六角形・七宝文 を導いていました。

二つの円形を繋ぐ［X形・◇形］によって①眼形の連鎖 ・と②七宝文 の二種類のパターンが生まれています。①のパターンであるタテ並びの眼形から壺形 が、ヨコ並びの眼形から正六角形 が導かれます。②のパターンである柿の蔕形 からは、正六角形と正八角形、および七宝文、つまり、天地・陰陽の図が導かれます（第 10 章）。

図形の三種の神器

三種の神器の鏡に〇（円形）を、剣に――（直線）を、さらに 2 個の勾玉に 形を想定すると、図 167 に示す構図が生じます。同図において、眼形の中の連続円文 に中心線を引くと、母胎の意味をもつ壺形 が生じ、ヨコ並びの眼形 に （正六角形）が生じます。この 形を形づくる 12 個の直角三角形に三平方の定理を読み取ることができます。

図 167

図形の三種の神器

円形・勾玉形・直線 から導かれる　ⓐ **生命誕生の原理**
　　　　　　　　　　　　　　　　　ⓑ **三平方の定理**

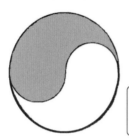

2個の勾玉形は合体して1個の円形を形づくります。

同質でありながら、異形の二者の合体によって新しいかたちが生れる

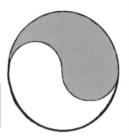

① 勾玉 →

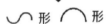
縄文時代

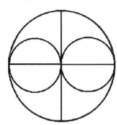

② 鏡 → ◯ 円形

③ 剣 → ── 中心線

弥生時代

ⓐ 図形の三種の神器から導かれる生命誕生の原理

　→　　→　

連続円文に中心線を引く　　正逆S字トンボ　　母胎の意味をもつ壺形

ⓑ 図形の三種の神器から導かれる三平方の定理

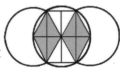

 菱形文
向かい三角文
↓
直角三角形 ➡ 三平方の定理　$a^2 + b^2 = c^2$

正六角形の形成

作図・説明文：筆者 大谷幸市

勾玉のＳ字形の意味

　２個の勾玉形は、１個の円形　ⓐ　⬤　形を作っています。これを裏側から見ると 180 度反転したⓑ　⬤　形が確認されます。ⓐとⓑを合わせると　⬤　形が生じます。図 167「**図形の三種の神器**」において、大円の中の ◯◯ 形は一本の直線を得て、180 度反転した正逆Ｓ字トンボ ♪♬ が生じ、この正逆Ｓ字トンボは、母胎の意味をもつ壺形 🍶 を作ります。壺形は「和の精神」（同質でありながら異形の二者の合体形）をもっています。「和を以て尊しとなす」は、厩戸皇子(うまやどのおうじ、後の聖徳太子)の言葉と言われております。神仏習合を唱え始めたのは聖徳太子です。

　日本列島へやってきた縄文人につながる古モンゴロイド系の人たちは、三顧の礼をもって、殲滅戦のない日本列島へ何とか仲間として移住することを願い、多紐細文鏡と細形銅剣を携えて渡ってきたと考えられます(日本列島への移住は、蒙古斑によって選別されていたと思います)。

八尺(やさか)の勾玉(まがたま)の五百津(いほつ)のみすまるの珠とは

　勾玉に関して『古事記』に気になる記述があります。それは「八尺の勾玉の五百津のみすまるの珠」の件です。『記・紀』は「玉と珠」の使用文字を使い分けており、さらに両者の間に「の」の字を入れて連続性を施しております。これは異形同質の関係を表したものと考えられます。『古事記』は、連続する二つの神話の中で、次のように分類しています。

　　ⓐ二神誓約神話—————「十拳剣」と「八尺の勾玉の五百津のみす
　　　　　　　　　　　　　　まるの珠」の組合せ
　　ⓑ天の石屋戸こもり神話—「鏡」と「八尺の勾玉の五百津のみすまる
　　　　　　　　　　　　　　の珠」の組合せ

　鏡と剣に勾玉とみすまるの珠に対し、「高天原の権威の象徴で呪的威力を示そうとした」とする解釈が与えられていますが、縄文時代の勾玉

と弥生時代に渡来人が携えてきた多紐細文鏡と細形銅剣はどのように結ばれ、**三種の神器**とされたのでしょうか、その理由を提示することが求められると思います。

五百津(いほつ)のみすまるの珠

タテ並びの眼形の ∞ 形に中心線を引くと正逆S字トンボが生じ、この正逆S字トンボは、母胎の意味をもつ壺形 ⬙→⬍→⬙ を作ります。このパターンは2個で一つの円形を作る勾玉形 ◖ と同じです。

他方、「八尺の勾玉の五百津のみすまるの珠」の表現は、句読点がなく連続しています。みすまるの珠にかかる五百津は数が多いことを意味します。五百津のみすまるの珠に安定した渦巻文 (◎◎◎◎◎) を想定する**とらせん形の三形態**(第2章参照)が思い出されます。この形はヨコ並びの眼形 ◎◎◎◎◎ に対応しています。

この段階で忘れてはならないことは、母胎の意味をもつ壺形を生みだす眼形の連鎖は、第3章、図30〜図31 に見るように正六角形の集合体に置き換えることができるということです。このような図形現象は正六角形 ⬡ の形成過程である◇⬡◇形に基づくものです。◇⬡◇ 形は「**同質でありながら、異形の二者の合体によって新しい生命が生れる**」という生命誕生の原理を内包しています。

◇ 形と ◇ 形を結ぶ ⧗ 形 → ⬡ 正六角形の形成

⧗ 形の媒介者的機能は、⬡ 正六角形を形づくる2個の菱形文◇を繋ぐ◇⬡◇形の上に端的に示されています。このパターンは、縄文時代草創期の斜格子文土器に描かれる文様にも現われています。

ところで、縄文前期の京都市北白川遺跡出土浅鉢に描かれる ()⧗() 形に対し、正六角形形成の図式[()⧗() → ◇⧗◇ → ⬡]を、筆者は想定してきました。他方、福井県鳥浜貝塚出土の浅鉢に描かれる ⧓ 形に対して、正八角形を想定してきましたが、⧓ 形から予想されるかたちは ⧓ 形です。この ⧓ 形は双曲・楕円図形が確認されますが、その双曲図形は＋形、楕円図形は×形、すなわち、水平軸と垂直軸による ＊ 形を形づくって

います。米形は正八角形の骨組です。4個の向かい三角文 ⧗ で表現すると ✳ （正八角形）を導くことができます。

　縄文人は、正六角形と同じ双曲・楕円図形の ✕ 形から ✳ （正八角形）を導いています。これを証明しているのが、七宝文（海鼠紋）です。七宝文は、斜格子文と異形同質の関係を結んでいます。つまり、斜格子文と七宝文の産みの親は、かたちの素粒子）形の180度の反転の繰り返しから生じる ∞∞ 形（柿の蔕形）です。

　この柿の蔕形 ∞∞ 、つまり、円形の連鎖から3種類の眼形の連鎖が生じることは、第5章の図53に示してきました。

　第1のパターン＝タテ並びの眼形 ◇◇◇◇・ヨコ並びの眼形 ◯◯◯◯◯
　第2のパターン＝七宝文 ◈◈

　縄文人は、七宝文 ◈◈ の ◈ 形に対し天を、✕ 形に対し地を想定していたと考えられます。いずれにしても天地（宇宙創成）と陰陽（生命誕生）は、縄文人の発見したかたちの素粒子）形の180度反転の繰り返しから生じる柿の蔕形 ∞∞ に基づき創出されたものと考えられます。

◯ 形から ◇ 形へ

　前掲図167において、眼形 ◯ は直線図形である菱形文 ◇ に変換されます。この ◇ 形は4個の直角三角形を内包し、この直角三角形は三平法の定理をもっています。

　縄文人は大自然の動植物をはじめとする森羅万象から生命誕生の原理を学び取っていました。これはかたちの素粒子）形のもつ①両性具有、②180度の反転、③永遠の継続性をもつ柿の蔕形 ∞∞ 形を基本とする眼形の連鎖をベースに構築されています。

　柿の蔕形 ∞∞ は、かたちの素粒子）形の180度反転の繰り返しから生じるかたちであり、壺形と正六角形を導きだしています。この正六角形は正八角形を誘導しています。それは京都・北白川遺跡出土浅鉢の文様で

ある ()X() 形と福井・鳥浜貝塚出土浅鉢の文様 ✖ に示されています。

　　・京都市北白川遺跡出土浅鉢の文様の意味　()X()　→ ✖
　　・福井県鳥浜貝塚出土浅鉢の文様の意味　　　✖　→ 🛡

　縄文人の考えたⓐ生命誕生理論は眼形の連鎖の中と図形の三種の神器の中に、ⓑ宇宙創成理論は七宝文の中に表現されていることを、私たちは知ることができました。このような組合せは、何を意味しているのでしょうか。上のⓐ、ⓑに想定されるかたちは、つぎのようになります（図167参照）。

　　ⓐ鏡＝二個の勾玉形による円形〇の形成　☯

　　ⓑ勾玉＝図形の三種の神器の形成　◐・◉・∿

　　ⓒ五百津のみすまるの珠＝安定した渦巻文の形成　((((((・ ▭

　　ⓓ十拳剣＝直線の形成————

　上記の「五百津のみすまるの珠」の円筒形 ▭ は、安定した渦巻文（ ((((((・ ((((((）と類比の連鎖で結ばれています。わが国の縄文思想形成の研究において、縄文人が「見る角度でかたちが変わるらせん形」の存在を知っていたことは極めて重要な意味をもっています。その重要な意味とは、それらのかたち（以下の３つのパターン）は、180度反転し、異形同質の関係を維持して新しいかたちを生みだしています。このパターンは「**ものの誕生**」の意味をもっています。これによって天地・陰陽、すなわち、宇宙創成と生命誕生の理論構築が可能になります。

　　①　らせん形a　∿∿∿　→　〇〇〇〇

　　②　らせん形b　∿∿∿　→　〇〇〇

　　③　らせん形c　((((((　→　〇〇〇〇
　　　（渦巻文）　　((((((　→　〇〇〇〇

　以上の三種類のパターンは、二重らせん構造を形成しています。『記・紀』に記述される「八尺の勾玉の五百津のみすまるの珠」は、二重らせん構造のもつ永遠の連続性 ∞∞∞ ………… を念頭に置くことによって生まれた表現であると思います。

第14章　記紀神話に隠れているかたち　353

この正六角形 ✪ と正八角形 ✯ の合体から生じる正多角形に特徴的な永遠の継続性は、かたちの素粒子）形の 180 度の反転から生じる柿の蔕形 ✿ から生まれているのです。このかたちの素粒子）形は、180 度の反転を繰り返し、安定性・強靭性・継続性をもつ二重らせん構造や柿の蔕形 ✿ を生みだしています。

その一つに数えられる柿の蔕形 ✿ は、連続円文 ∞ とひょうたん形 ∞ によって形づくられています。この ∞ 形と ∞ 形から正六角形 ✪ と正八角形 ✯ を導き出していたのは、日本列島の縄文人です(第4章)。

ところで、光は正六角形をもっています。正六角形の強靭性と柔軟性に護られているからこそ、太陽光線は地球へ到達することができ、その正六角形と正八角形は「**六・八理論**」の構築に必須の図形であり、北緯 34 度 32 分に存在するレイライン「**太陽の道**」は「生きとし生けるものの生命線」として、子子孫孫へと受け継がれることを願い形成されていた、このように考えられます(補注参照)。

二神誓約神話と天の石屋戸こもり神話に登場する剣・玉・鏡は、それぞれ直線・らせん形・円形の意味を含み、図形の三種の神器が登場しています。ここに縄文時代の勾玉の存在意義が認められます。

日本列島の弥生人、および古墳時代人は、宇宙創成の原理を探るべくして、昼に太陽を利用する方法と夜に北極星と火を利用する測量術を獲得していました。『記・紀』編纂時代の人たちは、このような測量を駆使して正多角形に特徴的な角度をもつレイラインを日本列島上に設定し、観測地点となる山々を一直線でつなぎ、拠点に神社を造営していました。古墳時代の人たちは ⌒⌒ 形に「天地(三平方の定理)・陰陽(生命誕生の原理)」を見立てていたということです。「はじめに」の図dに見る日本列島上の巨大な二等辺三角形群は、偶然の一致によるものとは考えられません。

余談ですが、このかたちの素粒子）形を描く長野県富士見町の藤内遺跡出土の深鉢(図13)と長野県赤穂丸山遺跡出土の深鉢(図14)がインターネット「ウィキペディア」から消えてしまいました。検索しても見つけることができませんでした。これらの土器は、縄文時代の歴史を考察する

上でなくてはならない重要な考古学的遺物です。なぜ、姿を消してしまったのでしょうか。

[補注]（小川光三『大和の原像』大和書房 1973、水谷慶一『知られざる古代』正・続編日本放送出版協会 1979、拙著『古代史を解く三角形』中日出版 1982、『実在した幻の三角形』大和書房 1987、『古代渦巻文の謎』三一書房 1995 参照）。

第2節　三貴子誕生

『古事記』の「オノゴロ島の聖婚」と「三貴子誕生」

造化三神、天之御中主神(あめのみなかぬしのかみ)・高御産巣日神(たかみむすひのかみ)・神産巣日神(かみむすひのかみ)は、高天原に生まれ、五柱の別天つ神、神世七代の後に、伊耶那美命(いざなみのみこと)・伊耶那岐命(いざなぎのみこと)が生まれます。ここで、『古事記』の「淤能碁呂島(オノゴロ島)の聖婚」と「三貴子誕生」の件を読んでみます。

　是に天つ神諸の命以ちて、伊耶那岐命・伊耶那美命二柱の神に、「是のただよへる国を修理り固め成せ」と詔りて、天の沼矛を賜ひて、言依さし賜ひき。二柱の神、天の浮橋に立たして、其の沼矛を指し下ろして画きたまへば、塩こをろこをろに画き鳴して、引き上げたまふ時、其の矛の末より垂り落つる塩累なり積りて島と成りき。是れ淤能碁呂島なり。

　其の島に天降り坐して、天の御柱を見立て、八尋殿を見立てたまひき。是に其の妹伊耶那美命に問ひて曰りたまはく。「汝が身は如何か成れる」とのりたまへば、答白へたまはく、「吾が身は成り成りて合はざる処一処在り」とこたへたまひき。爾に伊耶那岐命詔りたまはく、「我が身は成り成りて成り余れる処一処在り。故、此の吾が身の成り余れる処を以ちて、汝が身の成り合はざる処に刺し塞ぎて、国土を生

み成さむと以為ふ。生むこと奈何」とのりたまへば、伊耶那美命、「然善けむ」と答曰へたまひき。爾に伊耶那岐命詔りたまはく。「然らば吾と汝と是の天の御柱を行き廻り逢ひて、みとのまぐわひ為む」とのりたまひき。如此期りて、乃ち「汝は右より廻り逢へ。我は左より廻り逢はむ」と詔りたまひ、約り竟へて廻る時、伊耶那美命、先に「あなにやしえをとこを」と言ひ、後に伊耶那岐命、「あなにやしえをとめを」と言ひ、各言ひ竟へし後、其の妹に告げて曰りたまはく。「女人の先に言へるは良からず」とのりたまひき。然れどもくみどに興して、子の水蛭子を生む。此の子は葦船に入れて流し去てき。次に淡島を生む。是も亦子の例に入れざりき。

　上記「淤能碁呂島の聖婚」の件において、天の沼矛から垂り落ちる塩の結晶は六角形を形づくっています。つまり、『古事記』編者は、オノゴロ島に正六角形を想定していたと考えられます。それは、つぎの「八尋殿(やひろどの)」によって、裏づけられています。八尋殿に対し正八角形が推定されます。ここに、以下の図式が成立します。

　　ⓐ　塩の結晶－淤能碁呂島→正六角形
　　ⓑ　天の御柱－八尋殿───→正八角形

　「オノゴロ島に天の御柱を見立て、さらに八尋殿を見立て…」とは、まさに出雲大社の神紋 ✺ がイメージされます。この神紋は正六角形 ◯ の中に正八角形の骨組米が描かれています(第5章の図70 参照)。
　ところで、天の浮橋から降ろされた天の沼矛は、水をかき回しています。そこには渦巻が生じているはずです。渦巻は ◯◯◯◯◯ に置き換えられ、そこに図式【◯◯⇒◯◯◯⇒◯◯◯⇒✕✕】が成立しています。
　この後、イザナギ・イザナミの両神は、「みとのまぐわい」、つまり、合体の条件を確認し合い、オノゴロ島に見立てられた天の御柱を伊耶那美命は右廻り、伊邪那岐命は左廻りします。この状況は右撚り・左撚り

のしめ縄が連想されます。なお、「例に入れざりき」とされる水蛭子・葦船・淡島は、それぞれ ● 形・⬭ 形・🍇 形がイメージされます。

　続いて、国生み・神生み・火之迦具土神・伊耶那美命の黄泉国訪問を飛び越えて伊邪那岐命の禊祓の件に書かれる「三貴子の誕生秘話」について考えてみたいと思います。天照大御神、月読命、建速須佐之男命は、なぜ、「目と鼻を洗う時に生まれた」と書かれているのでしょうか。これまでに、この問題に触れる研究者はいませんでした。

　　是に左の御目を洗ひたまふ時、成れる神の名は、天照大御神。次に
　　右の御目を洗ひたまふ時、成れる神の名は、月読命。次に右の御鼻を
　　洗ひたまふ時、成れる神の名は、建速須佐之男命。

　ここで、図168を見てください。この弥生〜古墳時代の人面画をよく観察すると、両目は ⬭ 形が、鼻は)(形が確認されます。さらに図169

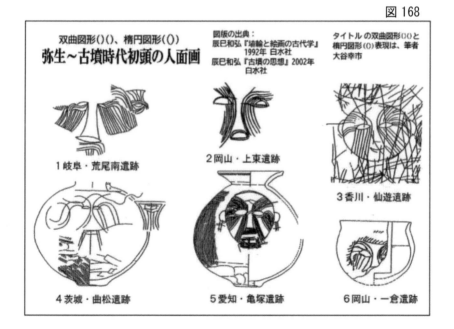

図168

第14章　記紀神話に隠れているかたち　　357

の弥生時代の土器には、)形・◊形・❏形・形が描かれています。これらのかたちは、筆者がこれまで触れてきた双曲図形()()・楕円図形(()) の範疇に属しています。

　ところで、目の ○形と鼻の)(形の産みの親は、① ∞∞∞形(しめ縄状文様)と② ◊◊◊◊◊形(ヨコ並びの眼形)です。なお、①と②は左巻きらせん

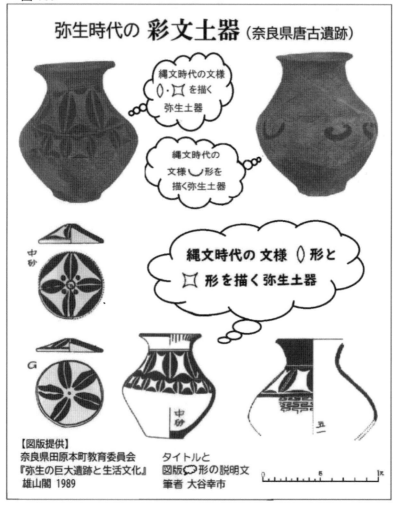

図169

と右巻きらせん形 〰〰 に、③は （ⅬⅬⅬⅬⅬ） 形と（ⅬⅬⅬⅬⅬⅬ） 形に、それぞれ置き換えることができます。これらのかたちは、らせん形の三形態に現われています。これらのかたちに『記・紀』に登場する天照大御神・月読命・須佐之男命の三貴子を見立ててみました。

① らせん形ⓐ 〜〜〜 ──────→天照大御神
② らせん形ⓑ 〰〰〰 ──────→月読命
③ らせん形ⓒ （ⅬⅬⅬⅬⅬ）・（ⅬⅬⅬⅬⅬⅬ）──→須佐之男命

　『記・紀』編者は、図168の弥生から古墳時代初頭の人面画に見る目と鼻は、隣り合わせに存在し、まさに楕円図形〇と双曲図形Χを呈しています。楕円・双曲図形の〇形とΧ形は、相即不離の関係を維持し、これらが縄文前期の京都・北白川遺跡出土浅鉢と福井・鳥浜貝塚出土浅鉢の文様に描かれる文様を受け継いでいることは、幾何学に言うアナロジーの連鎖に適合しています。『記・紀』の記述と図168に見るかたちとの整合性は、偶然の一致ではありません。三貴子は、それぞれ目と鼻を**「洗ひたまふ時」**に**「成れる神の名は」**と記されています。

　図168に示される人面画の目と鼻は、それぞれが楕円図形〇と双曲図形)(に拠って描かれております。これらのかたちは**らせん形の三形態**に現われております。すなわち、『記・紀』において、ツクヨミ（月読命）はアマテラス（天照大御神）に結ばれ、スサノヲ（須佐之男命）は、アマテラスに対峙する関係に置かれているように感じますが、実際のアマテラスとスサノヲは、双曲・楕円図形と同様に、アナロジーの連鎖で密接に結ばれているわけです。そうでないと**淤能碁呂島と八尋殿に見立てられた正六角形と正八角形は消滅してしまい、存在意義を失ってしまいます。**

　らせん形の三形態、すなわち三貴子が存在して、初めて ∞∞∞ 形とⅬⅬⅬⅬⅬ 形から壺形 🍶 と正六角形 ⬢ が生じ、さらに七宝文 ◇◇ が生じるわけです。続いて、正八角形 ✳ が生じ、六・八理論が確立され、円形〇と正方形□に拠る天地・陰陽、すなわち、**宇宙創成の原理と生命誕生の原理**の構築が達成されます。

第14章　記紀神話に隠れているかたち　　359

この天地・陰陽は、タテ並びの眼形とヨコ並びの眼形に結ばれるナナメ並びの眼形から導かれる ⊗⊗ 形なくして検証することはできません（第4章の図48〜図49、第10章の図129〜図130参照）。

縄文人は、タテ並びの眼形・ヨコ並びの眼形、およびナナメ並びの眼形による幾何学を構築していました。これらのかたちは、柿の蒂形 ⊞ から生じる〈2種類の円結びのパターン〉から導かれます。厳密に言えば、**縄文幾何学とは、かたちの素粒子）形の 180 度の反転の繰り返しから生じる柿の蒂形 ⊞ から始まっています。この柿の蒂形 ⊞ が産みの親と言い換えることができます**（図43、図53、図68〜図69、図75、図82、図87、図94参照）。

第 15 章

橘という字は不思議な字である

第1節　時じくの香の木の実

橘という字は不思議な字である

　この「橘(たちばな)」という字が使われている個所を『古事記』の中に探すと三ヶ所あります。この字は奇妙な文字であり、その文字が隠しもっている意味を『古事記』編者は意識的に使っていたと考えられます。

① 　伊耶那岐命がみそぎをした「竺紫日向(つくしのひむか)の橘(たちばな)の小門阿波岐原(おどのあわきはら)」

② 　垂仁記で多遅摩毛理(たじまもり)という人が天皇の命によって常世の国へ「時じくの香の木の実」を探し求めにいく物語があります。この「時じくの香の木の実」は「これ今の橘なり」と注釈がつけられています。

③ 　倭建命(やまとたけるのみこと)の東征物語で、走水海(はしりみず)を渡ろうとした時、海が荒れてなかなか渡ることができませんでした。その時、「弟橘比売命(おとたちばなひめのみこと)」が荒海を鎮めるために海に入ろうとしました。

　以上の三ヶ所に「橘」という字が使われています。また、「橘」について『古事記』は「時じくの香の木の実」と書いています。なぜ「時じくの香の木の実」なのか。『日本書紀』は、「非時」と書かれています。「時じくの香の木の実」の「時じく」に対し、「時計盤」の「※」形が推測されます。そこで「橘」という字を分解すると「木」偏と「矞(いつ)」という作りから成り立っていることがわかります。

矛(ほこ)と冏(きょう)の関係

　「矞(いつ)」という字を白川静著『漢字の世界』で調べると、矞は討伐権を意味すると説明され、矞(いつ)は遹(いつ)に従う。遹とは、わが国でいう玉桙(たまほこ)の使者であると説明されています。

『古事記』、『日本書紀』において、測量棒は、「杖」、「矛」と書かれていると考えられます。これによれば、測量棒が討伐権を行使することになります。別のいい方をすれば、測量棒が矛(武器)のかわりをして重要な任務(治山治水・ランドスケープの形成)を負っているわけです。これを広義に解釈すれば、矛は軍事力を表すと考えてよいので、軍事力を行使する以上の力として、国土を測量し、大自然の法則に基づく新しい神の創造を果たし、その神を統一イデオロギーとして国家統一の悲願を成就させる、このように考えることができます。

　以上のように考えれば、「橘」という字が『古事記』・『日本書紀』で使われ「時じくの香の木の実」の話が語られることもその必然性が生じてきます。また白川静氏のいう「矞は玉桙の使者である」の意味も鮮明になります。古代の測量法において、桙(＝測量棒)に玉＝御魂、つまり太陽と火の光芒が依りついて、そこから測量が開始される。すなわち、玉桙が道を切り開き、国土を開拓していった。いわゆる「**玉桙(＝測量)の使者**」になります。

　「橘」という字にはもう一つ隠されていることがあります。この字は前述のようにへんの「木」とつくりの「矞」という字から成り立っています。「矞」という字の「矛」の台座となっている「冏(きょう)」を字典で調べてみると、「冏」＝股間の穴の形の「 ⚇ 」が原初のものとされ、その字義は子を産む股穴、すなわち「女陰」の意とあります。

　この「冏」について白川静氏は、『漢字の世界』の中で、つぎのように説明されています。

　　台座の部分は丙形をなし、丙は杖器の石づきの部分で柄の初文。儀器にはこれに台座を加える。武器の前に∪をおくのは、その器を聖化して、その機能の発動を求める造字法である。

　この記述から、興味あることが導きだされてきます。それは、白川氏の説明するところは、弥生時代の青銅器祭器とされる銅鐸、銅矛(銅戈を

含む)、銅剣に関係していることです。

銅鐸のもつ眼形は、そのカタチの中に宇宙創成と生命誕生の原理をもち、眼形は女陰にアナロジーされることは、これまでにのべてきました。つまり、銅鐸(眼形)と銅矛(武器)の関係は、白川氏の解説する「武器の前に∪をおくのは、その器を聖化して、その機能の発動を求める造字法である」という見解にみごとに一致しています。

『古事記』垂仁(すいにん)天皇条

『古事記』垂仁天皇条に書かれる「時じくの香の木の実」は、尋常な解釈では解くことができません。『記・紀』編者は、縄文人が行っていた「思想をカタチで表わす」方法に習って「アナロジーの連鎖で結ばれる異形同質の関係を説話の中に織り込んでいた」と考えられます。これを前提に読み進まないと真実の歴史観に到達できないと考えられます。この方法を前提に置き、『日本書紀』の記す垂仁天皇条を読んでみます。

又天皇、三宅連等の祖、名は多遅摩毛理を以ちて常世国に遣はして、ときじくのかくの木の実を求めしめたまひき。故、多遅摩毛理、遂に其の国に到りて、其の木の実を採りて縵八縵・矛八矛を以ちて将ち来つる間に、天皇既に崩りましき。爾に多遅摩毛理、縵四縵・矛四矛を分けて大后に献り、縵四縵・矛四矛を天皇の御陵の戸に献り置きて、其の木の実を擎げて叫び哭きて白さく、

「常世国のときじくのかくの木の実を持ちて参上りて待ふ」とまをして、遂に叫び哭きて死にき。其のときじくのかくの木の実は、是れ今の橘なり。此の天皇の御年、壱佰伍拾参歳。御陵は菅原の御立野の中に在り。又其の大后比婆須比売命の時、石祝作を定め、又土師部を定めたまひき。此の后は狭木の寺間陵に葬りまつりき。

神話学者の吉田敦彦氏は、①時じくの香の木の実、②常世の国について、つぎのようにのべています(『日本神話の源流』講談社学術文庫 2007)。

① 時じくの香の木の実　吉田敦彦氏の見解

　　時じくの香の木の実が、たとえ現実の橘の実であっても、この話の中でその実にはやはり、不死の実ではなくてもそれに近い奇跡的な長生を可能にする不思議な実としての、神話的意味が、付与されていると認められるのではあるまいか。そしてその実を求めに田道間守が、往復に十年の歳月をかけ、万里浪を踏み遥かに弱水を渡って、ようやく行き着いたという常世国は、『日本書紀』に「神仙秘区」と言われているまさにその通りに、普通の人間の住む新羅や中国などのような国ではなく、人間界の果てあるいはその外にあって普通には可視の人間には到達できぬ、不老不死の楽土のような所として、この田道間守の話の中でもやはり観念されていると考えるべきではないだろうか。（中略）

　　長生の効験を持つと信ぜられた橘の実の起源を、不死の楽土であると見なされた他界と結び付けて説明した、起源譚と見ることができると思われる。

② 常世の国　吉田敦彦氏の見解

　　真冬にも葉が常緑で四季を通じて葉や花や果実の美しさと芳しさを鑑賞できる橘を、称えて呼んだ名であると認めれば、その実を求めに田道間守が赴いたとされる常世の国を、崑崙山やエデンの国のような神話的楽園に擬するのは、不自然な解釈とも思われることになる。（中略）。本居宣長らはこの話の中で言われている常世の国とは、実は天の日矛の故郷の新羅を指していると解釈した。（中略）。

　　たしかに田道間守がもたらしたと言う時じくの香の木の実が、古代において、一般に橘の実と見なされていたということには、前掲した『古事記』と『日本書紀』にある注記からも、また家持の歌などに照らして見ても、疑問の余地はまったく無い。だがそれでは、その橘の実を求めに田道間守がはるばる赴いたとされている常世の国は、神話

的世界ではなく、ただ単に海を隔てた外国のどこかを指していたと考えるべきであろうか。

　吉田敦彦氏は、①と②の見解の中で「縵八縵・矛八矛」・「縵四縵・矛四矛」に対し、何も言及されていません。『古事記』は、「多遅摩毛理、ついにその国に到りて、その木の実を採りて、縵八縵・矛八矛を以ちて将ち来つる間に、天皇既に崩りましき。ここに多遅摩毛理、縵四縵・矛四矛を分けて大后に献り、縵四縵・矛四矛を天皇の御陵の戸に献り置きて…」と書いています。つまり、「縵八縵・矛八矛」を二つに分離してもさしつかえないカタチであることが示されております。換言すれば、二つの「縵四縵・矛四矛」は合体し「縵八縵・矛八矛」を作っているわけです。
　ここで想いだされるのは、第 10 章で触れた Ｖ・Ｌ・ハンセン氏の「自然界を記述する言語が幾何学である」という考え方です。哲学にはⓐ「形のないもの。精神的なもの」とⓑ「形のあるもの。物質的なもの」という二つの考え方が基本にあるとされています。わが国の縄文人は、Ｖ・Ｌ・ハンセン氏の「自然界を記述する言語が幾何学である」という考え方と同じ考え方を採用していたと思います。
　「縵八縵・矛八矛」は、いったい何を表しているのでしょうか。みかんを垂直と水平方向から切断すると「縵と矛」の意味を解くキーワードが現われます。「縵」という字を簡野道明著『字源』(角川書店)で引くと、「むぢのきぬ」・「雲などのうねうねとして緩やかな貌」という意味が導かれます。これに従えば、

　　ⓐ 縵は曲線を意味する。そのカタチは) 形、あるいは (形。
　　ⓑ 矛は直線を意味する。

と捉えることができます。以上から、「縵八縵・矛八矛」・「縵四縵・矛四矛」に図 170 を想定することが可能になります。つぎに図 171〜図

図 170

八縵八矛のカタチ
（やかげ　やほこ）

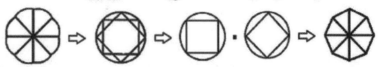

橘の実の断面図　　八縵八矛から四縵四矛へ　　正八角形

橘に現われている ◯形・◇形・✳形

↑ ◯形と✳形を作る橘の実

↓ ✳形を作る橘の花

◇形を作る橘の葉 ↓

橘の実を水平方向に切断すると✳形が確認されます。この✳形は眼形の連鎖から生じる正六角形⬢に象徴される正多角形✳と類比的に結ばれます。

写真：インターネットより　説明文：筆者 大谷幸市

図 171

タジマモリが常世の国から持ち帰った

時じくの香の木の実はみかんでした

みかんの謎は、垂直と水平の切断面に隠されています。

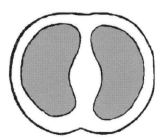

みかんを垂直方向から切断したカタチ。このカタチは縄文人が土器に作っていた**双眼**に対応します。

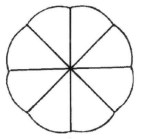

みかんを水平方向から切断した断面図です。そのカタチは**正多角形**です。

写真：インターネット　イラスト・タイトル・説明文：筆者 大谷幸市

第15章 橘という字は不思議な字である

図 172

時じくの香の木の実＝八縵八矛(やかげ やほこ)の意味

① みかんを垂直に切断すると ◎ 形が生じます！

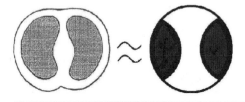

この ◎ 形と縄文人の創出した双眼 ◉ は、異形同質の関係を結んでいます。

みかんに特徴的な2種類のカタチ → ・
垂直方向 と 水平方向

② みかんを水平に切断すると ✺ 形が生じます！
　　　　　　　　　　　　　　八縵八矛

みかんの切断面に現われているカタチ　切断面の外郭は曲線であり、中心線は直線が導かれます。その一例として正八角形を想定すれば、その組合せは、**八縵八矛**になります！

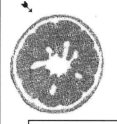

←八縵

＋

八矛➡

正六角形 ⬢ と 正八角形 ✺ の結びつき

橘(みかん)の実の形としての 八縵八矛 [🍊→✺→⬢]は、[◎→◎◎→⬢] とアナロジーの連鎖で結ばれています。◉正六角形と ◎ 正八角形の関係は、正二十四角形 ✹……**正多角形**へと発展して行きます。

作図・説明文：筆者 大谷幸市

172 を見ていただきたいと思います。この図は、みかんを垂直方向と水平方向に輪切りしたものです。垂直に切断すると ◐ 形が、水平に切断すると、✳ 形が確認されます。

竹から生まれた「かぐや姫」の幾何学

　吉武利文氏は『竹取物語』の主人公である「かぐや姫」に関して、『古事記』垂仁天皇妃として出てくる迦具夜比売(かぐやひめ)との関係を指摘し、迦具夜比売の父親は「大筒木垂根王(おおつつきたりねおう)」であるところから、かぐや姫が竹の中から生まれたことを連想させる、とその著作の中でのべています(『橘』法政大学出版局、1998)。

　吉武氏は『古事記』垂仁天皇条が記すかぐや姫の父親の名前である「大筒木垂根王」に竹の最大の特徴である ▬▭ (円筒形)を連想したわけです。問題は、この ▭ 形がどのような意味をもっているかというところにあります。

　この円筒形を図形の視点から考えると「安定した渦巻文」が想起されます。この安定した渦巻文 (∞∞∞∞∞) から正六角形が生じます(第5章、および第6章参照)。この図式に拠れば、竹と正六角形は類比の連鎖で結ばれていることになり、垂仁天皇の妃である迦具夜比売は正六角形につながっていると考えることができます。

　ここに『記・紀』の書き残した「時じくの香の木の実・非時香果＝八縵八矛＝正八角形」の意味があったのです。正六角形と正八角形は合体して正二十四角形を作ります。これから「時じくの香の木の実・非時香果＝正八角形」に照合されるカタチは、「竹から生まれたかぐや姫＝正六角形」ということになります。この正六角形と正八角形は、 ∞∞∞∞∞ (ヨコ並びの眼形)の「✕と◯」に類比される「✕と◇」の関係を維持しております。「✕と◯」と「✕と◇」は、ともに相即不離の関係をもっています。

　『古事記』・『日本書紀』は、垂仁天皇から命を受け常世の国から時じくの香の木の実を手に入れた多遅摩毛理が帰ってくる間に、天皇はすでにお亡くなりになっており、そこで多遅摩毛理は、そのうち縵四縵・

矛四矛を分けて皇后の比婆須比売命に献上し、残りの縵四縵・矛四矛を天皇の御陵に供えた、と書いています。

多くの図形の中から、正六角形と正八角形の関係に優るカタチを探しだすことは、極めて困難です。円形の連鎖→眼形の連鎖→ヨコ並びの眼形 ⬭⬭⬭⬭⬭ から生じる正六角形 ⬡ に連なる垂仁天皇の系譜にとって、正八角形 ✳、すなわち「時じくの香の木の実－非時香果」のもっている「⬭・✳」は、何にも益して求められたかたちであったと考えられます。

かぐや姫と天香久山のつながり

『竹取物語』の主人公である「かぐや姫」とランドスケープの一角を占める「天香久山」は、「かぐ」を共有しています。五感の一つである嗅覚による香りを「かぐ」は、どのようなかたちで表わすことができるのでしょうか。

この命題は、『記・紀』、および、わが国のおとぎ話である『竹取物語』や『浦島太郎』などが、わが国の真実の歴史、および歴史の中心となる重要な部分に位置するものであるかどうかの判断を左右しています。

たとえば、タジマモリが常世の国から持ち帰った「時じくの香の木の実・非時香果(ときじくのかくのこのみ)」が、「橘」であることは『古事記』・『日本書紀』が記すところですが、吉武利文氏はつぎのように書いています(その著作『橘』法政大学出版局、1998)。

> 垂仁天皇の妃が迦具夜比売(かぐやひめ)であり、垂仁天皇が求めた果実が非時香果(ときじくのかくのこのみ)＝橘(たちばな)であったこと。そして景行天皇の皇子ヤマトタケルの妃が弟橘姫(おとたちばなひめ)であること。

吉武氏の解釈で注目されるのは、かぐや姫と竹のつながりを系譜の上からわかりやすく示されているところです。この指摘から「竹と橘のつ

ながり」へと新たな領域へ向かうことができます。

　『古事記』は「時じくの香の木の実」、『日本書紀』は「非時香果」と記し、同時に「縵八縵・矛八矛(『古事記』)」・「八竿八縵(『日本書紀』)」と記しています。前者は「時じくのかくの木の実は、是れ今の橘なり」の記述によって「時じくの香の木の実」が「みかん」であることが解ります。

　「八縵八矛」と「八」は、「数が多い」とする意見があります。このような解釈では、縵と矛の意味を解き明かすことはできません。縵八縵・矛八矛に関して、未だ定説となる意見は提出されておりません。

　ところで、橘という字の作りである「矞」に注目すると、「矛＝男根」と「冏＝女陰」の関係が想定されます。この「矛＝男根」と「冏＝女陰」の組合せに「同質でありながら異形の二者の合体によって新しいかたちが生まれる」という意味を読み取ることができます。

　『記・紀』編纂時代の古代人は、このような「橘」という字のもつ意味に気づいていたと思います。「橘→みかん」の神髄は、その果実を垂直方向から切断すると ⬯ 形が現われ、水平方向から切断すると ✳ 形が現われるところに示されております。それら二つの切断面は、① ⬯ 形は双眼 👀 にアナロジーされ、② ✳ 形は、まさに縵八縵・矛八矛にピタリと合致しています(図170〜図172)。

　「時じくの香の木の実・非時香果」に現われているかたち ✳ は、縄文時代草創期の縄文人が製作していた波状口縁をもつ土器のらせん形＋正多角形の組合せと同じです。つまり、[⬯＝✳(曲線)＋✳(直線)]は、八縵八矛→四縵四矛→正八角形 ✴ へと変身します。正六角形 ✱ に対峙する正八角形 ✷ が生じ、両者は合体して正二十四角形を形づくります。ここに図式「八縵八矛＝正多角形」が成立していることが解ります。

正多角形が重要なかたちであることを知っていた縄文人

　『記・紀』の記す天之御中主神・天の沼矛・天の浮橋・天の御柱・天香久山などに見られる「天(あま)の」は、幾何学的な中心線とか基準点、

および重要なカタチなどが、その物語の中に隠されている場合に、事前に告知する方法を確立していたものと考えられます。たとえば、

　　是(ここ)に天(あま)つ神諸(もろもろ)の命(みこと)以(も)ちて、伊耶那岐命(いざなぎのみこと)・伊耶那美命(いざなみのみこと)二柱(ふたはしら)の神に、「このただよへる国を修理(つく)り固め成せ」と語りて、天(あめ)の沼矛(ぬぼこ)を賜ひて、言依(ことよ)さし賜ひき。故、二柱の神、天(あめ)の浮橋(うきはし)に立たして、其(そ)の沼矛を指し下(お)ろして画(か)きたまへば、塩こをろこをろに画き鳴(な)して、引上げたまふ時、その矛の末(さき)より垂(した)り落つる塩累(かさ)なり積(つも)りて島と成りき。是れ淤能碁呂島(おのごろじま)なり。

　オノゴロ島は塩の結晶(正六角形)の隠された表現と考えられます。正六角形 ⬡ は、縄文人を始めとしてわが国の古代人にとって、とても重要なカタチ(文様・図形)でした。『記・紀』に見られるこのような手法は「天の」だけではなく、「湯津爪櫛(ゆつつまぐし)」や今回の「常世(とこよ)の国」なども含まれるのではないでしょうか。これらは「天の」と同じ考え方に依拠していると考えられます。

　ところで、吉田氏の書く文章にタジマモリが常世の国から持ち帰った時じくのかくの木の実(みかんの果実)は、図 170〜図 172 に見るとおり①球形、②双眼、③多角形という三つのかたちをもっています。つぎにこれらのかたちのつながりと意味を考えなければなりません。常世の国に対し、「図形の世界(幾何学)」を想定するとわかりやすくなります。

　時じくのかくの木の実は、実際の橘の実です。この「橘の実」のもつ三つのかたちの中の一つである②双眼 ◉ は「壺形をつくるかたち ⫯ 」に示されるメビウスの帯と同じ意味をもっています(第9章、図115参照)。その正逆S字トンボに繋がる多角形は、図式 [◯◯-◉◉◉-◉◉-⬡] から導かれる正六角形です。この正六角形と正八角形は、下図に示す図式をもっています。

正六角形 ⬡ と正八角形 ✳ は、ともに双曲図形)(()、楕円図形（()）から導かれるかたちです（第4章参照）。古墳時代の福岡県王塚古墳壁画の色分けされた ◇（菱形文）と ✕（向かい三角文）によって、斜格子文の原形が眼形の連鎖であることがわかりました。眼形の連鎖から生じる ()(() 形は図式 [◎◎◎ → ()(() → ◇✕◇ → ⬡] を形づくっております。

第2節　ランドスケープを形成する三輪山と大和三山

無双の考え方

　吉武利文氏は、その著『橘』（法政大学出版局、1998）の中で大和三山について、拙著（『実在した幻の三角形』大和書房 1987）を引用し、つぎのように書いています。

　　畝傍山や三輪山が夏至や冬至の日の出、日の入りと関連することは光＝視覚的なものを連想させる。また、耳成山は音＝聴覚的なものを、香久山は香り＝嗅覚的なものを象徴化しているともとれないだろうか。それは人間の感覚器官の見立てとしてランドスケープしたように思えるのである。

　このあと吉武利文氏は、三輪山と大和三山を結ぶレイライン（空間構成）に対して、無双の言葉を与え解釈されています（吉武利文著『橘』法政大学出版局 1998 年 63 ページ）。

　　古代人は、宇宙の構造と人間の身体は照応するものであることを直観的にとらえることができたと考えられる。宇宙の仕組みのなかに人

間の身体の仕組みを、人間の身体の仕組みのなかに宇宙の仕組みを見立てることが重要であったのである。

　たとえば、「高天原」の「原」は、本来おなかの腹を意味しており、宇宙を一個の母胎として考えていたこと。また、イザナギとイザナミの尊の「御柱巡り」の運動が、遺伝子の二重螺旋構造と同じように生産の根本原理と考えていたことなどにそれは表われている。

　『記・紀』の「御柱巡り」において、ⓐイザナギとイザナミの二神に対し「同質でありながら異形の二者の合体によって新しい生命が生まれる」という生命誕生の原理を付与しています。この意味は、ⓑ遺伝子の二重螺旋構造と同じように生産の根本原理である、遺伝子、つまりＤＮＡは、ⓐと同じ生命誕生の原理をもつ二重らせん構造に載っています。吉武氏の千里眼は、わが国古代人の思想形成のプロセスを見通しています。さらに、人間の感覚器官に見立てられた、

① 畝傍山・三輪山の光＝視覚的なもの
② 耳成山の音　　　　＝聴覚的なもの
③ 天香久山の香り　　＝嗅覚的なもの

は、まさに前掲図168の弥生～古墳時代初頭の人面画に照合されます。吉武氏の洞察力は縄文人に並ぶものがあります。吉武利文氏は、「わが国の古代人は宇宙の構造と人間の身体は照応するものであることを直感的にとらえることができた」と述べていますが、縄文人は、蜂が造る六角形の巣、キキョウの蕾や花、桜の花に見る正五角形など植物の花に現われている正多角形などから、正多角形が生命誕生に密接に結ばれるかたちであることを学び取っていたと考えられます。

　ところで、三輪山・畝傍山・耳成山・天香久山は、測量の要所を占めています。図173～図175に見る畝傍山・耳成山・天香久山による３種類の三角形は正八角形に特徴的な角度を示しています。正六角形に特徴

図 173

わが国古代人の天地を知る方法 それは 測量 です

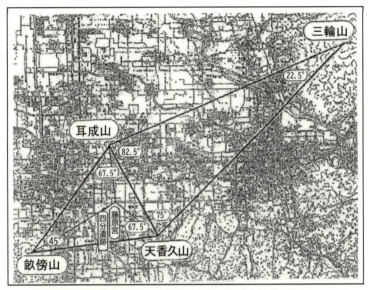

この図は国土地理院発行の2万5000分の1の地図をもとに作成したものです。

三輪山と大和三山を結ぶランドスケープ

大和三山(畝傍山・天香久山・耳成山)が形づくる空間構成は、正八角形に特徴的な角度をもち、さらに三輪山を加える空間構成も同じ正多角形に特徴的な角度をもっています。

① 畝傍山＝45°　　耳成山＝67.5°　天香久山＝67.5°
② 三輪山＝22.5°　耳成山＝82.5°　天香久山＝75°

わが国の古代人が、測量を行ない上図に見る三角形のランドスケープを造っていたであろうことは、自然の成す三輪山と大和三山の上に **正多角形に特徴的な角度** が現われているところに示されています。　作図・説明文：筆者 大谷幸市

第15章　橘という字は不思議な字である　377

図 174

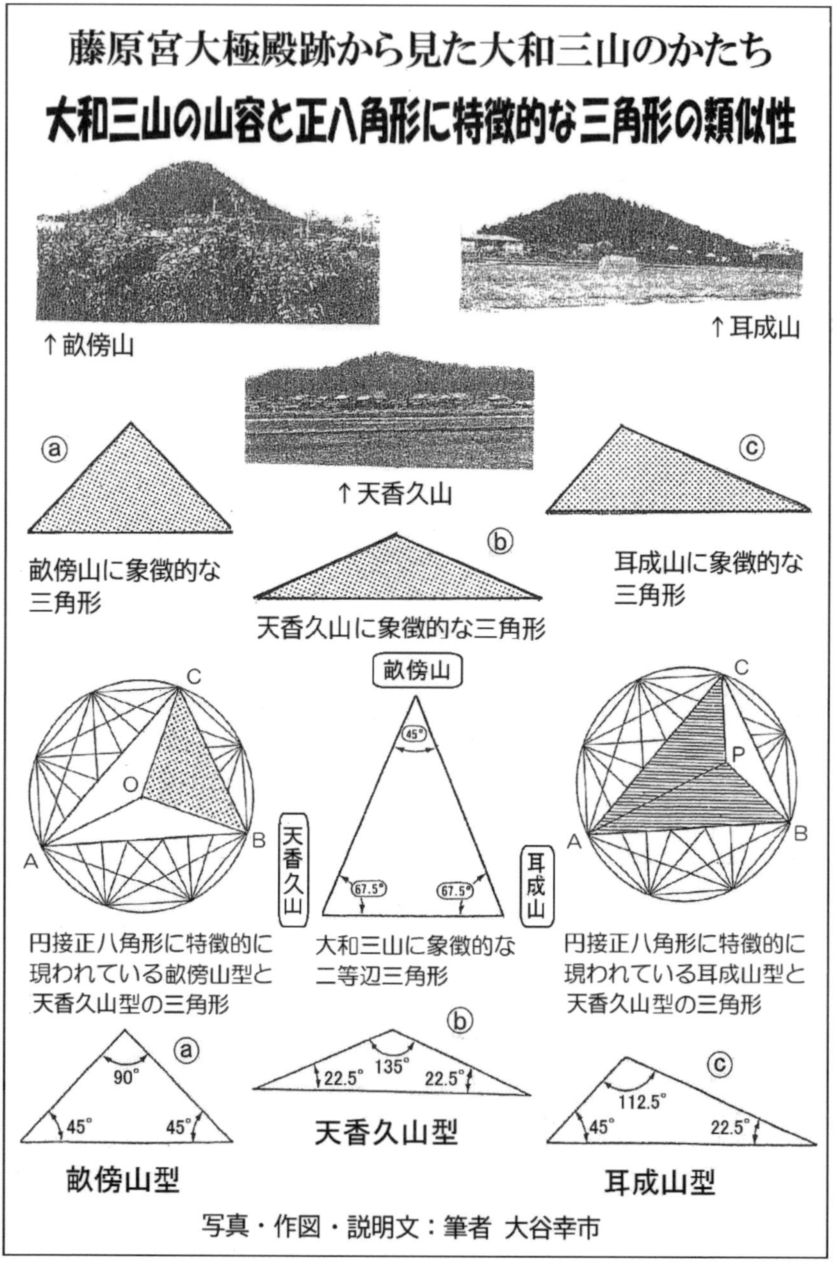

藤原宮大極殿跡から見た大和三山のかたち
大和三山の山容と正八角形に特徴的な三角形の類似性

↑畝傍山

↑耳成山

↑天香久山

ⓐ

畝傍山に象徴的な
三角形

ⓑ

天香久山に象徴的な三角形

ⓒ

耳成山に象徴的な
三角形

C

O

A

B

円接正八角形に特徴的に
現われている畝傍山型と
天香久山型の三角形

畝傍山

45°

天香久山

耳成山

67.5°   67.5°

大和三山に象徴的な
二等辺三角形

C

P

A

B

円接正八角形に特徴的に
現われている耳成山型と
天香久山型の三角形

ⓐ

90°

45°   45°

畝傍山型

ⓑ

22.5° 135° 22.5°

天香久山型

ⓒ

112.5°

45°   22.5°

耳成山型

写真・作図・説明文：筆者　大谷幸市

図175

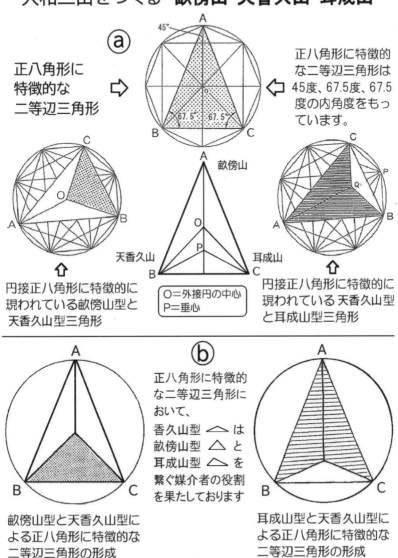

第15章 橘という字は不思議な字である　379

図 176

蜻蛉(あきづ)の臀呫(となめ)の如くにあるかな

古代の人は、わが国を「あきづ、トンボの国」と名づけたのでしょうか。

この図は http://ja.wikipedia.org/wiki より

♡形を形づくるイトトンボの交尾（左がオス）

「あきづしま」は大和にかかる枕詞です。大和は「大いなる和」と解釈できます。雌雄のイトトンボの交尾はハート形を形づくります。また、白鳥の雌雄も寄り添ってハート形を作ります。

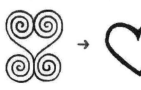

正逆S字渦文によるハート形の形成

イラスト・タイトル・説明文：筆者 大谷幸市

写真：動物ライター・写真家 鈴木欣司

図177

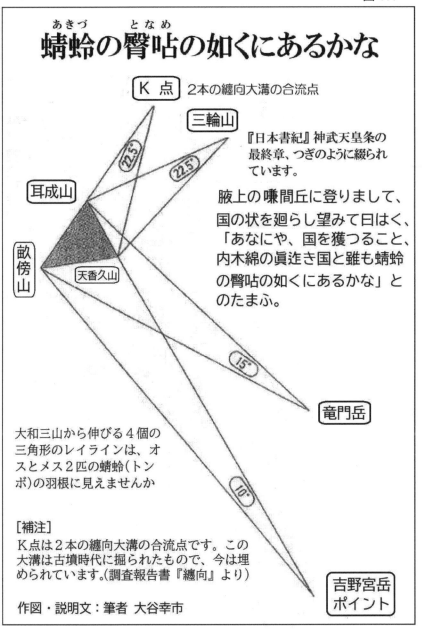

第15章 橘という字は不思議な字である

図 178

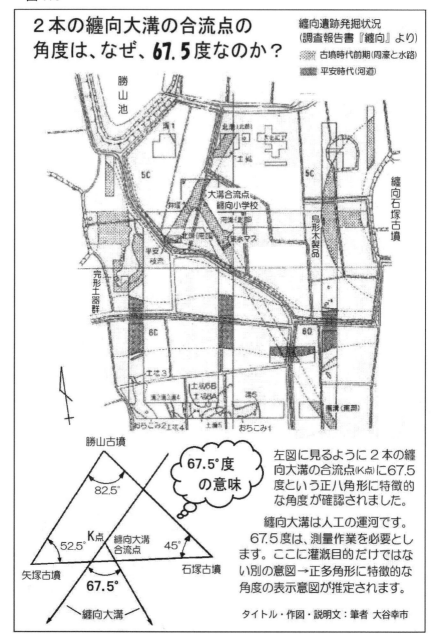

的な正三角形のレイラインは、後掲図179の三輪山－鏡作神社(石見)－神武天皇陵の3地点によって形成されております。

　これらが自然の成す業であるとすれば、縄文文化の集大成である前方後円墳、たとえば、箸墓古墳・椿井大塚山古墳などの古墳を大和纏向地区に築造することは、日本列島各地域の人たちにとって、異論を挟む余地はまったくなかったものと考えられます。

　箸墓古墳の撥形に関して、「ウィキペディア」は、「撥形にしているのは、葬列が傾斜の緩やかな道を通れるように前方部の左右の稜線のどちらかを伸ばしたものと考えられている」と解説されていますが、新体制づくりの最中に、そのような理由のもとに前方後円墳の造営目的を変更することは許されません。三輪山と大和三山を結ぶ空間構成のランドスケープ化を計画した人たちがそれを行っていたとはとても考えられるものではありません。

　吉武氏の①畝傍山と三輪山の「光－目」、②耳成山の「音－耳」、③天香久山の「香－鼻」という比定から連想されるのは、箸墓古墳です。箸墓古墳に関して、インターネット「ウィキペディア」は、次のように書いています。

　　奈良盆地東南部、三輪山北西山麓の扇状地帯に広がる、大和柳本古墳群に含まれる纏向古墳群(箸中古墳群)の盟主的古墳であり、纏向遺跡箸中地区に位置する出現期古墳の中でも最古級古墳と考えられている前方後円墳である。

　図173～図179を見ながら『日本書紀』の神武天皇即位前紀を読み直すと、以上のことがよく理解されてきます。特に「六合を兼ねて都を開き、八紘を掩ひて宇にせむこと、亦可からずや。観れば、夫の畝傍山の東南の橿原の地は、蓋し國の墺區か。治るべし」は、三輪山と大和三山によるランドスケープを暗示しているものと考えられます。

　三輪山と天香久山・耳成山を結ぶ三角形は、22.5度・75度・82.5度という、それぞれ円に内接する正八角形・正十二角形・正二十四角形に

図179

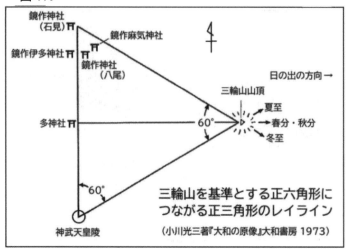

特徴的な角度をもっています。大和三山を形づくる正八角形に特徴的な二等辺三角形は、45度・67.5度・67.5度の角度をもっています。これら6ヶ所の角度の和は「22.5＋75＋82.5＋45＋67.5＋67.5＝360（正多角形に特徴的な角度）」となっています。

　弥生時代から古墳時代にかけて三輪山と大和三山を結ぶ空間構成のランドスケープ化を計画した人たちは、自然の造形の上に、これらの角度をもつカタチを測量によって割り出し、大和三山の山容を正八角形に現われている三角形に見立て造成していたと考えられます。

　天香久山へ登れば、その頂上付近はかなりの広さが認識されます。一ヶ所の広さが確保できれば、6個の正多角形に特徴的な角度の設定を容易に行うことができます。なお、正多角形に特徴的な角度は、15度と22.5度を基本としており、これらの角度は割り出しやすい数値です。後は夜間に松明（たいまつ）を掲げて一直線を確保すれば、大和三山と三輪山を結ぶランドスケープの造営は至難の業ではありません。

天香久山の土

　神武天皇即位前紀は、「天香久山の土」に関して、以下に示すよう

に繰り返し記述しています。

ⓐ『日本書紀』神武天皇即位前紀戊午年八月―九月

　天香山(あまのかぐやま)の社(やしろ)の中の土(はに)を取(と)りて、天平瓮
八十枚(あまのひらかやそち)を造(つく)り、厳瓮(いつへ)を造(つく)りて天神
地祇(あまつやしろくにつやしろ)を敬(ゐやま)ひ祭(まつ)れ。

ⓑ　ⓐの直後において、

　今當(まさ)に天香山(あまのかぐやま)の埴(はに)を取(と)りて、天平瓮(あ
まのひらか)を造(つく)りて、天社國社(あまつやしろくにつやしろ)の神を祭
(いはひまつ)れ、然(しかう)して後(のち)に、虜(あた)を撃(う)ちたまはば、
除(はら)ひ易(やす)けむとまうす。(中略)
　天香山(あまのかぐやま)に到(いた)りて、潛(ひそか)に其の巓(いただき)の土
(はにつち)を取(と)りて、來旋(かへ)るべし。基業(あまつひつぎ)の成否(ならん
ならじ)は、當(まさ)に汝(なんじ)を以て占(うらな)はむ。(中略)
　…乃ち此の埴(はにつち)を以て、八十平瓮(やそひらか)・天平抉八十枚(あ
めのたくじりやそち)。厳瓮(いつへ)を造作(つく)りて、丹生(にふ)の川上(か
はかみ)に陟(のぼ)りて用(も)て天神地祇(あまつかみくにつかみ)を祭(いはひ
まつ)りたまふ。

　上記の「天香久山の埴が基業の成否」に関わるとする記述は、天香久
山の ⌒ 形は、畝傍山の △ 形と耳成山の ⌒ 形とそれぞれ合体
し、正八角形に特徴的な二等辺三角形を形づくっています(図174 参照)。
　『日本書紀』神武天皇即位前紀は、神武天皇(じんむてんのう)・饒速日
命(にぎはやひのみこと)・長髄彦(ながすねひこ)を登場させています。吉武利
文氏は、つぎのような関係を提示しています(吉武利文著『橘』1998)。

ⓐ神武天皇(じんむてんのう)　　＝畝傍山＝太陽→ 視覚的
ⓑ饒速日命(にぎはやひのみこと)＝香久山＝ 火　→ 嗅覚的
ⓒ長髄彦(ながすねひこ)　　　　＝耳成山＝ 水　→ 聴覚的

第15章　橘という字は不思議な字である　　385

前記に示す三者の関係を図173〜図175の三種類の三角形に照合すると、『日本書紀』神武天皇即位前紀の記述に符合していることがよくわかります。

　太陽と火を利用する測量術を駆使して大和三山の山容が正八角形に特徴的な二等辺三角形であることに気づき、それぞれの山容を現在に見る △・△・△ 形に改造することは弥生時代後期から古墳時代前期において可能であったと考えられます。

　堤防や用水路を造る治水事業は、いつの世においても為政者の果たさなければならない務めです。わが国の古代において、測量はそれらを効率的に行うため、同時に生命誕生の原理と宇宙創成の原理のランドスケープ化においても必要であったと考えられます。

　動物の両眼は ◯ 形に類比され、一つの鼻は)(形に類比されます(前掲図168)。このあとに「六合を兼ねて都を開き、八紘を掩ひて宇にせむこと……」と表現される大和三山のランドスケープが出現するわけです。そこには「火で焚く香のかおりを嗅ぐ」意味をもつ天香久山が存在しています。目と鼻を形づくる双曲・楕円図形は相即不離の関係を維持しバランスを保っています。吉武利文氏は、つぎのように書いています。

　　古代日本人もまた、大和三山を目・耳・鼻という人の感覚器官に見立て、その感覚の調和のなかに、国を統一するための祈りを込めたとも考えられる。それは一種のランドスケープとして、大和三山の二等辺三角形を成し、その三角形と密接にかかわる位置に藤原宮を造営したと思われるのである。

　本題の橘と天香久山のかかわりについてであるが、まず私が最初に連想したのは、天香久山が「嗅ぐ山」ではないかということであった(吉武利文著『橘』法政大学出版局 p64参照)。

天香久山に結ばれる橘

　日本列島の縄文人は、豆粒文土器(今からおよそ1万2500年前)の創出時に

は、かたちの素粒子）形に気づいていたと考えられます（第2章、図13～図16）。この）形の180度の反転の繰り返しによって⚛形（柿の蔕形）が生じます（第5章、図68～図69）。この柿の蔕形⚛は円形の連鎖を生みだしています。この円形の連鎖から眼形の連鎖が生じ、この眼形の連鎖に生じる「🎐（正逆S字トンボ）→母胎の意味をもつ ⚱（壺形）の形成」は、吉武氏のいう「生産の根本原理」に符合しています。

　『記・紀』の記すイザナギとイザナミの**国生み神話**は、**同質でありながら異形の二者の合体によって新しいかたちが生じる**という「**ものの誕生**」理論をもっています。これは吉武氏の「**生産の根本原理**」、すなわち「**DNAがのる遺伝子の二重らせん構造**」に結ぶことが可能です。その具体的な経緯は、繰り返しますが、正逆S字トンボによる壺形 ⚱ の形成、およびヨコ並びの眼形から生じる正六角形 ⬡ に見られます。

　『記・紀』は「オノゴロ島に天の御柱を見立て…」、そこでイザナギノミコトとイザナミノミコトの聖婚（みとのまぐはひ）が行われたと書いています。最初に生まれた「水蛭子」は「葦船」に乗せて流され、つぎの「淡島」も子の数に入れられないと書かれていますが、これは「天の」や「見立てる」・「聖婚」という表現に密接に結ばれています。つまり、この場面でのイザナギノミコトとイザナミノミコトの「みとのまぐはひ」は、実際の結婚ではなく「聖婚」であって、別の意味をもっているわけです。いわゆる吉武氏の、

　　「宇宙の仕組みのなかに人間の身体の仕組みを、人間の身体の仕組み
　　　のなかに宇宙の仕組みを見立てることが重要であった」

ことを前もって認識し、理解することが求められます。

　　　ⓐ　水蛭子→　👁・🖤（第14章「大日靈尊とは」図161参照）
　　　ⓑ　淡島―→　🍇（第14章、図162参照）
　　　ⓒ　葦船―→　◠（第14章、図166参照）

双曲・楕円図形の特別な性質

　二重らせん構造には「**らせん形の三形態**」（第2章、図20～図21参照）が隠

れています。縄文時代草創期の縄文人は、二重らせん構造の集合体(眼形の連鎖) ∞∞∞ から斜格子文が生じることに気づいていました。京都・北白川遺跡出土の浅鉢には@ ()X() 形が描かれ、福井・鳥浜貝塚出土の浅鉢には⑤ ※ 形が描かれています(第4章参照)。@と⑤からは、つぎのような関係(図式)が導かれます。

（図式）

　上の図式で注目されるのは、双曲図形()()、楕円図形(◊) から正六角形(()X() → ⬡)と正八角形(※ → ✳)が生じていることです。この図式は、双曲・楕円図形の特別な性質から生まれています。それは、ヨコ並びの眼形 ∞∞ を描くと、() 形と() 形の間にX 形が生じています[()X()]。2個の() 形をつなぐ媒介者としてのX 形は、これまでは「当たり前の図形現象」として問題にされませんでした。しかし、[() ・X ・() →()X()]形には無視できない**かたち**が隠れています。それは正六角形⬡ です。

　⬡ 形は、図式[(◊) - ⬡ - ⬡]に現われております。正六角形⬡ を形づくる◊X◊ 形の◊ 形とX 形は、()X() 形と同じ相即不離の関係で結ばれております。

　このようなパターンは、これまで指摘されることはありませんでしたが、縄文時代前期の日本列島の縄文人は、「() 形とX 形の関係」に気づき、浅鉢に()X() 形と※ 形を描いていました。それらの文様は、極めて重要な意味をもっています。

双曲・楕円図形から生じる正多角形

　縄文時代前期の縄文人が土器に描いていた()X() 形から ⬡ (正六角形)が導かれ、※ 形から ✳(正八角形)が導かれます。さらに、正六角形と正八角形の合体形から正多角形の基本となる正二十四角形が導かれます。このような正二十四角形の重要性は、「() 形とX 形→()X() 形」と「◊ 形と

形→ ◇◇ 形」の図式に示されています。二重らせん構造 ∞∞ と正六角形 ◈ は、双曲図形)( )(、楕円図形 () とともに「ものの誕生」に関わる重要なカタチということになります。

ミクロとマクロの視点から、✕ 形・⊠ 形を介して正多角形という幾何図形がもっている新たな発見が期待されます。

ところで、昆虫の蜂は正六角形に近い巣を造り、魚類のアマミホシゾラフグは、正多角形に基づく産卵床を作っています。正六角形と正多角形は、ともに生命誕生に関わっております。蜂とフグは、なぜ、このような巣を造ることができるのでしょうか。

大和三山のもう一つの意味

畝傍山の「畝」を辞書で引くと「①畑で作物を作るために、（何本も間隔を空けて）細長く直線状に土を盛り上げたところ、②曲がりくねりながら続く」という二つ意味があります。畝傍山に後者を照合すると人面の両眼に () 形を、鼻に)(形をイメージすることができます（第 14 章の図 168）。

天香久山の「香久」に「香りを嗅ぐ」鼻、耳成山の「耳」に「音を聞く」耳、そして畝傍山の三地点を直線で結ぶと、そこには正八角形に特徴的な二等辺三角形が形づくられています（図 173 参照）。

七宝文に表現される天地・陰陽

渦巻文とらせん形は異形同質の関係を結び同じ図形範疇に属しております。双曲図形)( )(と楕円図形 () のもつ特別な性質である「相即不離の関係」をもっており、天地・陰陽の図を形づくっています（第 10 章、図 128 参照）。

    ①　天地　◈・✕ → ◇◇ ＝宇宙創成
    ②　陰陽　✕・◈ → ◇◇ ＝生命誕生

特別な性質をもつ双曲図形)( )(、楕円図形 () による「弥生～古墳時代初頭」の人面画があります（図 168）。() 形の眼・)(形の鼻等が描かれています。人間の感覚器官に見立てられた「畝傍山→光＝視覚」・「耳成

山→音＝聴覚」・「香久山→香り＝嗅覚」は、天地・陰陽の図に照合されます。ここに、双曲図形・楕円図形と正多角形の組合せの意味が発見されます。

第3節　三内丸山遺跡の巨大木柱遺構の謎

青森県三内丸山遺跡の巨大木柱遺構

　青森県三内丸山遺跡にある6本の巨大木柱遺構は、縄文時代に造られたものです。これが、何のために造られたのか謎とされてきました。これに対し高島成侑氏は、6本の柱の間隔が4.2mで420÷35＝12となり12進法、つまり三平方の定理を指摘されています。

　Ｖ・Ｌ・ハンセン氏の「自然界を記述する言語が幾何学である」の言葉に従って、縄文土器や土偶を見直すと、縄文人の幾何学の知識の高さには、驚くべきものがあります。

　その中の一つに福井県鳥浜貝塚から出土した縄文草創期の斜格子文土器があります。この斜格子文の原形は、第3章、図30に示すように眼形の連鎖であることが判明しました(第3章参照)。

　第3章の図30の眼形の連鎖に、図に見るように水平と垂直の中心線を求め、斜格子文を引くと正三角形、もしくは菱形文の集合体が生じます。これは、同図31に見る正六角形 ✿ の集合体でもあります。

　このように正六角形 ✿ を形づくる斜格子文は、福井県鳥浜貝塚から出土した縄文時代草創期の土器に描かれています(図28)。とすれば、第4章で述べてきた京都市北白川遺跡出土の浅鉢に描かれる文様と福井県鳥浜貝塚出土の浅鉢に描かれる文様との整合性が取れないのではないか、と疑義が提出されるかも知れません。北白川遺跡の文様と鳥浜貝塚の文様の関係は、以下の通りです。

　　　京都市北白川遺跡出土浅鉢の文様の意味 ()X() → ✿ 正六角形
　　　福井県鳥浜貝塚出土浅鉢の文様の意味 ✖ → ✿ 正八角形

図180

縄文人が考案した6と8を表わす図式

① かたちの素粒子)形の180度の反転の
繰り返しから生じるカタチ ── 柿の蔕形

ⓐ 柿の蔕形に隠れている正六角形と正八角形

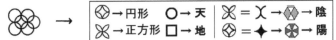

ⓑ 縄文前期の文様から導かれる正六角形と正八角形

北白川遺跡出土浅鉢の文様
鳥浜貝塚浅出土鉢の文様

ⓒ 七宝文の形成

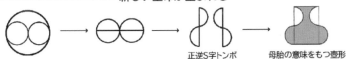

② 2個の勾玉形から
生じるカタチ

ⓐ **生命誕生の原理** 同質でありながら異形の二者の合体によって
新しい生命が生まれる

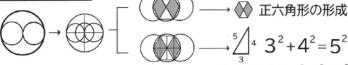

正逆S字トンボ　母胎の意味をもつ壺形

ⓑ **三平方の定理**

→ 正六角形の形成

$3^2 + 4^2 = 5^2$

菱形文→4個の直角三角形
30度、60度、90度の内角度をもつ直角三角形

三平方の定理は、$6^2 + 8^2 = 10^2$ に
置き換えることができます!

作図・説明文：筆者 大谷幸市

第15章 橘という字は不思議な字である

図 181

三内丸山遺跡の巨大木柱遺構は、なぜ造られたのでしょうか。それは 420 という数に隠されている………

青森県三内丸山遺跡の巨大木柱遺構を象徴するものは、6本の巨大な木柱です。この6個の柱穴は4.2mの等間隔で配置されております。高島成侑氏は12の倍数説を提唱され、420÷35＝12による6本の木柱の間隔に見る数値の根拠を提示しています。

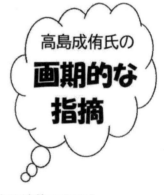

高島成侑氏の
画期的な指摘

『古代建築の復元』

青森県三内丸山遺跡の復元された巨大木柱遺構建造物とその規格（単位はセンチ）

写真提供：小林高範

インターネット検索
古代建築の復元 復元例 青森三内丸山遺跡の建物跡（縄文中期 青森県）＝建築雑誌113号 1998年(Journal of Architecture and Building Science)。

福井県鳥浜貝塚の斜格子文土器が作られたのは、縄文時代草創期です。他方、京都市北白川遺跡の浅鉢の製作年代は、縄文時代前期です。その差は5000年以上ありますが、同時代(縄文時代前期)に双曲・楕円図形に拠る文様(幾何図形)である ()() と ✳ が同じU字形の土器に描かれているという事実は、鳥浜貝塚の住人と北白川遺跡の住人は、()() 形と✳形を介して正六角形 ⬡ と正八角形 ✴ を前面に表現する縄文コミュニティを確立していたと考えられます。

　()() 形の一つのパターンである ()() 形は、ヨコ並びの眼形 ()()()()() に見いだされる双曲・楕円図形の特別な性質である「相即不離の関係」をもっています。このような性質から図式「()() 形→ ◇◇ 形→ ⬡ 」が導かれます。高風呂遺跡の土器に描かれる ()()()()() (ヨコ並びの眼形)の造形意図を知るには、()() 形が「相即不離」という性質をもち、そこに図式「()() 形→ ◇◇ 形→ ⬡ 」が成立していることを理解することが求められます。

　これを知った時、縄文人の幾何学的能力の高さに驚き、Ｖ・Ｌ・ハンセン、宮崎興二両氏の言葉を今一度、復唱したいという思いに駆られました。二つの浅鉢に描かれる文様は、京都・北白川遺跡の文様は[()() ＝ ⬡]を、福井・鳥浜貝塚の文様は[✳ ＝ ✴]を同じ形の浅鉢を使い意識的に構成されたものと考えられます。さらに、京都と福井という隣り合わせの立地の縄文コミュニティは、双曲・楕円図形、および、正六角形 ⬡ と正八角形 ✴ の所有する図形的な強い絆で結ばれていることは、言うまでもないでしょう。

　その意味は、図式[()() ＝ ⬡]と[✳ ＝ ✴]のランドスケープ化にあると考えられます。それは、これまでに述べてきた「６と８の関係」から導かれる**宇宙創成**と**生命誕生の原理**に示されています。縄文人の幾何学で注目されるのは、トポロジー(位相幾何学)的な発想が顕著に見られるところです。

　縄文思想は、宮崎興二氏やＶ・Ｌ・ハンセン氏が述べているように文字に先行する「幾何図形」なくして解き明かすことは、困難です。何

図 182

12という不思議な数値

アナロジーの連鎖　　$3^2+4^2=5^2$（三平方の定理）　　アナロジーの連鎖
　　　　　　　　　　をもつ直角三角形

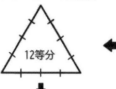 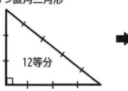

① 三内丸山遺跡の6本の巨大木柱は2個の正方形 □□ を形づくっています。
② この2個の正方形 □□ に3本の中心線を描くと8個の正方形 ▦ が生じます。
③ この8個の正方形による長方形 ▭ は、12本の線分をもっています。

 6本の柱　①  2個の正方形（正八角形）

② 8個の正方形　③ 12本の線分

この12という数は、正六角形と正八角形に密接に関わっています。なお、正六角形と正八角形は合体して正二十四角形を形成します。この正二十四角形には、正六角形と正八角形に特徴的な二種類の直角三角形が現われています。

正六角形　　　　正二十四角形　　　　正八角形

正六角形 ⬢ に特徴的な　　　　　正八角形 ✸ に特徴的な
かたち　　　　　　　　　　　　かたち
ⓐ 長方形 ▭　　　　　　　　　　ⓐ 正方形 □
ⓑ 正三角形 △　　　　　　　　　ⓑ 内角度45度、67.5度、67.5度
　　　　　　　　　　　　　　　　　をもつ二等辺三角形 △

異形同質の関係を結ぶ ⬢ と ✸ は、それらのカタチの中に生命誕生の原理と三平方の定理を内包しています！

作図・説明文：筆者 大谷幸市

三平方の定理に発見される
「5・7」と「6・8」の関係

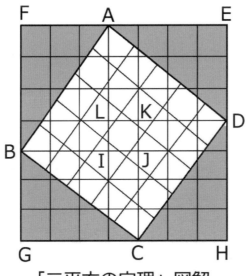

「三平方の定理」図解

　「三平方の定理」の証明法は、200以上あるといわれております。上図はその一つで「弦図」と呼ばれています。弦図の中心には✳(正八角形)が現われております。なお、弦図は「7×7＝49」と「5×5＝25」という2個の正方形の集合体から形成されています。　（弦図は『中国天文学・数学集』朝日出版社、昭和55年より）

　$3^2+4^2=5^2 \to 6^2+8^2=10^2$ に示されるとおり、「三平方の定理」は、6と8の関係をもっています。なお、正六角形⬡と正八角形⯃の 線分と頂点を基準に二等分割すると、それぞれ、異形同質の五角形が生じています。
（前掲図109参照）

タイトル・説明文：筆者 大谷幸市

第15章　橘という字は不思議な字である　395

図184

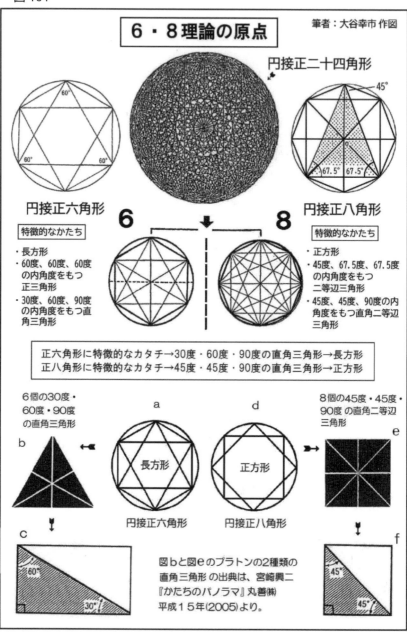

よりも「文字より前にかたちがあった」という視点に立脚し考察することが求められると思います。

　上図 ⓐ ⟨⟨X⟩⟩ の菱形文 ◇ に水平と垂直の中心線を引くと、30 度、60 度、90 度の内角度をもつ 4 個の直角三角形が生じています。この直角三角形は、$3^2+4^2=5^2$ の比率をもつ「三平方の定理」をもっています。

　巨大木柱遺構に施された 4.2m という数値が、縄文人が気づいていた正六角形 ⬢ と正八角形 ✳ の関係を考察すれば、縄文人が三平方の定理をどのように考え理解していたのか、という問題に直接的に切り込むことができます。

　ヨコ並びの眼形 ○○○○○ から正六角形が生じることを縄文人が知っていたことは、土器に ○X○ 形や ✳ 形を描いていたこと、つまり、双曲図形)(と楕円図形 () のもつ特別な性質である ◯ 形と X 形の関係を知っていたことから間違いないと思います。○X○ 形は ⟨X⟩ 形から ⬢ 形への変遷が可能です。

　この正六角形 ⬢ と同じ双曲・楕円図形から生じる正八角形 ✳ の関係は、図形の上だけではなく、三平方の定理に示される「$3^2+4^2=5^2$ → $6^2+8^2=10^2$」の数式にも現われております。三内丸山遺跡の巨大木柱遺構の 4.2m という数値は、12 進法の三平方の定理に基づく遺構であると考えられます。これは、第 9 章の図 114〜図 115 のメビウスの帯に生じる六角形にそっくりな土器と同様に偶然の一致ではすまされない重要な状況証拠です。

【420 という数の意味】

① 　420 は、6 と 8 と 12 で割り切れます。
　正六角形と正八角形による正二十四角形は、正十二角形と同じ形を内包しています。換言すれば、正十二角形は、正六角形と正八角形に特徴的なカタチをもっていることになります。
　　　420÷6 ＝70　420÷8 ＝52.5　420÷12 ＝35

図185

青森・三内丸山遺跡 ６本の巨大木柱遺跡の謎

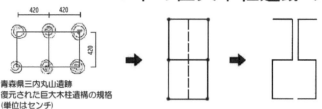

青森県三内丸山遺跡
復元された巨大木柱遺構の規格
（単位はセンチ）

青森県三内丸山遺跡の６本の木柱 と正逆Ｓ字トンボ 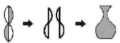 は、異形同質の関係を維持しております！

青森県三内丸山遺跡の 巨大木柱遺構と壺形の関係

異形同質の関係

三平方の定理→
宇宙創成の原理

正逆Ｓ字トンボ→壺形
→生命誕生の原理

① 「同質でありながら、異形の二者」である ⓐ正逆Ｓ字トンボは、合体して壺形を形づくります。この壺形は「母胎の意味」、つまり、**生命誕生の原理** をもっています。他方、ⓑ三内丸山遺跡の６本の巨大木柱遺構の配置構成は、三平方の定理を内包しています。

② 縄文人が構築した「六・八理論」は、三平方の定理（天地創成）と生命誕生の原理をもっています。

③ 眼形の連鎖の意味は、かたちの素粒子）形の180度の反転 の繰り返しから生じる 柿の蔕形 のもつ「Ｘ形と■形」がもっています。この「Ｘ形と■形」の 図形的な意味に気づくことなく ６本の巨大木柱遺跡を解読することは困難です。

④ ６本の木柱と４ｍ20㎝の間隔による □□ 形の解読は、６と８の関係に基づく「三平方の定理」と「生命誕生の 原理」を想定して初めて有効になります。現代のトポロジー（位相幾何学）につながる発想力をもっているところに、縄文人の偉大さが発見されます。

三内丸山遺跡の木柱遺構に基づく作図・説明文：筆者 大谷幸市

② 　内角度 90 度・52.5 度・37.5 度をもつ直角三角形は、3・4・5
の比率をもっています。$3^2+4^2=5^2$ は、$6^2+8^2=10^2$ へ変遷し、⬡ 形と
✳ 形は、三平方の定理に密接に関わっていることがわかります。

　以上から、縄文人は、高島成侑氏が指摘するように、12 進法をもつ
三平方の定理の本質を見立て、天地を知るための三平方の定理と生命誕
生の原理を「二重らせん構造から生じる眼形の連鎖」の中に読み取って
いたと考えられます。その統一理論を青森県三内丸山遺跡の 6 本の巨大
木柱遺構　□□ として表現していたところに縄文人の叡智を知ることが
できます。

　青森県三内丸山遺跡の 6 本の木柱遺構に対し、図 180 ～図 183 に示す
正逆 S 字トンボと三平方の定理をアナロジーの連鎖で結ぶことができま
す。すなわち、青森県三内丸山遺跡の縄文人の築造した 6 本の巨大木柱
遺構は、**生命誕生の原理**と**宇宙創成の原理**に立脚して造営されていたと
いうことになります。

　因みに、三内丸山遺跡の ⓐ巨大木柱遺構の傍らには、ⓑ甕に葬られた
子供の墓とⓒ眼形の穴に葬られた大人の墓が確認されています。青森県
三内丸山遺跡の巨大木柱遺構と甕棺墓・眼形をもつ穴の墓が同じ場所に
存在することは、偶然の成せる業ではありません。上記のⓐ・ⓑ・ⓒに
対し、かたちの視点から考えることが求められます。

　**三内丸山遺跡の 6 本の木柱遺構 □□ 形は、◯◯ 形と◯◯ 形にアナロジー
の連鎖で結ばれています**(図 185)。**つまり、ⓐ木柱遺構とⓑ甕棺墓**(後掲図 191
参照)**、ⓒ眼形の墓は、眼形()を介して結ばれていると捉えることができます。こ
れらのかたちは「同質でありながら、異形の二者の合体によって新しいかた
ちが生れる」という法則性をもっています。**

　◯◯ 形と □□ の図形関係は、かたちの素粒子)形の 180 度の反転から生
じる❀形(柿の蒂形)から始まっています。この円形の連鎖から眼形の連鎖が生
まれ、壺形🏺と正六角形 ⬡、さらに七宝文 ✺ が産み出されています。

第15章　橘という字は不思議な字である　　399

以上が重要な視点です。縄文人の培った六・八理論、すなわち、宇宙創成と生命誕生の原理の構築は、かたちの素粒子）形の 180 度の反転の繰り返しから生じる円形の連鎖→眼形の連鎖(前掲図 68〜図 69)から始まっています。

第 16 章

前方後円墳の創出

いろいろな前方後円墳起源説

　前方後円墳の形状問題は古くて新しい問題です。これまでに多くの考え方が提出されてきました。前方後円墳の最大の謎は、前方後円墳と名づけられたその形状にあります。インターネット「ウィキペディア」は、つぎのように書いております。

A　前方後円墳の形状は、古くはヒョウタン形などとも形容されていた。『前方後円』の語は、江戸時代の国学者蒲生君平が 19 世紀初めに著した『山陵志』で初めて使われた。蒲生は、各地に残る「車塚」という名から、前方後円墳は宮車を模倣したものと考え、方形部分が車の前だとした。しかし現在では古墳時代にそのような車は存在しなかったと考えられている。明治時代末期になり、ウィリアム・ゴーランドは、円墳と方墳が結合して、清野謙次は主墳と陪塚が結合して、それぞれ前方後円墳になったと推測した。その後、壺形土器の形や盾の形を模倣したというような学説も生まれた。

B　現在の研究では、平面では円形をしている後円部が埋葬のための墳丘で主丘であり、平面が撥形・長方形・方形・台形などの突出部をひっくるめて前方部と呼ぶ。前方部は、弥生墳丘墓の突出部が変化したもので、もともと死者を祀る祭壇として発生・発達とする説や葬列が後円部に至る墓道であったとする説があり、次第に独特の形態を成したと考えられている。ただし時代が下ると前方部にも埋葬がなされるようになった。しかし、慣習と便宜によって前方後円墳の前方部は低く撥形をしており、後円部は新古にかかわらず大きく高く造られている。撥形にしているのは、葬列が傾斜の緩やかな道を通れるように前方部の左右の稜線のどちらかを伸ばしたものと考えられている。

1　寺沢薫氏は、「前方後円」形はなぜ生まれたかと題し、つぎのようにのべています（『王権誕生』講談社、2000 年）。

第16章　前方後円墳の創出　　403

それでは、前方後円墳という「かたち」はなぜ生まれたのだろう。実に多くの仮説が出されてきたが、私は現在の研究水準での議論は次の二つだと思っている。

　第一は、弥生時代の方（円）形周濠墓の周濠の一辺中央が切れて、埋葬儀礼の時の通路となり、儀式が整備されるにしたがって通路が徐々に発達し、ついには前方後円墳や前方後方墳になる、という機能論的かつ自然発生的な考え方だ。だが、実際には、通路としての自然発生的な小規模な突出は、墳形を問わずどこでも起こっているし、前方部の発達は必ずしも時間を追って進行していない。纏向型前方後円墳のように、前方部の長さが後円部径の二分の一にも達し、盛土まで行って後円部に向かってスロープでつながるものは、明らかに違う種類である。通路としての陸橋部や突出部が、前方部にまで発達するためには別の大きな要因があるはずだ。

　そこで第二は、外的な要因や宗教的な理由から前方後円墳が誕生した、という考えだ。これはさらに二説に分かれる。その一は、円と方の合体説で、円は天を、方は地を表すから陰陽融合という宇宙観を表現することになる。その二は、前方後円墳は壺の形を写し取ったのだという説で、壺や瓢は母胎を表し再生、豊穣のための容器だという。中国の神仙思想では海東に壺の形をした蓬萊山があり、仙人が住み不老長寿の妙薬が生えると信じられた。倭人は不老不死の神仙界を求めて壺形の墳丘を造ったというのだ。

　私は円と方の合体説をとりたい。壺形説では、前方部が埋葬のための通路として一定段階まで発達した事実をすべて無視することになる。また、壺形説の思想背景は大いに参考となるけれども、それならばなぜ瓢形墳はないのか、多彩な前方後円形が必ずしも現実の壺形や壺の型式変化とは見合わないのはなぜかということも納得できない点だ。

　たしかに前方後円墳とは決して単なる墓ではない。神仙思想に固執せずとも、天＝円、地＝方という二元的世界の融合という考え方は特殊器台・壺や弧帯文同様、首長霊の再生や増幅、共同体の強化につな

がる考え方だ。私は前方後円墳自体が首長霊を増大するための、日本的創造の巨大なミラクルオブジェであり、秘儀のための舞台装置なのだと思う。

2　大和岩雄氏は、森浩一の意見を引用して、つぎのようにのべています(『天照大神と前方後円墳の謎』六興出版、1983年)。

　　森浩一は「古墳には円墳、方墳、前方後円墳、前方後方墳、帆立貝式古墳の順でこれはまずまちがいない。あとは上円下方墳、長方墳、双円墳などがそれぞれ十基程度で、双方中円墳、双方中方墳、双方墳、四隅突出型墳丘墓、八角墳となると知られているのは一基から数基である」と書いている(図1参照、江上波夫監修『考古学ゼミナール』山川出版社、1976年)。

　　私流(発生期古墳の前方部を突出部または張出部の巨大化とみる見解)で解釈すれば、ほとんどの古墳は、円墳と方墳とみてよいであろう。ところが、方形は圧倒的に弥生時代の墳墓に多いのだから、古墳時代とは、方から円への変化とみることができる。

　　全国津々浦々にまで広がった壺形古墳の大流行。田中琢は、斉一な墳形のなかに、これを支える共通の「思想と心理」の基盤が認められる、と指摘した(「倭の奴国から女王国へ」(『日本通史2』岩波書店1993年)。

3　前方後円墳の起源に壺形説を唱える岡本健一氏は、つぎのように書いています(『蓬莱山と扶桑樹』1993)。

　　全国津々浦々にまで広がった壺形古墳の大流行。田中琢は、斉一な墳形のなかに、これを支える共通の「思想と心理」の基盤が認められる、と指摘した(田中琢「倭の奴国から女王国へ」『日本通史2』、岩波書店1993)。じっさい、美術史では「古代の文様意匠はすべて何らかの思想がその奥に流れている。古代において思想をもたない文様は存在しない」(美術史家・井上正「蓮華文──創造と化生の世界」、上原真一編著『日本の

美術 359 号蓮華紋』至文堂、1996）という。また「神は細部に宿りたまう」
（ドイツ出身の美術家Ａ・ワールブルク）という。それならば、「巨大な壺
型」という文様にこめられた思想、「撥型」という細部に宿る神と
は、何だったのか。そもそも「壺」とは、いったい何のシンボリズム
なのであろうか。

　前方後円墳が日本列島独自の墓制であったとしても、自生のシャー
マニズムや習俗のなかだけに起源が求められるとはかぎらない。すで
に「三成・前方後円」といい、「天円地方」といい、　ともに古代中
国的な観念の産物と予測したものだ。壺型の平面形もまた、古代中国
的な観念の所産の可能性がつよい。解決まで後一歩である。

　今日でも諏訪などのように、甕を「母袋（母胎）」と呼ぶところが
あるくらいだ。弥生時代の甕棺も、古墳時代の前方後円墳（壺型古墳）も、
正体は甕や壺であり、「子宮・母胎」と見立てられたのであろう。そ
こに亡き首長らを葬ることは、胎内回帰と生命更新を祈る行為である。

　同時に、「壺」は広大な「宇宙」と「楽園＝不死の世界」をも意味
した。古今東西、「壺型の宇宙」観をもった民族・文化は数多い。とく
くに東洋では、西方の桃源境「崑崙山」と、東海の神仙境「蓬萊山」
は、ともに壺のかたちをしていると信じられた。

4　壺形説を唱える辰巳和弘氏は、つぎのようにのべています（『新古
　代学の視点』小学館 2006）。

　古墳時代の葬制の特徴は、まず大型古墳の大半が正円形と三味線の
撥の形状、または台形を合体させた特異な平面形をもって、二〜三段
に築かれた墳丘を営む点である。この墳形については、江戸時代中期、
蒲生君平が用いた「前方後円」という墳丘表現が現在も踏襲され、さ
らにはこの用語に囚われて、天を「円」、地を「方」ととらえる古代
中国の宇宙構造観がその墳形の由来になったと説き、そこが天神地祇
を祀る祭壇を造形したもので、亡きさきの支配者の霊威を受ける場と

してふさわしいとする説がある。しかし、前方部とされる墳丘平面が
正方形に築かれた例は皆無であり、この説の成り立つ余地はない。

　以上、各説を任意に取りあげてみました。いろいろな考え方を比較検
討すると、それまで見えなかったことが見えるようになり、わからなか
ったことがわかるようになります。たとえば、

　　・中国の神仙思想
　　・古代中国的な観念の産物
　　・古代中国の宇宙構造観

といった表現は見られますが、日本列島の縄文思想という言葉は一つも
ありませんでした。前方後円墳の起源を考えるに際して、これまでのわ
が国の研究者の目が日本列島の縄文文化に行き届いていないのは、まこ
とに残念です。
　岡本健一氏は、…「巨大な壺型」という文様にこめられた思想、「撥
型」という細部に宿る神とは、何だったのか。そもそも「壺」とは、い
ったい何のシンボリズムなのであろうか ‥‥‥ と述べていますが、壺形
を形づくる正逆Ｓ字トンボが、「同質でありながら、異形の二者の合体
によって新しい生命が生れる」という生命誕生の原理に照合されるかた
ちであることには気づかれていないようです。青森県三内丸山遺跡には
眼形の墓に死者が葬られております。また、福岡県三雲南小路他、全国
の遺跡から甕棺墓が出土しています。二つの甕を合わせた甕棺墓は眼形
()を呈しています(後掲図191参照)。
　縄文人は、正逆Ｓ字トンボから甕や壺のかたちが生じることに気づい
ておりました。加えて、ヨコ並びの眼形から**正六角形**が生じることを知
った縄文人は、そのヨコ並びの眼形に**生命の循環**を託していたと考えら
れます。

ここに、円形の連鎖から眼形連鎖という縄文人の幾何学が芽生え、眼形の連鎖の中に①母胎の意味をもつ壺形 と②三平方の定理と永遠の継続性をもつ正六角形 が同時に形成されていることに縄文人は気づくことができたわけです。

前方後円墳の創出

　古墳時代の ◯（円形の後円部）と △（正多角形に特徴的な角度の前方部）をもつ前方後円墳 は、縄文思想の集大成にふさわしい天地（宇宙創成の原理）と陰陽（生命誕生の原理）を表現するランドスケープである、と思います。

　この前方後円墳の前方部の二つの角度は、**正多角形に特徴的な角度を**もっています。蜂の巣・アマミホシゾラフグの産卵床、草木の花と同様に前方後円形 は、**一つかたちの中に二つのパターンをもっています。**すなわち、図 165−2 に示してきましたが、天地・陰陽を同時に説明できるかたちは、 形をおいて、他に探すことは困難でしょう。わが国独自の文様と言われる七宝文 は、それぞれ4個の眼形()に拠る**円形〇と正方形口の異形同質の関係** を生みだしております。

　以上から、 = 形は、「**天地＝宇宙創成**」と「**陰陽＝生命誕生**」の原理を合わせもつ形であると理解することができます。

　ところで、 形は2個の円形を繋ぎ、◯◯（連続円文）を、 形は2個の円形を繋ぎ、◯◯（ひょうたん形）を形づくっております。縄文人は、柿の蒂形 が、この連続円文とひょうたん形を内包していることにも気づいておりました。なお、連続円文とひょうたん形は、異形同質の関係を維持しております（第7章、図86参照）。

　これまでの研究者は、縄文人が発見していた 形と 形の幾何学に気づくことはありませんでした。気づいていたとすれば、①蜂はなぜ、六角形の巣を造ることができるのか、②アマミホシゾラフグは、正多角形に基づくミステリー・サークルをなぜ造ることができたのか、③草木は、なぜ正五角形や正六角形、正八角形というかたちの花を咲かせるこ

図186

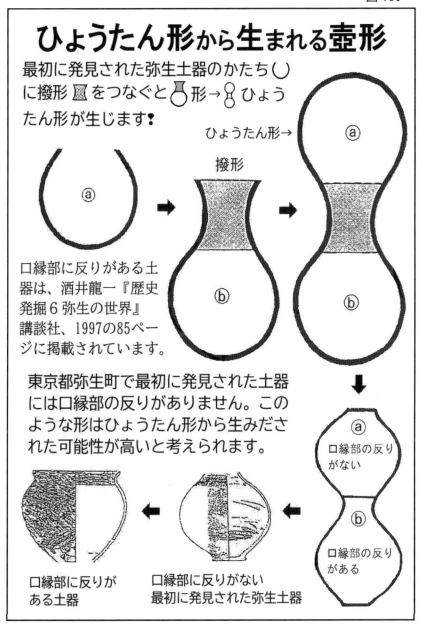

第16章 前方後円墳の創出

図187

柿の蔕形 → 七宝文 から生じる**前方後円形**

かたちの素粒子)形の180度反転の繰り返しから生じる柿の蔕形は、4個の()形による（円形）と(正方形)を内包しています。

柿の蔕形
円形
正方形

柿の蔕形の4個の円形は、✕形と◇形を媒介に ∞形と○○形を形づくっています。なお、形に読み取れる異形同質の関係は、形と形による形（円形○と正方形□の関係）を産み出しております。

↓

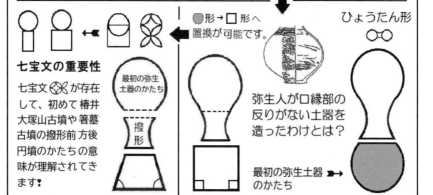

形→□形へ置換が可能です。

ひょうたん形 ∞

七宝文の重要性
七宝文 が存在して、初めて椿井大塚山古墳や箸墓古墳の撥形前方後円墳のかたちの意味が理解されてきます！

最初の弥生土器のかたち
撥形

弥生人が口縁部の反りがない土器を造ったわけとは？

最初の弥生土器→のかたち

↓

撥形前方後円墳

椿井大塚山古墳や箸墓古墳の撥形前方後円墳の謎が解けました！キーワードは、後円部と前方部を結ぶ形です！

← 正多角形に特徴的な角度をもつ前方部

前方後円墳の謎 **解明！**

七宝文は以下の二つの図式を内包しています。
① → ○・□ 天地
② ✕ = 陰陽

上記の図式から
①天地[宇宙創成]
②陰陽[生命誕生]
の原理が導かれます。

後円部
前方部
正多角形に特徴的な2つの角度

図 188

「撥形＋正多角形に特徴的な角度」を前方部にもつ
前方後円墳定型化への道程　**箸墓古墳**

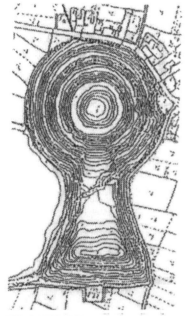

箸墓古墳実測図　大和岩男『天照大神
と前方後円墳の謎』六興出版 昭和58年

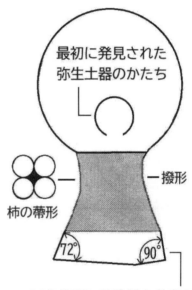

正多角形に特徴的な角度を
もつ前方部前縁部のかたち

柿の帯形 ❈ の X形と ▶◀形は、２個の円形をつなぐ媒介者的機能を
もち、∞（連続円文）と ○○（ひょうたん形）を形づくっています。

箸墓古墳のかたちは、縄文時代の「らせん形と正多角形」
の組合せ、つまり**生命誕生の原理**をもつ波状口縁をもつ
土器に類比されます。なお、後円部と前方部を結ぶ▶◀形
（撥形）は、後円部と前方部をつなぐ役割を担っています。

タイトル・説明文・作図：筆者 大谷幸市

図 189

椿井大塚山古墳・箸墓古墳の前方部
前方部の前縁線のかたちの意味

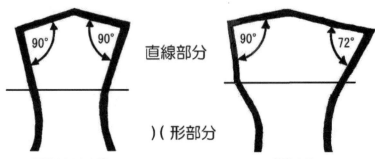

直線部分

)(形部分

椿井大塚山古墳　　　　　　　箸墓古墳

前方後円墳の後円部と正多角形に特徴的な角度をもつ前方部の部分は、媒介者の意味をもつカタチである)(形によって結ばれています。

（上図は大谷幸市作図）

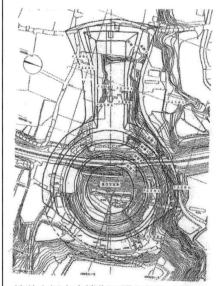

椿井大塚山古墳復元図（原図、中島正）

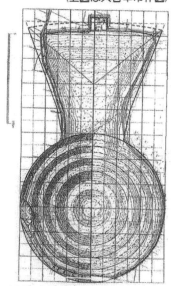

箸墓古墳復元図（原図、沼澤豊）

（図は岡本健一『蓬莱山と扶桑樹』講談社 2008より）

図 190

前方部の角度の変化による **前方後円墳の変遷**

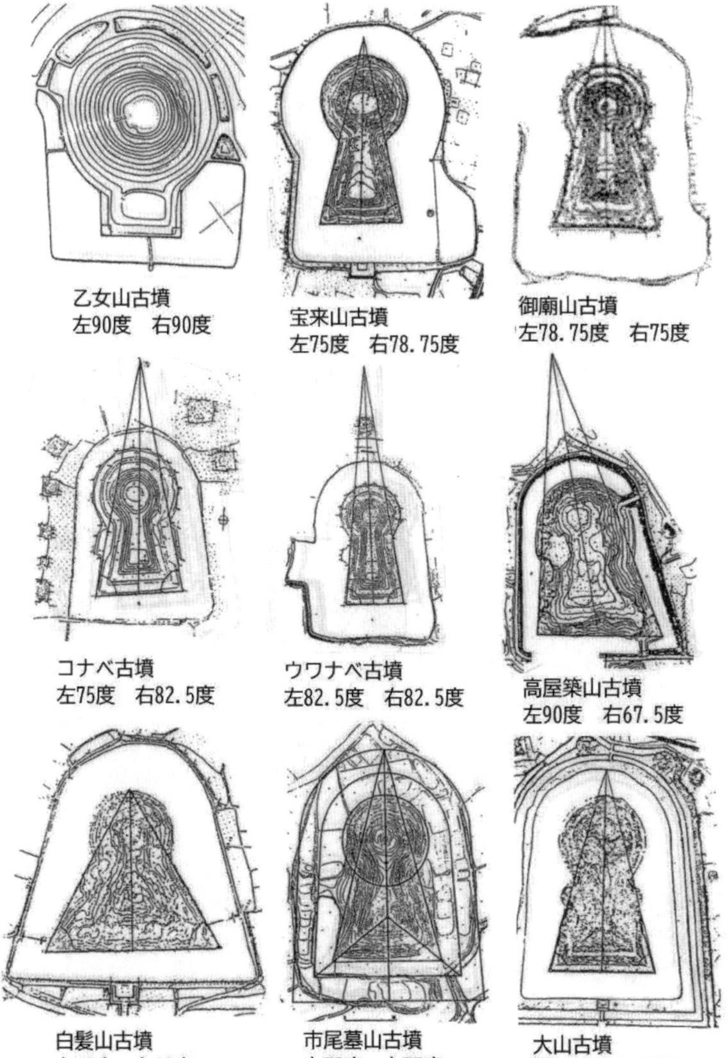

乙女山古墳
左90度　右90度

宝来山古墳
左75度　右78.75度

御廟山古墳
左78.75度　右75度

コナベ古墳
左75度　右82.5度

ウワナベ古墳
左82.5度　右82.5度

高屋築山古墳
左90度　右67.5度

白髪山古墳
左60度　右60度

市尾墓山古墳
左75度　右75度

大山古墳
左75度　右75度

末永雅雄『日本の古墳』朝日新聞社、1961 に基づき上図に見る三角形を作図し、
前方部の二つの角度は、分度器で計測した数値です。ごく一部を除いて多くの
前方部の角度に正多角形に特徴的な角度が 顕著に得られました（文責：大谷）。

第16章　前方後円墳の創出　　413

図191

２個の▽形から生じる◯形の甕棺

縄文人は、眼形の連鎖から生命誕生と宇宙創成に関わる壺形と正六角形が生じることに気づいておりました。

甕棺（土器棺）　愛知県馬見塚遺跡　縄文中期　高さ33.5cm
『古代史発掘② 縄文土器と貝塚』江坂輝彌　講談社1979

甕棺と祭祀土器　　福岡県三雲南小路遺跡　弥生中期
『歴史発掘6 弥生の世界』酒井龍一　講談社 1997

上に記す講談社発行の『古代史発掘２』・『歴史発掘６』に掲載される写真をもとに作図しました。
　　　　　　　　　　　　　　　　タイトル・説明文：筆者 大谷幸市

とができるのか。これらの問題の答えが用意できたはずです。

　縄文人が培っていた双曲・楕円図形の幾何学は、かたちの素粒子）形の 180 度の反転の繰り返しから生じる柿の蔕形 ❁ を発見したところから出発し、X形と⊠形のもつ特別な性質から生まれる七宝文 ◇◇◇◇◇ ・⊠⊠⊠⊠⊠ の領域まで到達していました。

　この七宝文の存在に気づいていることが、どれほど重大であるかは、図 187 に示されています。円形〇と正方形□が、円方図 ◯ ・方円図 ▢ を形づくっていることはよく知られておりますが、円形〇と正方形□が異形同質の関係に置かれていることは証明されていませんでした。

　七宝文 ◈ に基づいて、初めて円形〇と正方形□の「異形同質の関係」の証明が可能になります（第 10 章、図 127〜図 129 参照）。七宝文 ◈ の 6 個の眼形 ◊ に拠る相互関係を指摘して、初めて現代の数学者（幾何学者）といえども、円形〇と正方形□が異形同質の関係に置かれていることを証明することが可能になります。

　そして、◇◇◇◇◇ 形は媒介者 X 形によって、⊠⊠⊠⊠⊠ 形は媒介者⊠形によって永遠の継続性が生まれております。七宝文 ◈ は、X 形と ⊠ 形の性質を受け継いでいることになります。七宝文 ◈ 解読の決め手は、◉ 形を繋ぐ X 形と、❋ 形を繋ぐ ⊠ 形の役割を理解するところから始まります。これを知ることによって、かたちの素粒子）形の 180 度の反転から生まれる円形の連鎖、そして円形の連鎖から生まれる眼形の連鎖、母胎の意味をもつ壺形 🏺 、三平方の定理と永遠の継続性をもつ正六角形 ⬡ 、円形の連鎖から生まれる七宝文 ◈ の意味がアナロジーの連鎖で結ばれていることが初めて理解されます。

　以上の集大成が前方後円墳と考えられます。円形の連鎖から生まれる眼形の連鎖の 2 種類のパターンの一つ、つまり、七宝文 ◈ のパターンなくして、前方後円形 ⌒ の創出はできなかったと思います（図 131）。

　縄文人の培った幾何学の優れたところは、宇宙創成と生命誕生の原理を同時にもつ七宝文 ◈ に示されています（図 192）。縄文人の大いなる遺産を受け継ぐ古墳時代人は、その集大成として、七宝文 ◈ を形づくる円形と正

図 192

七宝文から生まれた前方後円墳

【七宝文の特徴】

　七宝文は、柿の蔕形（円形の連鎖）から生じます。この柿の蔕形を形づくる連続円文とひょうたん形は、正六角形と正八角形を内包しています。(正六角形)と(正八角形)は、正多角形の象徴的存在です。他方、七宝文は、円形〇と正方形□の異形同質の関係を実証する唯一の かたちです。まさに七宝文は天地・陰陽の関係、すなわち、**一つ形の中に二つ**の意**味**をもっています。宇宙創成の原理と生命誕生の原理を同時にもつ「**かたち**」と言えるでしょう。この**かたち**は、森羅万象において、なくてはならないパターンです。

　七宝文の4個の眼形に拠る形と形は、形と形を媒介にして形を生みだしています。形は、形に置き換えることがきます。ここに、円形と正方形の合体形、すなわち、天地・陰陽の図が展開されます。

　縄文人の幾何学を継承する古墳時代の人々は、七宝文から導かれる形→形に現われている二つの角度に対し、「ものの誕生」に関わる「**正多角形に特徴的な角度を与える**」というわが国古代人の画期的な発想を知ることができました。前方部に2個の正多角形に特徴的な角度をもつ形が前方後円形です！

[七宝文の意味]

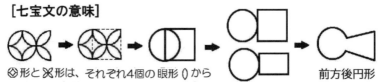

形と形は、それぞれ4個の眼形()から円形〇と正方形□を形づくっています。形と形は、形を形づくり、円形〇と正方形□の異形同質の関係を生みだしています。

前方後円形

作図・説明文：筆者　大谷幸市

方形を基本とする「ものの誕生理論」と六・八理論に基づく「正多角形に特徴的な前方部の二つの角度＝永遠の継続性」をもつ前方後円形 ▷◁ を創出しました。これが前方後円墳の意味です。

　前方後円墳の前方部に見いだされる正多角形に特徴的な角度に言及しない考え方は認められることはないでしょう。

前方後円墳、前方部の角度の意味

　定型化後の前方後円墳の最大の問題は、その前方部のかたちに確認される △ 形の変化にあります。つまり、それは図 190 に見るように、前方後円墳の前方部の正多角形に特徴的な 2 個の角度の変化によって生じていることがわかります。

　前方後円墳の見取り図や写真などを参考に、前方部の角度を測ってみたところ、60 度、67.5 度、70 度、75 度、78.75 度、82.5 度、90 度といった正多角形に特徴的な角度が確認されました。以上の数値は分度器による推定値ですが、第 12 章で指摘した弥生時代の銅鐸の眼形角度の検証を踏まえ、縄文人が重視してきた正多角形に特徴的な角度を受け継いでいることが解ります。

　先の辰巳和弘氏は、「古墳時代の葬制の特徴は、まず大型古墳の大半が正円形と三味線の撥の形状、または台形を合体させた特異な平面形をもって、二〜三段に築かれた墳丘を営む点である。この墳形については、江戸時代中期、蒲生君平が用いた「前方後円」という墳丘表現が現在も踏襲され、さらにはこの用語に囚われて、天を「円」、地を「方」ととらえる古代中国の宇宙構造観がその墳形の由来になったと説き、そこが天神地祇を祀る祭壇を造形したもので、亡きさきの支配者の霊威を受ける場としてふさわしいとする説がある。しかし、前方部とされる墳丘平面が正方形に築かれた例は皆無であり、この説の成り立つ余地はない」と言い切っておりますが、辰巳和弘氏は前方後円墳というかたちに現われている前方部の 2 個の正多角形に特徴的な角度については、一言も触れておりません。銅鐸の眼形と前方後円墳の前方部に示される正多角形の特徴的な角度は、動物や植物に現われている正多角形に結ばれます。

第16章　前方後円墳の創出　　417

幾何学図形は目で確認することができます。前方部に見る正多角形に特徴的な角度の出発点は、90 度です。この角度に拠るかたちは、長方形と正方形です。正多角形は、この長方形と正方形、換言すれば、正六角形と正八角形の合体形によって形づくられております。辰巳和弘氏は、形而下と形而上を区別することなく古墳のかたちを論じています。まことに残念です。

　昆虫の蜂・魚のフグ・植物の花、そして土星の渦巻く六角形は、正多角形という**かたち**を共有しています。縄文人は、眼形の連鎖に ⬡ 形を発見し、眼形 ◖ の甕棺墓を造営していました。これを受け継ぐ日本列島の古墳時代の人たちは、正多角形に特徴的な角度をもつ ⌒⊐ 形の墓を造営していました。これを無視することは許されません。

　昆虫の蜂の六角形の巣・魚のアマミホシゾラフグの正多角形に特徴的なパターンをもつ産卵床・果実が稔る前に開花する植物の花のかたち・縄文人によって土器に描かれた斜格子文・眼形の甕棺墓・古墳壁画の正六角形の集合体は、ともに**生命の誕生**に関わっています。

　古墳時代の人たちが、正多角形に特徴的な角度を円形と正方形の融合体を内包する七宝文 ◈◈ の上に表現することができたのも、縄文人の培った幾何学を受け継いでいたからにほかありません。前方後円形を編み出した彼らは、精巧なミステリー・サークル(産卵床)を創出したアマミホシゾラフグに負けてはいませんでした。両者は並んでいます。

縄文が世界を救う

自然との共生

縄文時代の土器や土偶の造形、それらに描かれる文様や編籠・漆塗の技術は世界でも類をみないほど世界の考古学者・歴史学者から認められています。

新潟県糸魚川産の翡翠から造られた勾玉があります。勾玉の ● 形については、硬度の高い翡翠を ● 形に磨き上げ、それに小さな穴まで開けられています。新潟県糸魚川市の縄文遺跡の発掘調査報告によれば、竹ひごと砂によって穴があけられていたことが確認されています。

ところで、勾玉は、どのような意味をもっているのでしょうか。「ウィキペディア」で検索すると、ⓐ動物の牙、ⓑ胎児の形、ⓒ魂の姿を象った、ⓓ巴形を模した、ⓔ月の形を模した、ⓕ形そのものに意味があった、などいろいろな説が提出されています。

その中の一つ「ⓕ形そのものに意味があった」説に従って、勾玉を見直すと、その ● 形は、⌒（半円形）と ⌄（S字形）の組合せをもっています。「2個で一つの勾玉」の最適なかたちは、◑ 形であると思います。2個の勾玉は一つの円形を形づくっています。これに水平と垂直の二本の中心線を引くと、図167に示す**図形の三種の神器**が生じます。この図形の三種の神器 ⊕ から母胎の意味をもつ壺形、正六角形が生まれ、六・八理論が構築され、**三平方の定理**と**生命誕生の原理**が導かれます。

◑ は太極図と称されていますが、● 形と ◠ 形による図形の三種の神器 ⊕ から正六角形 ◉ → ◈ が導かれます。正六角形を生みだしているのは、双眼 ◉ のもう一つのパターンである ◉ 形です。因みに ◉ 形から柿の蔕形 ◉ が生じ、この ◉ 形から ◈ 正六角形と ◉ 正八角形が導かれるパターンは、神武天皇即位前紀の記す「六合を兼ねて都を開き、八紘を掩ひて宇にせんこと…」に符合しています。

縄文時代中期にC形の勾玉が作られたと言われておりますが、縄文

時代早期の縄文人は、すでに ● 形の意味を知っていたと考えられます。
勾玉は縄文時代から弥生・古墳時代、現代まで受け継がれています。日
本列島において、何千年にわたって受け継がれた勾玉は単なる装飾品で
はありません。わが国の古代人をして、宝物とするにふさわしいだけの
意味をもっていたのです。勅使河原彰氏は『縄文時代ガイドブック』
(新泉社、2013年)の中で、つぎのように書いています。

　縄文時代は、1万年近くもつづくというように、世界史でも類をみないほど
安定した社会を築きました。しかも、縄文土器や漆工技術などに代表される
原始工芸の極致とよばれるほどの高い技術を示し、その内容も、先史文化
では類をみないほど豊かな社会だったことがわかります。そして、ここが重
要なことですが、縄文社会の豊かさを指し示す遺物や遺構というのは、特
定の個人や集団とは結びつかない、生活の道具であり、共同体の記念物で
あるという特徴をもっているということです。
　縄文時代は獲得経済社会ですが、その獲得経済という用語は、人類側か
らみたものです。自然の側からみれば、一方的な略奪にほかなりません。そ
れでも縄文時代が1万年近くも続いたということは、自然の略奪(人類からみ
ると自然の物質の獲得)が、自然の再生産を妨げないように抑えられていたと
いうことです。ですから、縄文時代にも余剰が生れていますが、縄文人は余
った時間や労働力が、あくまでも拡大再生産に向かわないように自然と共
生する道を選んだのです。

　現代の経済生産方式と自然と共生社会の双方の考え方があって、その
中の一つである「自然と共生する道」を縄文人が選んだのではなく、縄
文人の狩猟採集生活は、海や川の魚、森や山に棲む鹿・猪・ウサギなど
の動物たち、栗・クルミ・ドングリ・栃の実などの木の実やみかん・桃
の実などの果実が稔る樹木と弱肉強食という環境におかれています。弱
肉強食は自然と共生する道に矛盾するように見えますが、**大矛盾の中
の大循環**」を生みだしているのです。「**自然との共生**」という言葉は、

植物を含むすべての生き物を殺傷してはいけないというのではなく、勅使河原彰氏が指摘するように「**必要以上のものを採らない**」という意味を含んでいます。大自然に存在するものは「**すべてが平等**」ということです。

　ところで、桔梗の蕾と花びらは、正五角形をもっています。桔梗の花は眼形と正多角形の組合せから生じるかたちです。このパターンは多くの花びらに見られます。他方、昆虫の蜂は、正六角形の集合体というべき巣を作っています。

　ヨコ並びの眼形 ◯◯◯◯◯ を土器に描いていた縄文人が、桔梗の花びらが作る正五角形と蜂の巣の正六角形に気づいた時、どのように受け止めていたでしょうか。

　蜂の六角形の巣は、子供を殖やすために必要な蜂の住まいです。一方、正多角形の花びらは、おしべとめしべから子孫を生みだす種子を稔らすためになくてはならないカタチです。ともに生命誕生に関わっています。

　縄文人は、言葉は通じなくても、植物の花びらと蜂という虫に畏敬の念を抱いていたことは、想像に難くありません。もっとも重要なことは、大自然に存在するものは「すべてが平等」ということです。蜂、フグ、花は、見事**正多角形**を作っているではありませんか。私たち人類と同じ能力をもっています。

　縄文人が農耕を行なうための田地田畑を造るために、樹木を大量伐採することを恐れた理由はここにあります。2016 年東南アジアのミャンマーやベトナムは大規模な干ばつにみまわれました。その要因は国土の保水能力の急激な減少にあると指摘されています。土壌の保水は樹木のつくる森の存在が重要な役割を果たしています。農地を開拓するために大量の樹木伐採によって、取り返しのつかない結果が招来します。樹木を切る前に計画的な植林を行うことが必要です。人間の食糧を獲ることも大事ですが、根本的な自然破壊は、その食糧を獲る機会さえ奪ってしまう危険があります。人類は自分たちのことだけではなく、自然と平等の立場から自らの生きる方法を考えることが求められるのではないでしょうか。

森林は人類の存亡を左右する存在です。私たちは「むやみに木を切ってはならない、木を植えよう」を「KATARITUGU」を合言葉にして行きましょう。狭い土地で日当たりが悪くても、真実の自然との共生を求めていた縄文人の考え方を世界へ発信することは、貧しくとも少しでも長く続く地球を守るために必要です。「縄文が世界を救う」という旗印のもとひとりでも多くの人たちが立ち上がることを願っています。

　最後にどうしても書いておきたいことがあります。小論の最終的な校正作業が終わった時、なぜか私は17年ほど前に読んだ西宮紘著『縄文の地霊』(工作舎1997)が気になりました。精霊や霊的な交わりという言葉に抵抗を覚えながらも、引き込まれるように読み直していました。

　秋田県野中堂の環状列石が、私の目に飛び込んできました。この瞬間、**円接正多角形**が脳裏をよぎりました。秋田県鹿角市の大湯環状列石の中に日時計状組石のほかに河原石を菱形や円形に並べた組石の集合体があります。

　この組石の菱形から**正六角形**を予想すれば、環状列石に対し**正多角形の概念**を推定することができます。西宮紘氏はつぎのようにのべています。

縄文人の思想をもっとも典型的に示している石組は、立石を中心にしてその根元に十字形に細長い石を横たえ、その先端に丸石をそれぞれ四個置き、それら四個の石をつなぐように円形に石囲いした四分円とその中に石を敷き詰めた形の石組である。これぞまさしく「石神立て岩境打廻らして」（佐陀神社祝詞）と言われる立石石組の形である。有名な「日時計」と称されている秋田県の万座・野中堂の遺跡などにその例がある。

図193　秋田県野中堂環状列石

　曲線と直線の融合する ✺ 形(円接正多角形)を象る秋田県野中堂環状列

石は、まさに眼形の連鎖から導かれる ⚱ (壺形)と ⬢ (正六角形)の生じる図式である [◎ → ◎◎ → ◎◎◎ → ⬡]に合致しています。それは曲線図形と直線図形の関係、つまり、縄文人の幾何学の第一歩が示されています。そこには正多角形に象徴的な正六角形が生まれているのです。これを脳裏に浮かべながら西宮紘氏の『縄文の地霊』を読み返すと、具体的な歴史的できごとが絵物語を見るごとく鮮明に浮かび上がってきます。

　なお、縄文人は、しめ縄のもつ 〰〰〰 形から ∞∞∞ 形への変遷、つまり、三次元から二次元へのかたちの移行を的確に理解していたと思います。

死者に手向けられる花の意味

　死者に花を手向ける習慣は、地球上の全人類に共通しています。なぜ、植物の花は、言語・宗教などの相違を超えて地球上の人類を結んでいるのでしょうか。

　小論で触れていますが、植物の花は、蜂の六角形の巣、アマミホシゾラフグの産卵床と同じ正多角形というカタチをもっています。これらの正多角形は、動植物の生命誕生にダイレクトに結ばれています。

　縄文人が培っていたと考えられる**六・八理論**は、双曲図形と楕円図形から導かれる正六角形と正八角形を基本に構成されています。**六・八理論**の基本となる双曲図形( )( )と楕円図形(( ))は、〰〰〰 形に置き換えられ、正多角形と合体して、縄文人が創出していた[波状口縁をもつ土器]と同じ図式である[**らせん形＋正多角形**]を形づくっております。

　ⓐ昆虫・ⓑ魚類・ⓒ植物の新しい生命が誕生するⓐハニカム構造の巣とⓑ正多角形の産卵床、ⓒ正五角形・正六角形・正八角形…正多角形の植物の花は種を宿す果実を生みだしています。**それぞれの正多角形は、生命誕生になくてはならないかたちです。**

　多角形はミクロの世界(分子構造の正六角形○)とマクロの世界(太陽系の惑星の一つである土星には、正六角形に極めて近い直線図形の六角形○)に現われております。正多角形というカタチの存在が強く認識さ

縄文が世界を救う　　423

れます。換言すれば、**正多角形は森羅万象の誕生に深く関わっている重要なカタチである**と捉えることができるのではないでしょうか。

　以上から、花を咲かせる植物は、私たちが生活するところには、必ずや存在しています。生命誕生の原理を内包する植物の花は「輪廻転生」を祈願して死者に手向けられていたのではないでしょうか。

参考文献

宮崎興二『かたちのパノラマ』丸善株式会社、2005

宮崎興二『「かたち」の謎解き物語 日本文化を〇△□で読む』彰国社、2006

宮崎興二『なぜ夢殿は八角形か』祥伝社、1995

Ｖ・Ｌ・ハンセン『自然の中の幾何学』井川俊彦訳、トッパン、1994

吉武利文『橘』法政大学出版局、1998

西宮紘『縄文の地霊』工作舎、1992

石浦薫「後藤新平の一部と全部の関係」『後藤新平の会』会報第 26 号 2022

アリック・バーソロミュー『自然は脈動する』日本教文社、2008

川久保勝夫『トポロジーの発想』講談社、1995

大村平『図形のはなし』日科技連出版社、1979

野口広『図形あそびの世界』講談社現代新書

岡野玲子、鎌田東二編『平安京のコスモロジー』、創元社、2010

安田喜憲『世界史のなかの縄文文化』雄山閣出版、1987

山梨県釈迦堂遺跡博物館、館内パンフレット

水野祐『勾玉』学生社、1992

佐々木高明『縄文文化と日本人―日本基層文化の形成と継承―』小学館、1986

http://aoki2.si.gunma-u.au.jp/BotanicalGarden/HTMLs/tokeisou

http://www.shinmeisya.or.jp

『日本の原始美術①縄文土器Ⅰ』講談社、1979

『日本の原始美術⑥縄文土器Ⅱ』講談社、1979

『名宝日本の美術 1 原始美術』小学館、昭和 57 年・昭和 62 年

鴨志田篤二『虎塚古墳』同成社、2005

茨城県勝田市教育委員会編『史跡虎塚古墳』勝田市教育委員会、1985

日下八光『装飾古墳の秘密 壁画文様の謎を解く』講談社、1978

小林行雄『装飾古墳』平凡社、1964

末永雅雄『日本の古墳』朝日新聞社、1961

上田宏範『前方後円墳』学生社、1974

森浩一編『日本の古墳』有斐閣、1981

辰巳和弘『古墳の思想』白水社、2002

辰巳和弘『新古代学の視点』小学館、2006

大和岩雄『天照大神と前方後円墳の謎』六興出版、1983

寺沢薫『王権誕生』講談社、2000

三木文雄『銅鐸』柏書房、1989

奈良県田原本町教育委員会『弥生の巨大遺跡と生活文化』雄山閣、1989

小野展嗣『クモ学』東海大学出版、2002

加藤緑『日本考古学の原点・大森貝塚』新泉社、2006

クリフォード・A・ピックオーバー『メビウスの帯』吉田三知世訳、日経ＢＰ社、2007

麻生優・白石浩之『縄文土器の知識』インターネット所収

白石浩之「縄文時代草創期の爪形文土器の研究とその課題」インターネット

山内清男『日本原始美術１　縄文式土器』講談社、1964

橿原考古学研究所編『一万年を掘る』吉川弘文館、1994

原島礼二『大王と古墳』学生社、1971

『荒神谷遺跡発掘調査概報(2)　銅鐸・銅矛出土地』島根県教育委員会、1986

佐原真構成『銅鐸の絵を読み解く』小学館、1997

佐原真『日本の原始美術２　縄文土器Ⅱ』講談社、1979

中日新聞社「2009 年 7 月 23 日朝刊」

井戸尻考古館『井戸尻・第８集』長野県富士見町

中沢新一『精霊の王』講談社、2003

ダーシー・W・トムソン『生物のかたち』東京大学出版会、1973

小川光三『大和の原像』大和書房、1973

水谷慶一『知られざる古代　謎の北緯 34 度 32 分をゆく』日本放送出版協会、
　1979

小林達雄編『古代史復元３』講談社、1991

小林達雄編『歴史発掘』講談社、1997

小林達雄編『縄文人の世界』朝日選書、1996

小林達雄『縄文のわざと道具』毎日新聞社、1989

小林達雄編著『最新縄文学の世界』朝日新聞社、1999

小林達雄編『縄文土器の研究』小学館、1994

八重樫純樹・小林達雄『土偶研究の地平一〜四』勉誠社、1997〜2000

磯前順一『記紀神話と考古学』角川学芸出版、2009

松木武彦『進化考古学の大冒険』新潮選書、2009

久野邦雄『青銅器の考古学』学生社、1999

梅原末治『銅鐸の研究 図録篇』木耳社、1985

高島成侑『古代建築の復元』建築雑誌 113 号、1998

原田大六『銅鐸への挑戦』六興出版、1980

藪内清編『中国天文学・数学集』朝日出版社、1980

ネリー・ナウマン『生の緒』言叢社、2005

ジル・パース『螺旋の神秘』平凡社、1978〜1992

岡本健一『蓬莱山と扶桑樹』思文閣出版、2008

田中琢「倭の奴国から女王国へ」『日本通史 2』岩波書店、1993 年

江上波夫監修『考古学ゼミナール』山川出版社、1976 年

秋山清『謎の古代図形』コスモトゥーワン、2004

近藤義郎『前方後円墳と弥生墳丘墓』青木書店、1995

椚国男『古代の土木設計』六興出版、1983

楯築刊行会『楯築弥生墳丘墓の研究』1992

森浩一『日本の古代』中公文庫、1995

井上正「蓮華文－創造と化生の世界」上原真一編著『日本の美術 359 号 蓮華
　　紋』至文堂 1996

アト・ド・フリース『イメージ・シンボル事典』山下主一郎他訳 大修館書店
　　1984

井本英一『境界・祭祀空間』平河出版社 1985

マリヤ・ギンブタス『古ヨーロッパの神々』 鶴岡真弓訳 言叢社、1989

吉田敦彦『日本神話の源流』講談社学術文庫 2007

大谷　幸市（おおたに　こういち）

1943年名古屋に生まれ、小学4年まで渥美半島で過ごす。高校2年の春、腰椎カリエスを宣告される。しかし、2年で治癒。大学進学はあきらめ、九死に一生を得る想いで社会復帰の夢が叶う。小川光三氏の「太陽の道」説に惹かれ、39歳の時、『古代史を解く三角形』（中日出版、1982）を出版。これを機に双曲・楕円図形に基づく縄文の歴史究明に邁進。これまで15冊刊行。

【著書】
『古代史を解く三角形』中日出版　1982
『実在した幻の三角形』大和書房　1987
『国作り神話と大和三山』大和書房　1991
『古事記に隠された幾何学』六興出版　1992
『古代渦巻文の謎』三一書房　1995
『古事記に隠された幾何学』三一書房　1995　再版
『渦巻きは神であった』彩流社　2007
『前方後円墳の真相』彩流社　2007
『あきづしま　大和の国』彩流社　2008
『縄文人の偉大な発見』彩流社　2009
『しめ縄コードから生まれた卑弥呼の鏡』彩流社　2009
『伊勢神宮二十年式年遷宮の謎』彩流社　2011
『縄文大爆発』パレードブックス　2015
『縄文人の知られざる数学』彩流社　2017
『わが国の基層文化は縄文にあった』一粒書房　2023

文字より前にかたちがあった

図解　世界最古の縄文文明

2025年2月26日　初版第1刷発行
2025年7月24日　　第2刷発行

著　　者　大谷幸市
発行者　中田典昭
発行所　東京図書出版
発行発売　株式会社 リフレ出版
　　　　　〒112-0001　東京都文京区白山5-4-1-2F
　　　　　電話 (03)6772-7906　FAX 0120-41-8080
印　　刷　株式会社 ブレイン

© Koichi Otani
ISBN978-4-86641-818-6 C0021
Printed in Japan 2025
本書のコピー、スキャン、デジタル化等の無断複製は著作権法上
での例外を除き禁じられています。本書を代行業者等の第三者に
依頼してスキャンやデジタル化することは、たとえ個人や家庭内
での利用であっても著作権法上認められておりません。

落丁・乱丁はお取替えいたします。
ご意見、ご感想をお寄せ下さい。